· 经 典 润 泽 生 命 ·

近思录

李天恕◎注译

中国纺织出版社

内 容 提 要

《近思录》由宋代理学家朱熹和吕祖谦合编于南宋淳熙二年（1175），书名取自《论语·子张》中“切问而近思”的意思。书中语录出自于北宋哲学家周敦颐、程颢、程颐和张载，内容选择集中于《太极图说》《易传》《经学理窟》《二程遗书》《二程外书》等相关著作。

本书共收集语录624条，分为道体、为学、致知、存养、克治、家道、出处、治国、制度、处事、教学、改过、明辨异端、圣贤共十四卷。

图书在版编目（CIP）数据

近思录：插图版 / 李天恕注译. -- 北京：中国纺织出版社，2017.1（2024.1 重印）

（国学今读）

ISBN 978-7-5180-2905-1

Ⅰ. ①近… Ⅱ. ①李… Ⅲ. ①理学—中国—南宋 ②《近思录》—译文 Ⅳ. ① B244.74

中国版本图书馆 CIP 数据核字（2016）第 205020 号

策划编辑：李　猛　　特约编辑：田　萍　　责任印制：储志伟

中国纺织出版社出版发行

地址：北京市朝阳区百子湾东里A407号楼　邮政编码：100124

邮购电话：010—67004422　传真：010—87155801

http://www.c-textilep.com

E-mail:faxing@c-textilep.com

中国纺织出版社天猫旗舰店

官方微博 http://weibo.com/2119887771

北京兰星球彩色印刷有限公司　　各地新华书店经销

2017年1月第1版　2024年1月第6次印刷

开本：710×1000　1/16　印张：21.5

字数：323千字　定价：59.80元

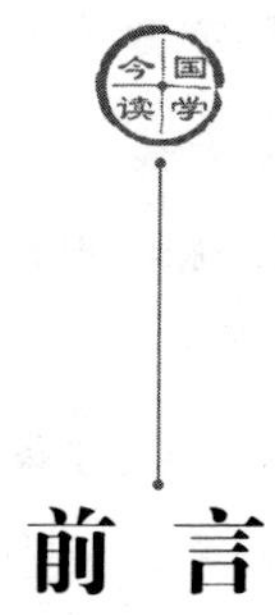

前 言

《近思录》是由南宋朱熹和吕祖谦合编的一部语录体理学著作，两人依据理学思想体系对《近思录》进行编排，从宇宙生成的事物本原到孔孟大家的圣贤气象，遵循着格物致知修身养性的为人之道来达到修身克己的目的，再从修身齐家出发引发到治国平天下的制度和为官之道，从重视教育到警戒人格，最后落到批判异端以致明辨圣贤之道，基本涵盖了理学思想的基本内容。书中语录选自北宋理学家周敦颐、程颢、程颐和张载的言论，本书共编624条并依据内容进行分类整理。

卷一《道体》共51条，以“道”为核心，从本原上概述自然本体论、宇宙生存论等内容。

卷二《为学大要》共112条，注重问学，重视为学的实践培养。

卷三《格物穷理》共78条，从格物致知出发，以示读书明理的思想。

卷四《存养》共70条，强调提升自身修养的重要性。

卷五《改过迁善，克己复礼》共41条，以“义”为原则，对道德行为进行规范。

卷六《齐家之道》共22条，人要遵从仁义孝悌的道德观念。

卷七《出处进退辞受之义》共39条，出世入世两种政治选择。

卷八《治国平天下之道》共25条，仁政是治理国家的根本。

卷九《制度》共 27 条，儒家政治社会中的法治理念。

卷十《处事之方》共 64 条，以仁为人是为官者的前提。

卷十一《教学之道》共 22 条，重视教育，运用正确的教育方法培养有德之人。

卷十二《改过及人心疵病》共 33 条，警戒的重要性。

卷十三《异端之学》共 14 条，明辨是非，批判异端之说。

卷十四《圣贤气象》共 26 条，评介圣贤高尚的为人思想，为人树立学习榜样。

本书针对每一条语录会有相应的注释、翻译和解析，除此之外书中会根据内容来为读者补充一些背景故事和插图，比如语录中涉及的人物简介、人物思想、历史故事以及文化常识等。其中，本书最大的特色就在于解析和背景故事，书中每条语录的后面都会紧跟译者对该条语录的解析，宏观并简洁地向读者概述这条语录的道理，帮助读者进行更深入的理解，同时更重要的内容是译者会联系现今的实际情况为读者进行分析，具有较强的实用价值。

《近思录》作为周敦颐、程颢、程颐、张载理学思想的汇集，在理学史上具有重要地位，国学大师钱穆曾说过："后人治宋代理学，无不首读《近思录》。"本人编译此书是想为弘扬中国传统文化献出一份薄力，但是在编译的过程中，有些地方可能会出现由于个人知识能力有限而出现的不足之处，也请各位读者给予指正。

李天恕

2016 年 4 月 5 日

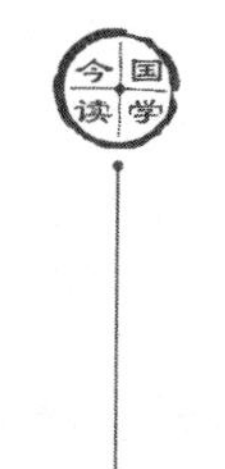

目录

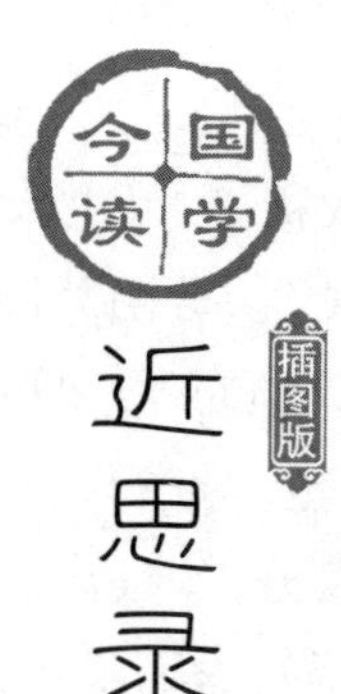

卷一 道体

【原文】

濂溪先生[①]曰：无极[②]而太极[③]。太极动而生阳，动极而静；静而生阴，静极复动。一动一静，互为其根[④]。分阴分阳。两仪[⑤]立焉。阳变阴合[⑥]，而生水、火、木、金、土。五气[⑦]顺布[⑧]，四时行焉。五行，一[⑨]阴阳也；阴阳，一太极也；太极，本无极也。五行之生也，各一其性[⑩]。无极之真[⑪]，二五之精[⑫]，妙合而凝，乾道成男，坤道成女。二气交感，化生万物，万物生生而变化无穷焉。惟人也，得其秀而最灵。形既生矣，神发知[⑬]矣，五性感动而善恶分，万事出矣。圣人定之以中正仁义而主静，立人极[⑭]焉。故圣人与“天地合其德，日月合其明，四时合其序，鬼神合其吉凶”。君子修之吉，小人悖之凶。故曰：“立天之道[⑮]，曰阴与阳；立地之道，曰柔与刚；立人之道，曰仁与义。”又曰：“原始反终[⑯]，故知死生之说。”大哉《易》也，斯其至矣！

——周敦颐《太极图说》

【注】

①濂溪先生：即周敦颐，字茂叔，道州营道县人（今湖南道县），北宋理学创始人之一。②无极：指无形无象的宇宙原始状态。③太极：宇宙的本原和中心。④根：根基。⑤两仪：指天地。⑥阳变阴合：是说阳气变动，阴气便与之配合。⑦五气：五行之气，水、火、木、金、土。⑧顺布：流布。⑨一：归一，归本之一。⑩各一其性：五行不仅是五种物质，每一种物质还各有其独特的素质和特性。⑪无极之真：无极为实在本体，故真实不虚。真，本真。⑫二五之精：二五，二气与五行，即阴阳和水火木金土。精，精微。⑬知：智。⑭人极：指做人的最高标准。极，准则。⑮立天之道：即建立天的法则。⑯原始反终：原，考察。反，反观。推求本始，反观终极。

【译】

周敦颐说：“无形无象的太极是宇宙万物的本质。太极一动即生成阳，动达到极限，即转化为静，静生成阴，静达到极限，又转化为动。太极一动一静，循环无端，相互为其存在的根据。于是，阴阳即有各自的界限，也就确立了阴仪与阳仪的对立。”“阴阳相互交感，产生出水火木金土；水火木金土五气生成顺布于天地间，与春夏秋冬四季相协调，于是，产生了自然的和谐秩序。水火木金土五行性质各异，但都是阴阳交感的产物。从原因上说，五行即是阴阳，阴阳相互对立，但都包容于太极之中；从生成上说，阴阳即是太极。五行、阴阳、太极本质上具有同一性。而太极之为本原，是无形无象，无声无臭的。五行生成后，各自有其特性。无极是真实的本体，阴阳五行禀赋有无极粹然精醇之气，它们神妙地结合，从而凝聚成有形有象的存在。表现为乾道阳刚者，为男；表现为坤道阴柔者，为女。阴阳二气相互交感，创化出宇宙万事万物。宇宙万物生生不已，而阴阳的变化，却没有穷尽。只有人可以获得天地之精神，故人为万物之灵。人因阴的凝聚而生成，便有人的形质；又因阳的运作而为神，神一发动人即能感知。仁义礼智信五性感应万物而动，得义理之正，为善；任人欲之偏，为恶。于是人世间有善恶的区别，有万象的差异。幸运的是，圣人制定了以中正仁义为最高准绳的道德原则，以无欲无私之静为本，奠定了人的最高精神境界。因此，圣人心胸开阔，像天地一样广大；圣人明察万物，像日月一样光华；圣人变通而出于自然，像四时变化，井然有序；圣人赏善罚恶，英明无比，如同鬼神对待吉凶，无不至当。君子修圣人之道，即是吉，是福；小人背离圣人之道，是凶，是祸。因此，《易·说卦》说：‘圣人定立了天之道，即阴与阳；定立了地之道，即柔与刚；定立了人之道，即仁与义。’《易·系辞上》又说：‘圣人考察万物之始，因此了解其所以生；究求万物之终，因此知道其所以死。’《易经》多么博大啊，它博大到至高无上的地步。”

八卦图

【原文】

诚无为①，几善恶②。德③：爱曰仁，宜曰义，理曰礼，通曰智，守曰

信。性焉安焉之谓圣[④]，复焉执焉[⑤]之谓贤，发微不可见，充周[⑥]不可穷之谓神。

——周敦颐《通书·诚几德》

【注】

①诚无为：诚的本性是真实无妄，周敦颐以“诚”为做圣人之最高精神境界。②几善恶：一年初始萌发的善恶。③德：周敦颐认为德即“仁义礼智信”。④性焉安焉之谓贤：安于诚之本性，天生而诚的是圣人。⑤复焉执焉：复，恢复、返回。执，保持。⑥充周：使诚扩充而周遍。

【译】

所谓“诚”，即是天理自然，摒弃人欲私念等人为的羁绊。任何微小行动或思想，出于自然之理，即是善；出于杂念，即是恶。把体现天道的爱的恻隐之心表达出来，是仁；行为合宜，是义；行为有条理，符合秩序，是礼；行动明白是非，通融无碍，是智；操守坚定确实，是信。人性天然完满，不思不勉，自明自安，浑然与天理合一者，是圣人；能反观恢复人性中固有的天理，并能保持而不丧失者，是贤人。天理发用，微妙而不可见，充塞周遍一切而又不可穷尽，这就是天理的神奇所在。

【原文】

伊川先生[①]曰：喜怒哀乐之未发，谓之中[②]。中也者，言“寂然不动”者也，故曰：“天下之大本”。“发而皆中节[③]谓之和[④]”。和也者，言“感而遂通”者也。故曰：“天下之达道。”

——《二程文集》卷九《答吕大临论中书》

【注】

①伊川先生：即程颐，字正叔，号伊川。②中：不偏不倚。③节：法度，道理。④和：中正和谐。

【译】

程颐说：“喜怒哀乐没有表现出来的时候，称为‘中’。所谓‘中’，即是虚静不动、无思无为浑然一体的状态。因此，‘中’，即是感应发用和谐无碍、畅通自由。因此，‘和’是通贯天下的原则。”

【背景故事】

程颐的天理史观

程颐从天理史观出发，提出了正君心、整纲纪、明法度的治国方针。第一，正纲纪，明法度，复先王之治。第二，好闻直谏，博采刍荛。圣明的皇帝必须随时听取臣民的意见，这样才能正纲纪，天下太平；昏庸的皇帝不听臣民的好意见，而听信奸臣的恶言导致纲纪乱。第三，得贤人，治天下。

【原文】

心[①]一也，有指体而言者，有指用而言者，惟观其所见何如耳。

——《二程文集》卷九《答吕大临论中书》

【注】

①心：本原。

【译】

心是唯一的本原，即体即用。因此，心即一。因为心有体用，可以把心说成是本原，亦可以把心说成是作用，这种区别，只是人们观察心的不同层面而产生的分别而已。

【原文】

乾，天也。天者，乾之形体；乾者，天之性情。乾，健也，健而无息谓之乾[①]。夫天，专言之则道也，"天且弗违[②]"是也。分而言之，则以形体谓之天，以主宰谓之帝，以功用谓之鬼，以妙用谓之神，以性情谓之乾。

——《程氏易传·乾传》

【注】

①本条出自程颐《易传·乾传》解释《周易·乾卦》"天行健，君子以自强不息"一句的解说。②天且弗违：天象不违背道的规律。

【译】

乾即是天。天是乾的形体，乾是天的禀性。乾代表刚健，刚健不息即是乾。统一而言，天即是道；天象的运行不背离道的规律，说的正是这个意思。分别而言，天——从形体上看称为天，从主宰上看称为帝，从功用上看称为

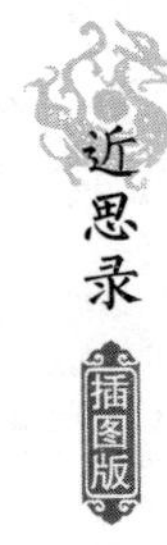

鬼神，从妙用上看称为神，从禀性上看称为乾。

【原文】

四德[①]之元，犹五常[②]之仁。偏言则一事，专言则包四者。

——《程氏易传·乾传》

【注】

①四德：指元、亨、利、贞。②五常：即仁、义、礼、智、信。

【译】

程颐说："元亨利贞四德之元，犹如仁义礼智信五常之仁，偏于一方面说，元只是四德之一；统而言之，则元可以包括四德。"

【原文】

天所赋为命，物所受为性。

——《程氏易传·乾传》

【译】

程颐说："天所赋予的，即是命；物所禀受的，即是性。"

【解】

在程颐看来，性与命是二者合一的，就上天所赋予万物的角度说称作"命"，就万物所禀受的角度说称作"性"。

【原文】

鬼神者，造化之迹[①]也。

——《程氏易传·乾传》

【注】

①迹：形迹。

【译】

程颐说："鬼神屈伸往来，即是造化的踪迹。"

【原文】

《剥》之为卦，诸阳消剥已尽，独有上九一爻尚存，如硕大之果不见食[①]，将有复生之理。上九亦变，则纯阴矣。然阳无可尽之理，变于上则生于下，无间可容息也。圣人发明此理，以见阳与君子之道，不可亡也。或曰：剥尽则为纯《坤》，岂复有阳乎？曰：以卦配月，则坤当十月。以气消息[②]

言，则阳剥[3]为《坤》，阳来为《复》，阳未尝尽也。《剥》尽于上，则《复》生于下矣。故十月谓之阳月，恐疑其无阳也[4]。阴亦然。圣人不言耳。

——《程氏易传·剥传》

【注】

①不见食：不被剥食。②消息：卦变方式之一。一个卦体中，凡阳爻去而阴爻来，称“消”，阴爻去而阳爻来，称“息”。③剥：剥落，侵蚀。

【译】

程颐说：“剥卦卦形表现为，阳几乎已消落殆尽，只有上九一爻还存在着。这如同众多果实纷纷飘落，仅剩有一个大果实，可种于地下，重新生长。剥卦上九一变，转化为坤卦，坤卦是纯阴之卦。然而阳可能彻底消逝，阳之上九一爻消落之时，即以微小的状态逐渐生长，以致变为初九、九二等，这其间，不存在瞬刻的停息。圣人阐明这个道理，以表明阳与君子之道不会死亡。有人问，剥卦上九消落就变为纯阴的坤卦，怎么可能再生出阳呢？回答说，用卦形配月份，那么坤卦正当十月；从气的消长看，阳的消落即是坤，阳的生长即是复。阳并没有完全消亡，在剥卦上九消落，则在复卦初九生长出来。因此，圣人之所以称十月为阳月，正是因为担心人们误认为坤卦纯阴无阳；四月为阴月，其道理亦然，只是圣人扶阴抑阳，不明说而已。”

【原文】

一阳复于下[1]，乃天地生物之心也。先儒皆以静为见天地之心，盖不知动之端[2]，乃天地之心也。非知道者，孰能识之？

——《程氏易传·复传》

【注】

①一阳复于下：谓复卦初九一爻成形。②端：端倪，起始。

【译】

程颐说：“初九一爻（即阳爻）再生于下，这即是天地无时无刻不在生成万物。过去的儒者认为静是天地之心，却不知道动的端倪，也是天地之心。不懂得一阴一阳之道的人们，谁能知道其中的奥妙呢？”

【原文】

仁者天下之公，善之本也[1]。

——《程氏易传·复传》

【注】

①此为对《周易·复卦》六二爻象辞的解说。

【译】

程颐说："仁即是天下之公，善的本质。"

【解】

程颐主张"仁"的重要性，仁是天下大公，是一切善的根本。

【原文】

有感必有应。凡有动皆为感，感则必有应，所应复为感，所感复有应，所以不已也。感通之理，知道者默而观之可也。①

——《程氏易传·咸传》

【注】

①本条是程颐对《易经·咸》"咸，感也"的阐释。

【译】

程颐说："有感一定有应。天地间，一切动都是感，凡感一定有应合，所应又为感，所感又有应，感应相互循环，因此永不停息。对于万物感通之常理，知'道'的人们无非是静静地观察罢了。"

【背景故事】

"二程"的经济思想

"二程"的经济思想，也是针对时弊而发的。第一，以农为本，主要表现在关于土地、粮食以及水利等方面。第二，调整税率。第三，稳定物价，首先是稳定关系人民生活的粮价和盐价。第四，节省开支，反对社会上奢侈浪费的现象。第五，重农抑商。

【原文】

天下之理，终而复始，所以恒而不穷。恒非一定之谓也，一定则不能恒矣。惟随时变易，乃恒道也。天地常久之道，天下常久之理，非知道者孰能识之①？

——《程氏易传·恒传》

【注】

①本条是对《周易·恒卦》的阐释。

【译】

程颐说："天下的常理，无非是终结后又重新开始，因此表现为恒常而又不能穷尽。恒常不是固定，一固定就不能恒常。只有随时不断变易，才是常道，天地常久之道，常久之理，对于不懂自然之道的人们来说，谁能认识它呢？"

【原文】

人性本善，有不可革[①]者，何也？曰：语其性[②]，则皆善也；语其才[③]，则有下愚之不移。所谓下愚有二焉：自暴也，自弃也。人苟以善自治，则无不可移者。虽昏愚之至，皆可以渐磨而进。惟自暴者拒之以不信，自弃者绝之以不为，虽圣人与居[④]，不能化而入也。仲尼之所谓下愚也。然天下自暴自弃者，非必皆昏愚也，往往强戾而才力有过人者，商辛[⑤]是也。圣人以其自绝于善，谓之下愚。然考其归，则诚愚也。既曰下愚，其能革面[⑥]，何也？曰：心虽绝于善道，其畏威而寡罪，则与人同也。惟其有与人同，所以知其非性之罪也。

——《程氏易传·革传》

程　颐

【注】

①革：革除，改革过错。②性：天命之性，或称义理之性。③才：气质之性，或称材质。④圣人与居：和圣人居住在一起。⑤商辛：殷纣，号帝辛。⑥革面：革，变易。面，指其外面。

【译】

程颐说："既然说人性本善，然而又说存在着凶恶而不可改悔的人，如何解释呢？回答说：就性而言，人性皆善；就才而言，则有明暗智愚之分。因此也就有不肯悔改的极其昏愚的人。所谓'下愚'有两种：一是自暴者，一是自弃者。人如果能以内在的善控制自己，那么，就没有什么是不可改变的，即使是最昏暗愚蠢的人，都可以通过渐渐磨炼而不断进步，只有自暴者自弃者不然。自暴者不相信善，拒绝修炼；自弃者知道善，却怠废不为。对于这两种人，即使是圣人和他们生活在一起，也不能感化他们，使他们走上正道。孔子所说的'下愚'，就是指这样的人。但是，世界上自弃自暴的人，并非都是昏愚之人，相反，他们往往是强戾刚愎、才力过人的人。商纣就是典型。因为他自绝于善，圣人才说他是'下愚'。我们想一下商纣最后的结局，就可以知道，他确实是最愚蠢的人。既然说'下愚'者顽固不化，然而又似乎能改变自己的面目，如何解释呢？回答说：小人虽然自绝于善，但他知道威刑可畏，不敢犯罪而避免了惩罚，这一点，他与常人没有什么区别。恰恰因为在这一点上小人与常人相同，因此，我们可以说，小人行为不善，并非是人性造成的。"

【原文】

在物为理，处物为义。

——《程氏易传·艮传》

【译】

程颐说："事物的存在自有其存在的原因，这就是理；而如何看待事物、处理事物，使之合理、适宜，即是义。"

【原文】

动静无端，阴阳无始，非知道者孰能识之？

——《程氏经说·易说》

【译】

程颐说："动与静没有端倪可寻，阴与阳也没有起始处可见，如果不是懂得动静阴阳之道的人，谁能够认识这一点呢？"

【原文】

仁者天下之正理，失正理则无序而不和。

——《程氏经说·论语解》

【译】

程颢说："仁是天下的正理，一旦丧失正理，就会出现无序不和谐的状态。”

【背景故事】

程颢的哲学思想

程颢的哲学，在本体论上讲“天者理也”“心是理，理是心”“只心便是天”，强调了主观意识与客观世界的统一性，表现了主观的心本论倾向。他的人性论，继承了孟子的性善论，主张“生之谓性”，又给予哲学论证，使其本体化。

【原文】

明道先生[①]曰：天地万物，各无不足之理。常思天下君臣父子兄弟夫妇，有多少不尽分处？

——《二程遗书》卷一

【注】

①明道先生：指程颢。程颢，字伯淳，世称明道先生。

【译】

程颢说：“天地化生万事万物，各自具有足份的天理。我们应该常常思考一下：对于天下君臣、父子、兄弟、夫妇之道，还存在多少不尽本分的地方，还有多少不足之处。”

【原文】

“忠信所以进德”，“终日乾乾[①]”，君子当终日“对越在天[②]”也。盖“上天之载[③]，无声无臭”，其体则谓之易[④]，其理则谓之道，其用则谓之神，其命[⑤]于人则谓之性，率[⑥]性则谓之道，修道则谓之教。孟子去其中又发挥出浩然之气[⑦]，可谓尽矣。故说神“如在其上，如在其左右”，大小大事[⑧]而只曰：“诚之不可掩如此夫”。彻上彻下[⑨]，不过如此。形而上为道，形而下为器，[⑩]须著如此说。器亦道，道亦器，但得道在，不系[⑪]今与后，己与人。

——《二程遗书》卷一

【注】

①乾乾：勤勉努力。②对越在天：对，配。越，于。这些众多之士，都

秉承着文王的德教，他们的道德都不愧对天上的文王之灵。③载：存在状态。④易：本体。⑤命：天命，天理。⑥率：遵循。⑦浩然之气：指天地间的一种至大至刚的精神气概。⑧大小大事：即指不管多么大的事。⑨彻上彻下：指上而天地鬼神，下而人事万物。⑩形而上为道，形而下为器：道，无形无象，是本体、规律、原则。器，有形有象，是具体事物与存在。⑪不系：不拘。

【译】

程颢说："忠信只是为了增进仁德，因此，君子每时每刻都要勤勉努力，都应当时刻面对天帝。天没有声音没有气味。它的太极之本体，称为易；它的自然循环之理，称为造；它的微妙作用，称为神；它的定命作用于人，称为性；遵循天命之性行动，称为道；按照道去修炼，称为教。孟子在上述理论的基础上，又发挥出浩然之气，可谓使儒学达到了尽善尽美的程度。因此我们说，天的精神如在其上，如在左右，充塞贯穿一切领域。天下无论多少事，只有'诚'不可遮蔽；四方上下、古往今来，从不间断的东西，不过'诚'而已。形而上者是道，形而下者是器；但更须这样说，道器不相离，器即是道，道即是器。只要恪守'道'，就无须在意古今物我之分。"

【背景故事】

因材施教

因材施教是二程对孔子教育方法的继承和发展。根据学生不同的特点、性格以及年龄的差别等，采取不同的方法进行教育，才能收到较好的教育效果。具体措施如下：一，育有所长；二，补其所短；三，智力不同，教法不同；四，年龄不同，教法也不同；五，性格不同，教法各异。

【原文】

医书言手足痿[①]痹[②]为不仁，此言最善名状。仁者以天地万物为一体，莫非己也。认得为己，何所不至？若不有诸己，自不与相干。如手足不仁，气已不贯，皆不属己。故"博施济众"[③]，乃圣之功用。仁至难言，故止曰：

"己欲立而立人，己欲达而达人。能近取譬，可谓仁之方也已。"欲令如是观仁，可以得仁之体。

——《二程遗书》卷二上

【注】

①痿：中医指身体某一部分萎缩或失去机能的病。②痹：中医指肢体疼痛或麻木的病。③博施济众：指广泛的给人民以好处，又能帮助到大家，那就不仅是仁了，而是圣德。

【译】

程颢说："医书上说人的手足萎缩麻木，即是不仁，这种说法最恰当地指出了病症的特征。仁者视天地万物为一体。天地万物，无不是自己分内的事，人能够认识到这一点，还有什么彼此亲疏之别呢？还存在什么阻碍呢？如果不把天下事看成自己分内的事，天下事与自己不相关，如同手足不仁，血气不通，虽然仍存在于身体上，但已经不属于自己了。因此，广泛地给人民好处，又能帮助大家更好的生活，是圣人功用的表现。仁最难界说。因此孔子仅如此说：'自己要站得住，同时也使别人站得住；自己要事事行得通，同时也使别人事事行得通。凡事都要以自身为例而想到别人，可以说是实行仁道的方法了。'如果能够这样看待仁，就可以把握仁的本质。"

【原文】

"生之谓性[①]"。性即气[②]，气即性，"生"之谓也。人生气禀，理有善恶，然不是性中元有此两物相对而生也。有自幼而善，有自幼而恶（本注：后稷之克岐克嶷，子越椒始生，人知其必灭若敖氏之类），是气禀有然也。善固性也，然恶亦不可不谓之性也。盖"生之谓性"、"人生而静"以上[③]不容说，才说性时，便已不是性也。凡人说性，只是说"继之者善"也[④]，孟子言人性善是也。夫所谓"继之者善"也者，犹水流而就下也。皆水也，有流而至海，终无所污，此何烦人力之为也？有流而未远，固已渐浊；有出而甚远，方有所浊。有浊之多者，有浊之少者。清浊虽不同，然不可以浊者不为水也。如此，则人不可以不加澄治之功。故用力敏勇则疾清，用力缓怠则迟清。及其清也，则却只是元初之水也。亦不是将清来换却浊，亦不是取出浊来置在一隅也。水之清，则性善之谓也。故不是善与恶在性中为两物相对，各自出来。此理，天命也。顺而循之，则道也。循此而修之，各得其分，则教也。

自“天命”以至于“教”，我无加损焉，此舜“有天下而不与⑤焉”者也。

——《二程遗书》卷一

【注】

①性：气质之性。②气：指人生禀赋之气，气有清浊，因此性有善恶之分。③“人生而静”以上：指人初生以前。④“继之者善”也：人承继“天理”，“天理”至善。⑤与：参与。

【译】

程颢说：“天生的本色叫作性，性即是气，气即是性，‘生’是两者的统一。人禀受气而生，由于阴阳五行之气交感错综，参差不齐，人禀受的气有清浊偏正的不同，因此人自然有善恶之分。但这并不是说，人性中本来就有善恶的对立，由此生出来就有善恶的区别。有的人从小就善，有的人从小就恶，这是因为禀受的气清浊偏正不同造成的。善固然是性，但恶也不能不是性，区别在于它是气禀生出来的而已。因为天生的本色是性，因此，人未生出来时，就不能说性。一说到性，就已经不是性了。凡人们说的所谓性，只是说从本原上看，人性本善，孟子的性善论就是这个意思。所谓人性本善，如同说凡是水，都往下流。有的水流向大海，最终却没有污染，无须人为干预；有的水没有流多远，却已渐渐浑浊起来；有的水流出很远之后，才开始变浊。有的水很浑浊，有的水不太浑浊，水虽然有清浊之分，但我们却不可说浊水不是水。如此看来，要使水变清，人们就不能不在澄清治理方面下工夫。治水行动敏勇，效率高，水就清的快；反之，治水行动缓怠，效率低，水就清的慢。等到把水治理清的时候，水也只是原来的水，并非用清水换浊水，也不是把浊水取出来，放在某个角落。水之清，犹如性之善。因此，我们说，善与恶不是人本性中两个相互对立的存在，也不是从人本性中各自派生出来的。人性善之理，就是天命；顺从天命遵循天命，就是道；遵循道而修身，各得其本然之分，就是教。从天命一直到教，我没有增加什么，也没有减少什么。正如孔子所说，舜得到了天下，却一点也不依据自己的意志行事，一切遵循自然的天理。”

【原文】

观天地生物气象。

——《二程遗书》卷六

【译】

程颢说："静静地观察天地万物的勃勃生机。"

【原文】

万物之生意最可观。此"元[1]者善之长也"，斯所谓仁也。

——《二程遗书》卷十一

【注】

①元：指《周易·乾卦》"元、亨、利、贞"之元。

【译】

程颢说："万物的勃勃生机最值得观察。万物的生发之意始于'元'。'元'即善的生成，'元'也就是仁。"

【原文】

满腔子[1]是恻隐之心。

——《二程遗书》卷三

【注】

①满腔子：指身躯，洛阳俗语。

【译】

程颢说："人浑身充满恻隐之心。"

【原文】

天地自然之理，无独必有对[1]，皆自然而然，非有安排也。每中夜以思，不知手之舞之，足之蹈之也。

——《二程遗书》卷十一

【注】

①无独必有对：没有单独存在的，只有相对立而存在的。

【译】

程颢说："天地万物存在之理，绝没有单独存在的，一定是相对立而存在的，它们的存在自然而然，不是人为的安排。每当我半夜想到这一精妙无比的

程 颢

自然之理时，高兴得不禁手舞足蹈起来。”

【原文】

中者“天下之大本”。天地之间，亭亭当当，直上直下[①]之正理。出[②]则不是，惟“敬而无失”最尽。

——《二程遗书》卷十一

【注】

①亭亭当当，直上直下：俗语，不偏不倚，即“中”的意思。②出：即发。

【译】

程颢说：“‘中’是宇宙的根本，天地之间，‘中’是崇高铿锵、直上直下的正理，丝毫不容偏离，偏离就不是正理，只有对它保持敬畏之心，片刻也不背离它，才能最终与‘中’合一。”

【背景故事】

二程的伦理思想

程颢、程颐的伦理思想，是以天理论为哲学依据的，以五伦为中心，以修身齐家治国平天下为序展开的，由此形成了他们的人伦观、义利观、公私观、气节观和修养观等一整套伦理思想。二程的伦理思想是从先秦儒学向新儒学转变时期形成的，因此，在中国伦理史上有一定的地位和影响。

【原文】

伊川先生曰：公则一，私则万殊。人心不同如面，只是私心。

——《二程遗书》卷十五

【译】

程颐说：“出于公心，自然一视同仁，视天下万物为一体；出于私心，必然背离天理，导致亲疏贵贱得失物我之分。所谓人心不同如相貌的不同，说的无非是人各一心，各人的私心不同而已。”

【原文】

凡物有本末[①]，不可分本末为两段事。洒扫应对是其然，必有所以然[②]。

——《二程遗书》卷十五

【注】

①本末：理与事。形而上者为本，形而下者为末，犹如树根与树梢。②所以然：即其理。

【译】

程颐说："凡存在的东西都有本有末，不能把本末分为两个互不相关的东西，洒水、扫地、应和、对答是其末，是具体的存在，但一定有末之所以存在的原因和道理。"

【原文】

杨子[①]拔一毛不为，墨子[②]又摩顶放踵为之，此皆是不得中，至如"子莫[③]执中"，欲执此二者之中，不知怎么执得？识得则事事物物上皆天然有个中在那上，不待人安排也。安排著便不中矣[④]。

——《二程遗书》卷十七

【注】

①杨子：杨朱，又称阳子居、阳生，战国初魏人，主张一意保全个人的天性与生命。②墨子：墨翟，春秋鲁国人，先秦时著名思想家，墨家学派创始人。③子莫：战国时鲁国贤人。④安排著便不中矣：如果是人为安排，在安排这中的时候，时移事迁，已经不是中了。

【译】

程颐说："杨朱只考虑自己，哪怕拔一根毫毛有利于天下，他都不会干；墨子主张兼爱，即使磨破冰顶、走破脚跟，只要对天下有利，他也肯干。这两种极端态度，都不符合'中'。至于子莫取中间态度，想要在杨朱和墨子之间取个中间平衡，却不知道怎么取，也不懂得何为中间。任何事物，都天然存在'中'，它不需要人为安排，人为因素一掺杂其中，就不是'中'了。"

【原文】

问：时中[①]如何？曰："中"字最难识，须是默识心通。且试言一厅，则中央为中；一家，则厅中非中，而堂为中；言一国，则堂非中，而国之中为中。推此类可见矣。如三过其门不入，在禹[②]、稷[③]之世为中，若居陋巷，则非中也。居陋巷，在颜子[④]时为中，若三过其门不入，则非中也。

——《二程遗书》卷十八

【注】

①时中：即时时刻刻合乎中道。②禹：原为夏后氏部落领袖，奉命治理洪水，领导人民疏通江河，兴修沟渠，治水十三年，三过家门而不入。后因治水有功，被舜选为继承人。③稷：人名。④颜子：颜渊，名回，字子渊。春秋末鲁国人，孔子学生。

【译】

有人问什么是“时中”，程颐回答说：“‘中’最难把握，必须默审其理，融会贯通，才能了解究竟。这里姑且试着用显而易见的事物说一说：一厅以中央为中；一家以堂为中，而厅的中央就不是中；一国以国之中为中，而堂就不是中。以此类推，何为‘中’也就可以想见了。比如禹三过家门而不入，在禹和稷的境遇下是‘中’，若假设他们像颜回一样居住在小巷里，就不是‘中’了；颜回居住在小巷，在颜回的生存境遇下是中。若假设颜回三过家门而不入，就不是‘中’了。”

【原文】

无妄[①]之谓诚，不欺其次矣（本注：李邦直云：“不欺之谓诚。”便以不欺为诚。徐仲车云：“不息之谓诚。”《中庸》言“至诚无息”，非以无息解诚也。或以问先生，先生曰云云）。

——《二程遗书》卷六

【注】

①无妄：实理自然，无一毫之虚假，是天然的“诚”。

【译】

程颐说：“无妄即是‘诚’，是绝对价值；心向‘诚’。毫无一念之欺，属于次一等的价值。”

【原文】

冲漠无朕[①]，万象森然已具[②]，未应[③]不是先，已应[④]不是后。如百尺之本，自根本至枝叶，皆是一贯，不可道上面一段事[⑤]，无形无兆，却待人旋安排引入来教入涂辙。既是涂辙，却只是一个涂辙[⑥]。

——《二程遗书》卷十五

【注】

①冲漠无朕：空寂无形，指世界万物产生之前的虚寂状态。②万象森然

已具：是说万物之理已经具备。③未应：指寂然不动的状态。④已应：指动，交感流通的状态。⑤上面一段事：指浑然状态的本体。⑥一个涂辙：如君臣之理即君臣之事，君臣之事即君臣之理。事与理是不可分的，故称一个涂辙。

【译】

程颐说："宇宙本体浑然一体，无形无象，但宇宙万象却栩栩如生。本体无时间先后之分，本体的寂静状态不是先，本体的运动状态不是后，如同一棵参天大树，从它的根到它的枝叶，浑然一体，不可分割。不能说本体先是虚空无有，等到它化生天地万象后，却要人对它们进行安排分类，教人们去寻找脉络。既然说是脉络，纵然千条万条，只是一条脉络。"

【原文】

近取诸身[①]，百理皆具。屈伸往来之义，只于鼻息之间见之。屈伸往来只是理，不必将既屈之气，复为方伸之气。生生之理，自然不息。如《复卦》言"七日来复[②]"，其间元不断续。阳已复生，物极必返[③]。其理须如此。有生便有死，有始便有终。

——《二程遗书》卷十五

【注】

①近取诸身：古人认识世界，近处取法于自己身体各部分。②复：在《说文解字》中指"往来也"。③返：同"反"。

【译】

程颐说："从人体的各个组成部分看，都有其存在之'理'。屈伸往来的含义，只要在鼻子呼吸之间就可以体验到屈伸往来只是'理'。因此，不必把已屈之气，看成是方伸之气，万物生生不息，这就是天理使然。例如《易经·复卦》说'七日来复'，是说阴阳循环，原本就无所谓中断可言。阳在上消落，又会在下生成出来，事物到达极端必然走向反面。这个道理就是：有生便有死，有始便有终。"

【背景故事】

二程理学学说

程颢、程颐理学产生于北宋中期，自有其一定的学术土壤。它既继承发展了唐中宋初儒学复兴运动中义理之学的成果，吸收了韩愈、胡瑗等理学先驱的思想资料；又与当时其他学派进行争鸣，经过相互驳难，相互促进，最终形成了具有时代特色的洛学学派及其理学学说。

【原文】

明道先生曰：天地之间，只有一个感与应而已，更有甚事？

——《二程遗书》卷十五

【译】

程颢说："天地之间除了阴阳的感应消长的无限循环之外，还存在着什么呢？"

【原文】

问仁，伊川先生曰：此在诸公自思之，将圣贤所言仁处类聚观之，体认出来。孟子曰："恻隐之心，仁也。"后人遂以爱为仁。爱自是情，仁自是性，岂可专以爱为仁？孟子言"恻隐之心，仁之端也。"既曰"仁之端"，则不可便谓之仁。退之[①]言"博爱之谓仁"，非也。仁者固博爱，然便以博爱为仁，则不可。

——《二程遗书》卷十八

【注】

①退之：韩愈，字退之，唐代杰出的哲学家、思想家、文学家。

【译】

弟子问什么是仁。程颐说："这需要诸位自己思考，只有把圣贤关于仁的界说与实践，统一起来思考，才会有所体认。孟子说'恻隐之心即是仁'，后人于是就认为爱即是仁。爱本是情，仁本是性，怎么可以专把爱说成是仁呢？孟子说'恻隐之心是仁的开端'，既然说是仁的开端，就不能说成是仁。韩愈说'博爱即是仁'，错了。仁固然是博爱，但由此就认为博爱即是仁，就行不通。”

【原文】

问仁与心何异？曰：心譬如谷种，生之性便是仁，阳气发处乃情耳。

——《二程遗书》卷十八

【译】

弟子问仁与心的差别何在。程颐说：“打个比方，心即是谷种，谷种所以能生长，是因为有生之性，这个性就是仁，而谷种遇到阳气而萌芽，只是谷种生之性的发用和表现而已。”

【原文】

义训宜，礼训别，智训知，仁当何训？说者谓训觉、训人，皆非也。当合孔孟言仁处，大概[①]研穷之，二三岁得之，未晚也。

——《二程遗书》卷二十四

【注】

①大概：大略，基本的内容。

【译】

程颐说：“义解释为合宜，礼解释为区别，智解释为知道，仁应当如何解释？有人说应该解释为觉悟或者解释为人，这两种解释，都不对，应该从孔孟关于仁的解释的基本观点出发，彻底全面地进行研究、思考、实践，能够用两三年时间把握仁的真谛，并不算晚。”

【原文】

性即理也。天下之理，原其所自[①]，未有不善。喜怒哀乐未发，何尝不善？发而皆中节，则无往而不善。凡言善恶，皆先善而后恶；言吉凶，皆先吉而后凶；言是非，皆先是而后非。

——《二程遗书》卷二十二上

【注】

①原其所自：即考察理的来源。

【译】

程颐说：“性即是理。天下的理，推究其本原的性质，没有不是善的。喜怒哀乐没有表现出来时，何尝不是善，表现出来以后符合法度，则所到之处，没有不是善的；喜怒哀乐表现出来不符合法度，才是不善的。因此，凡说善恶，都是先善而后恶；说吉凶，都是先吉后凶；说是非，都是先是后非。”

【原文】

问：心有善恶否？曰：在天为命，在义为理，在人为性，主于身为心，其实一也。心本善，发于思虑，则有善有不善。若既发，则可谓之情，不可谓之心。譬如水，只可谓之水。至如流而为派[①]，或行于东，或行于西，却谓之流也。

——《二程遗书》卷十八

【注】

①派：水的分流。

【译】

问心是否有善恶。程颐说："永恒变化中体现为天道的，是命；伦常日用中体现为当然之义的，是理；天理在人身上体现出来的本质，是性；人一身的主宰，是心；命、理、性、心，都是一个东西。心本来即是善，心表现于思虑，就有善与否的区别。若说心得思虑已经展现出来，那就只能说是情，是用，而不能说是心，是体了。例如水只是水，流淌过程中分为若干支流，有的流向东，有的流向西，这种变化，就是流。"

【原文】

性出于天，才出于气。气清则才清，气浊则才浊。才则有善有不善，性则无不善[①]。

——《二程遗书》卷十九

【注】

①才：指人的材质，性为人的本性。

【译】

程颐说："人的本性源于天理，人的材质源于气。气清醇，材质就清醇；气昏浊，材质就昏浊。材质有善也有不善，而本性则没有不善。"

朱　熹

【原文】

性者自然完具，信只是有此者也。故四端不言信。

——朱熹《孟子精义》卷十一录程颢语

【译】

程颢说："性是人心中的天理，人天然完全毕具天理，毫无亏欠。所谓'信'，无非是说天理真实存在于人心中，因此，孟子只说仁、义、礼、智四端，而不说'信'。"

【原文】

心，生道[①]也。有是心，斯具是形以生。恻隐之心，人之生道也。

——《二程遗书》卷二十一下

【注】

①生道：天地生万物的道理。

【译】

程颐说："心是生命的本原和主宰，有心就有形有象，就有生命的产生。恻隐之心，是人的生命的本原和主宰。"

【背景故事】

朱熹降生

建炎四年（1130 年）九月十五日午时，尤溪城南郑义斋馆舍，小朱熹呱呱坠地。相传郑义斋馆舍所在之公山及与之相对的文山原来山形秀峭，草木葱茏。朱熹始生，野火一夜之间并焚二山，山形毕露，俨如"文""公"二字，与朱熹死后谥号正合。

【原文】

横渠先生[①]曰：气坱然太虚[②]，升降飞扬[③]，未尝止息。此虚实动静之机[④]，阴阳刚柔之始。浮而上者阳之清，降而下者阴之浊。其感遇聚结，为风雨，为霜雪，万品之流形，山川之融结[⑤]。糟粕煨烬[⑥]，无非教也。

——张载《正蒙·太和》

【注】

①横渠先生：即张载，字子厚，世称横渠先生。②气坱（yàng）然太虚：坱然，茫茫无边的样子。太虚，气尚未形成事物时无形无容的状态。③飞扬：指空中纷纷扰扰的游气。④机：或写作几，与始同义。⑤融结：融化与凝结。⑥煨烬：灰烬。

【译】

张载说："气弥漫于太虚之中，它上升、下降、飞扬，从不停止运动。它虚虚实实、动静交感的妙用，确立了阴、阳、刚、柔的性质，飘浮在上的是清醇的阳气，沉降在下的是昏浊的阴气，阴阳感应、交通、聚汇、散发，就形成风雨、霜雪，也就有万事万物的存在、流布，也就有山川聚结，万古流峙，就是酒的糟粕，经火煨烬之后，也就是渣滓。总而言之，气的一切变化无非是天理的显现，是天理向人的昭示，因此，最终无非是对人的教化。"

【原文】

游气[①]纷扰，合而成质，生人物之万殊；其阴阳两端，循环不已者，立天地之大义[②]。

——张载《正蒙·太和》

【注】

①游气：游离之气，指太虚之气散开时的状态。②大义：此处义即理，正道，大道理。

【译】

张载说："流行的气参差纷扰，气氤氲交合，从而产生万事万物的形质，构成千差万别的现象；气的阴阳两极，相互感应，循环不已，这就是天地间根本的法则。"

【原文】

天体物不遗，犹仁体事而无不在[①]也。"礼仪[②]三百，威仪三千"，无一物而非仁也。"昊天[③]曰明，及尔出王[④]；昊天曰旦[⑤]，及尔游衍[⑥]。"无一物之不体也。

——张载《正蒙·天道》

【注】

①仁体事而无不在：仁心做成了所有的事，仁在所有的事上体现出

来，无处不在。体，体察。②礼仪：行礼的仪式。③昊天：上天。④王：通“往”。⑤旦：即明。⑥游衍：游逛。

【译】

张载说：“天体察万物，无一遗漏，正如仁体察万事，无所不在。‘礼仪三百，威仪三千’，没有一条不是仁的精神的体现。《诗经·大雅·板》说：‘昊天多么明朗，和你一道同来往，昊天刚刚明亮，和你一起同游憩。’由上述所引诗句可知，没有一样东西不被天体察。”

【原文】

鬼神者，二气之良能[①]也。

——张载《正蒙·神化》

【注】

①良能：自然具备的功能。

【译】

张载说：“所谓鬼神，就是阴阳二气自然地屈伸往来，交感相应。”

【原文】

物之初生，气日至而滋息[①]。物生既盛，气日反而游散[②]。至之谓神，以其伸也；反之谓鬼，以其归也。

——张载《正蒙·动物》

【注】

①日至而滋息：一天天滋长生息。②日反而游散：一天天离散而去返归太虚。反，同“返”，离开。

【译】

张载说：“万物萌芽时，气每日每时弥漫着，因此它们得以生长，等到它们壮大而走向衰老时，气就不断地离开，以至消散净尽。‘至’称为神，因为‘至’表现为展开；‘反’称为鬼，因为‘反’表现为回归。”

【原文】

性者万物之一源，非有我之得私也。惟大人[①]为能尽其道[②]。是故立必俱立，知必周知，爱必兼爱，成不独成。彼自蔽塞而不知顺吾性[③]者，则亦未如之何矣。

——张载《正蒙·诚明》

【注】

①大人：圣人。②尽其道：懂得万物与我同此一性的道理。③顺吾性：遵循着天性而行。

【译】

张载说："性是唯一的本原，万物皆源于性，并非为小我所独占，只有圣人能完满固有之性，与道合一。因此，只有圣人才能做到自己堂堂挺立，同时使所有的人都堂堂挺立；自己知道，同时使所有的人都知道；圣人的爱是博爱，能够把爱推及一切，圣人不仅成就自己，同时也能使一切人都能成就自己。那些褊狭蔽塞的人不知道顺应天理，就不知会走入什么样的歧途了。"

【原文】

一故神。譬之人身，四体皆一物，故触之而无不觉，不待心至此而后觉也。此所谓"感而遂通"，"不行而至，不疾而速"也。

——《横渠易说》卷三《系辞上》

【译】

张载说："一即是神，随感而通，如同人的四肢，只是统一的有机体的组成部分，不可分割。因此，触摸四肢，四肢就产生感觉，不需要等待心发布命令后才有感觉。这就是《易经·系辞上》所说的'感应就能通晓，不行动却能达到目的，不加快速度却迅速无比。'"

【背景故事】

程颢为官

程颢初入仕途，在鄠县任期三年，尽心公务，任职期间诉讼决狱，机智果断，善于察辨；纠正风俗，以实际行动爱护百姓。他以避亲贵，再调江宁府上元县任职，此时的政绩突出表现在三个方面：第一，平均田税，减轻百姓负担；第二，为民排忧解难，敢于承担责任；第三，破除宗教迷信。

【原文】

心统性情者也。

——张载《性理拾遗》

【译】

张载说："心统摄性与情。"

【原文】

凡物莫不有是性[①]。由通、蔽、开、塞，所以有人物之别；由蔽有薄厚，故有知愚之别。塞者牢不可开。厚者可以开，而开之也难；薄者开之也易。开则达于天道，与圣人一。

——张载《性理拾遗》

【注】

①是性：指天地之性。

【译】

张载说："天地万物无不有性，但由于所禀之气有清浊不同，就必然存在通畅遮蔽开阔闭塞的不同，因此就有人与物的差别。由于遮蔽的程度有轻有重，因此人就有智愚之别。闭塞的东西，极其牢固而不可开通；而遮蔽严重的人，可以开通，但十分困难。遮蔽较轻的人，开通就比较容易，开通就能不断完善自己，最终上达于天道，与圣人同一。"

卷二　为学大要

【原文】

濂溪先生曰：圣希[①]天[②]，贤希圣，士希贤。伊尹[③]，颜渊[④]，大贤也。伊尹耻其君不为尧舜，一夫不得其所，若挞于市；颜渊不迁怒[⑤]，不贰过[⑥]，三月不违仁。志伊尹之所志，学颜子之所学，过则圣，及则贤，不及则亦不失于令名。

——周敦颐《通书·志学》

【注】

①希：仰慕，由仰慕而效法、追求。②天：指天人，即能顺天道，宗法于天的人。③伊尹：商汤时的大臣。④颜渊：名颜回，孔子弟子。⑤不迁怒：不把对甲的怒气迁移到乙上。⑥不贰过：同一过错不犯两次。

【译】

周敦颐说："圣明的人希望自己成为宗法于天的人，贤能的人希望自己成为圣人，普通的士人希望自己成为贤人。伊尹和颜回都是大贤人。伊尹把不能使自己的君主成为尧舜那样的圣君看成是自己的耻辱，认为只要有一个人得不到妥善安置，就好像自己在集市上受到鞭打一样。颜回不迁怒于人，同样的错误不会再犯，能够长期恪守仁德。把伊尹的志向作为自己的志向，学习颜回所学的东西，超过他们，就是圣人，达到他们的境界，就是贤人，即使赶不上他们，也不会丧失士人的名节。"

周敦颐

【原文】

圣人之道入乎耳，存乎心，蕴[①]之为德行，行之为事业。彼以文辞而已者，陋矣。

——周敦颐《通书·陋》

【注】

①蕴：积累，藏蓄。

【译】

周敦颐说："圣人的仁道精神，通过平日讲习讨论，听闻于耳，存留于心，日积月累就会变为美好的德行。这种德行在日常人伦实践中就会成就宏伟的事业，那些仅仅把圣人精神看成是文章文采的人是多么浅陋呵。”

【原文】

或问：圣人之门，其徒三千，独称颜子为好学。夫《诗》《书》六艺[①]，三千弟子非不习而通也，然则颜子所独好者，何学也？伊川先生曰：“学以至圣人之道也。”“圣人可学而至欤？”曰：“然。”曰：“天地储精，得五行[②]之秀者为人。其本也真而静，其未发也五性具焉，曰仁、义、礼、智、信。形既生矣，外物触其形而动其中矣。其中动而七情出焉，曰喜、怒、哀、惧、爱、恶、欲。情既炽而益荡，其性凿[③]矣。是故觉者约其情使合于中，正其心，养其性。愚者则不知制之，纵其情而至于邪僻，梏[④]其性而亡之。然学之道，必先明诸心，知所往，然后力行以求至，所谓自明而诚[⑤]也。诚之[⑥]之道，在乎信道笃；信道笃，则行之果；行之果，则守之固。仁义忠信不离乎心，造次必于是，颠沛必于是[⑦]，出处[⑧]语默必于是。久而弗失，则居之安。动容周旋[⑨]中礼，而邪僻之心无自生矣。故颜子所事[⑩]，则曰：‘非礼勿视，非礼勿听，非礼勿言，非礼勿动。’[⑪]仲尼称之，则曰：‘得一善，则拳拳服膺[⑫]而弗失之矣。’又曰：‘不迁怒，不贰过。’‘有不善未尝不知，知之未尝复行也。’此其好之笃、学之之道也。然圣人则不思而得，不勉而中[⑬]。颜子则必思而后得，必勉而后中。其与圣人相去一息。所未至者，守之也，非化之也。[⑭]以其好学之心，假之以年[⑮]，则不日而化矣。后人不达，以谓圣本生知，非学可至。而为学之道遂失。不求诸己而求诸外[⑯]，以博闻强记、巧文丽辞为工，荣华其言，鲜有至于道者。则今之学，与颜子所好异矣。”

——《二程文集》卷八《颜子所好何学论》

【注】

①六艺：孔子教学的主要内容。主要指礼、乐、射、御、书、数六种技艺。②五行：金木水火土五种物质是构成世界万物的元素，列作五行。③凿：凿伤。④梏：拘禁，束缚。⑤自明而诚：明，明白；诚，诚实无欺，真实无妄。通过学习而明白事理，最后达到与“诚”合一。⑥诚之：使之诚，使自己做到“诚”。⑦造次：仓促，匆忙。颠沛：困顿挫折。⑧出处：出，出仕；处，隐退。⑨周旋：动作，容貌，身体的运转。⑩事：从事，实行，实践。⑪非礼勿视，非礼勿听，非礼勿言，非礼勿动：出自《论语·颜渊》，孔子对颜渊提问的回答。⑫拳拳服膺：牢牢放在心上。服，放置。膺，胸口。⑬不思而得，不勉而中：不用思考，无须努力，就能合乎天道。⑭守之：守

持其善与诚而不失之。化之：与之融而为一，自然拥有善与诚。⑮假之以年：让他多活几年。假，借。⑯求诸己：反身内省以提高自身修养。求诸外：向外界寻求身外的学问。

【译】

有人问："圣人孔子门下有三千弟子，孔子唯独说颜回好学，诗书六艺，三千弟子并非没有学习通晓，然而却说只有颜回一人好学，颜回学的是什么呢？"程颐回答说："学的是力求与圣人精神同一。圣人境界可以通过学习而达到吗？回答说：肯定可以达到。那么，学圣人的方法是什么呢？回答说：天地借藏明阳之精粹，阴阳冲和变化，就产生金木水火土五行，能够禀受五行精髓的就是人。人的本质真诚无妄、淡然而静，其原始虚静的状态中，已具备了仁、义、礼、智、信五性，即所谓人性本善。人生长出来后，就有形质，就有五官四肢，外在的东西触及人的形体器官，就会引起回应，由此人就会产生七种不同的情感——喜、怒、哀、惧、爱、恶、欲。人的情欲炽烈放荡，愈演愈烈，其结果必然戕害人的本性。因此，觉悟的人会约束自己的情感，使它的表现合于中道，并且通过端正自己的心灵，从而养育自己的本性。愚蠢的人则不然，他们不知道控制自己的情感，反而放纵不止，以至达到邪侈放辟的程度。正是由于他们肆无忌惮地损毁自己的本性，致使他们最后一点善性也消亡了。如此看来，要了解学的方法，必须首先明白自己应该追求什么，然后才能通过自己的努力以达到自己的目标。所谓'通过明白事理而达到诚的境界，根本点在于笃信天道，笃信天道行为就必然果断，行为果断操守必然坚定。由此，仁义忠信之道就不会离开身心，无论是在匆忙仓促的时候还是在颠沛流离的时候，无论是出仕还是隐退，也无论是说话还是沉默，都会恪守仁义忠信之道。久而久之，仁义忠信之道自然铭刻在心。这样，饮食起居就会安详自如，一举一动、交际应酬就会符合礼仪，而邪僻之念也就无从滋生了。因此，颜回问实践仁德应该怎么做时，孔子回答说：'不合于礼的事不看，不合于礼的事不听，不合于礼的事不说，不合于礼的事不做。'孔子曾称赞颜回说：'颜回得到一条善理，就会牢牢地记在心上，不让其失去。'孔子并且还说：'颜回不迁怒于人，不再犯同样的错误。''有过错未尝不知道，知道了再不会重犯。'上面所说的，大概就是追求仁道、笃学仁道的方法吧。然而圣人则不同，圣人不思考就能达到仁道，不努力就已经符合仁道；而颜回则必须通过思考然后才能体悟仁道，必须通过努力然后才能符合仁道。颜回与孔子的差距，只在瞬息之间。颜回之所以未能一蹴而就，因为他必须先体悟仁道获得仁道然后才能守持仁道，而孔子与仁道浑然一体。但是，其好学不倦如颜回者，只要给他一点时间，他与仁道化而为一就指日可待。后人不懂圣人可学而至的道理，以为圣人原本生而能知，不是通过学可以达到的，于是，为学之道就消失了。那些不从内心严格要求自己，一味追求外在得失，沉溺自诩于博闻强记、巧文丽辞的人，一味夸夸其谈，浮华其言的人，几乎不会接近仁道的。今天的人所谓的学与颜回的追求真是有天壤之别啊。”

【背景故事】

程颢办学

宋英宗治平元年（1064年），程颢“移泽州晋城令”（今山西省晋城市）。他在晋城重教化，办学校，政绩显著，深得民心。这期间，他主要实行了三条措施：一是编伍保，教育百姓互助互济，维持社会秩序。二是兴办学校，提高百姓文化素质。程颢让县属各乡都设学校，自己安排时间亲自讲授，发现不称职的教师，立即更换，保证教育质量。三是助民理财，平稳物价。

【原文】

横渠先生问于明道先生曰：定[①]性未能不动，犹累于外物，何如？明道先生曰：所谓定者，动亦定，静亦定。无将迎[②]，无内外。苟以外物为外，牵己而从之，是己性为有内外也。且以性为随物于外。则当其在外时，何者为在内？是有意于绝外诱，而不知性之无内外也。既以内外为二本，则又乌可遽[③]语定哉？夫天地之常，以其心普万物而无心；圣人之常，以其情顺万事而无情。故君子之学，莫若扩然而大公，物来而顺应。《易》曰：“贞吉悔亡，憧憧往来，朋从尔思。”[④]苟规规[⑤]于外诱之除，将见灭于东而生于西也。非惟日[⑥]之不足，顾其端无穷，不可得而除也。人之情各有所蔽，故不能适道，大率患在于自私而用智[⑦]。自私则不能以有为为应迹，用智则不能以明觉为自然。今以恶外物之心，而求照无物之地，是反鉴[⑧]而索照也。《易》曰：“艮[⑨]其背，不获其身；行其庭，不见其人。”孟子亦曰：“所恶于智者，

为其凿[10]也。”与其非外而是内，不若内外之两忘也。两忘则澄然无事矣。无事则定，定则明，明则尚何应物之为累哉！圣人之喜，以物之当喜；圣人之怒，以物之当怒。是圣人之喜怒不系于心而系于物也。是则圣人岂不应于物哉？乌得以从外者为非，而更[11]求在内者为是也？今以自私用智之喜怒，而视圣人喜怒之正为何如哉？夫人之情，易发而难制者，惟怒为甚。第[12]能于怒时遽忘其怒，而观理之是非，亦可见外诱之不足恶，而于道亦思过半矣。

——《二程文集》卷二《答横渠张子厚先生书》

【注】

①定：稳定。②将迎：送迎。将，送。③遽：匆忙。④贞吉：占吉；憧憧：往来不绝；朋：朋友。⑤规规：浅陋拘泥。⑥日：时间。⑦智：机巧。⑧反鉴：精子的背面。⑨艮：止，即定心、定性。⑩凿：穿凿，不顺从物之天然之性。⑪更：换。⑫第：但。

【译】

张载问程颢说：“稳定的本性不能不动，仿佛受到外面东西的牵累，如何才能不受牵累呢？”

程颢回答说：“关于定，我的看法是：动是定，静也是定。稳定的本性无离去与返回之分，也没有所谓内与外之分。如果认为外面的东西为外，牵引自己去顺从它，这样看，即是认为自己的本性有内外之分。进一步说，如果认为本性顺随外面的东西在外，那么，当本性在外时，在内的是什么呢？这样看，就是有意图地拒绝外面东西的引诱，而不知道本性无内外之分。既然认为内与外互不相关，又怎么可以急切地说所谓‘定’呢？

天地之所以永恒，是因为天地以其博大心胸普育万物而无私心；圣人之所以永恒，是因为圣人以其博大情怀顺应万事而无私情。因此，君子所要学的，无非是达到扩然大公的境界，不存在一毫私念，一切顺应自然。《易经》九四爻辞说：“贞卜吉利，无所悔恨。纷沓往来，朋友们都顺从你的意旨。”如果拘泥于根除外在事物的诱惑，结果必然是这种引诱消除了，那种引诱又出现了。要消除外在事物的引诱，非但没有充足的时间，而且外在事物的端绪无穷无尽，怎么可能除绝呢？人的情感各有所蔽，因此不能与天道和谐。之所以如此，大概其害在于人的自私和运用机心。自私就是以己御物，所做出的行动反应就不能顺应事物本来的面目；用智就是滥用机巧，所表现出来的就不可能是天然明觉的智慧观照下的自然之理。眼下以厌恶外在事物的态度来照寻纯粹的本性，如同拿镜子的背面来照东西一样。《易经》说：“放下包袱，不呈私念，不显人迹。”孟子也说：“人们之所以厌恶机心，因为它往往穿凿附会，与自然相悖。”与其否定‘外’而肯定‘内’，不如内外都忘却，不存内外之见。忘却内外是非之别，就能够达到澄然无事的状态，澄然无事则稳定，稳定则明达，明达则境界高远。如此，应遇天地万物，还有什么牵累可言呢？圣人之喜，是以事物应当喜才喜；圣人之怒，是以事物应当怒才怒。因此，圣人的喜怒，不决定于心而决定于物。圣人怎么可以不应遇万事万物呢？但又哪里可以说顺应于外就不对，换过来求于内就是正确的呢？喜怒源于自私机心的人，怎么能够认识圣人大公正当的喜怒之情呢？人的七情中，最容易发作而又最难控制的是怒。但如果能在发怒时立刻忘掉怒，进而体察发怒是否有道理，当怒不当怒。这样，就能够懂得外在事物的诱发不能毁损本性，不足以厌弃，而且对‘道’的真谛的体悟也就得到大半了。

【原文】

伊川先生答朱长文[①]书曰：圣贤之言，不得已也。盖有是言，则是理明；无是言，则天下之理有阙[②]焉。如彼耒耜陶冶之器[③]，一不制，则生人[④]之道有不足矣。圣贤之言，虽欲已，得乎？然其包涵尽天下之理，亦甚约[⑤]也。后之人始执卷，则以文章为先。平生所为，动多于圣人。然有之无所补，无之靡[⑥]所阙，乃无用之赘[⑦]言也。不止赘而已，既不得其要，则离真失正，反害于道必矣。来书所谓欲使后人见其不忘乎善，此乃世人之私心也。夫子“疾[⑧]没世而名不称焉”者，疾没身无善可称云尔，非谓疾无名也。名者可以厉[⑨]中人。君子所存，非所汲汲[⑩]。

——《二程文集》卷九《答朱长文书》

【注】

①朱长文：字伯原，号乐圃，苏州吴县人。著书不仕，名动京师，召为秘书省正字兼编修。②阙：同“缺”，空缺。③耒耜陶冶之器：农耕、制陶、冶炼等等的工具。④生人：养育人。⑤约：简明。⑥靡：无。⑦赘：多余的，无用的。⑧疾：痛恨。⑨厉：同“励”，鼓励。⑩汲汲：心情急切。

【译】

程颐先生回答朱长文的来信说：“自古圣贤的垂世之言，都是不得已而说出来的。因此，有圣贤之言，天理就可以昭示于天下，无圣贤之言，天下之

理就有欠缺。如同农具陶器一样，一件不制造出来，人们的日常生活、生产就有欠缺，就有所不足。圣贤的垂世之言，纵然是不得已说的，然而却囊括了天下之理，并且是十分简明的。后人从开始读书起，就把写文章作为第一等的大事，他们一生刻苦读书，寒暑不辍，所写下的文字，比圣人还多。然而这些东西，存在对世道人心无所补益，不存在对世道人心也无所欠缺，它们全是无用的废话。事实上，这些东西不止是无用的废话，它们烦琐冗长，不切要旨，背离真理，丧失正义，非但毫无任何价值可言，相反，只会必然造成对'道'的损害。你来信说期望后人读到你的文章而记住你的善意，这不可取，是世俗好名之欲的表现。孔子引以为恨的是终身不被人称颂，但他指的是善而不是名。名声可以鼓励中等材质的人，君子追求的是圣贤境界，因此，名声不是君子汲汲所求的东西。"

【原文】

内积忠信，所以进德①也；择言笃志，所以居业②也。知至至之③，致知也。求知所至而后至之，知之在先，故可与几④。所谓"始条理者知之事也。"知终终之⑤，力行也。既知所终，则力进而终之，守之在后，故可与存义，所谓"终条理者圣人之事也。"此学之始终也。

——《程氏易传·乾传》

【注】

①进德：进修德行。②居业：建立功业。③知至至之：知至，是认识上的事，即知道时机到来了。至之，是行动的事，指立即就去做。前"至"字，名词，指发展；后"至"字，作动词用。④几：征兆。⑤知终终之：前"终"字，名词，指结果；后"终"字，用作动词。

【译】

程颐说："人应该以忠信为本，以培养发扬自己的品德；该说的话就说，不该说的话就不说，使自己志向坚定，这是操守自己事业的立足点。'知'产生后就要运用它，这就是'致知'，也就是说，要先了解'知'所以产生的途径，然后运用它。只有先获得了对事物的认识，才可以了解事物发展变化的征兆。所谓奏乐中节奏旋律的开始，即是'知'的体现。'知'可以完结就应该完结它，就转化为行动实践。换言之，知道事情能够完成，就应该努力通过自己的行动，圆满地完成它。事业完成之后，能够忠实地守护，就能够保存道义。所谓奏乐中能使节奏旋律完满终结，即是‘圣’的体现。我们所说的‘学’，无非是一个知行并进、自始至终的过程而已。”

【原文】

君子主敬以直[①]其内，守义以方[②]其外。敬立而内直，义形而外方。义形于外，非在外也。敬、义既立，其德盛矣，不期而大矣。德不孤也，无所用而不周[③]，无所施而不利，孰为疑乎？

——《程氏易传·坤传》

【注】

①直：端正。②方：方正。③周：适合，适用。

【译】

程颐说：“君子以敬肃为本，以达到内在精神的纯正，恪守道义，以达到外在表现的方正，做到敬肃在内精神就自然纯正，恪守道义外在表现就自然方正。道义虽然通过外在行为表现出来，但外在表现源于内在精神。因此，道义的表现不是外在的。一旦敬肃与道义矗立起来，人的德行就自然深厚广博，不企望宏大却自然宏大。德行不是孤高的，它所发生的作用，无不周遍，它所施加的影响，无论在什么地方都会带来利益。谁会对德行产生怀疑呢？”

【原文】

动以天为无妄[①]，动以人欲则妄矣。《无妄》之义大矣哉！虽无邪心，苟不合正理，则妄也，乃邪心也。既已无妄，不宜有往，往则妄也。故《无妄》之《彖》曰：“其匪[②]正有眚[③]，不利有攸[④]往。”

——《程氏易传·无妄传》

【注】

①无妄：不虚伪，也就是依照道理，自然应当如此。②匪：非。③眚：弊害。④攸：所。

【译】

程颐说：“行动以天道为根据，即是无妄，以私欲为依据，即是虚妄。可见，无妄的含义多么博大精深！人的行动虽然没有邪念，但如果不符合正理，也是虚妄，也是邪心，即令内心纯正纯一，但在不适合行动的情况下，有所行动也是虚妄。因此《无妄》彖辞说：‘行为不正当，则有灾殃，有所往则不利。’”

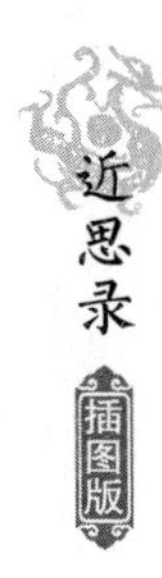

【背景故事】

《近思录》的由来

南宋孝宗淳熙二年（1175 年）夏，吕祖谦从东阳风尘仆仆来到建阳，在群山环翠的寒泉坞与庐墓守孝的朱熹相会，切磋论学。旬日之后，一部由两位理学大师携手合编的著作，完稿于寒泉精舍，那就是被后人视为“圣学之阶梯”“性理诸书之祖”的《近思录》。

宋孝宗

【原文】

人之蕴蓄①，由学而大②，在多闻前古圣贤之言与行。考迹③以观其用，察言以求其心，识④而得之，以蓄成其德⑤。

——《程氏易传·大畜传》

【注】

①蕴蓄：积蓄，积累。②大：扩大。③迹：形迹，行动，行为。④识：记住。⑤蓄成其德：积累而养成自己的德行。

【译】

程颐说：“人的德行是积累起来的，有一个通过学习而不断扩大的过程。因此，应该多多体悟古代圣贤的言行，通过考察他们的行为来观察他们的作用，通过考察他们的言论来探求他们的心灵，牢记在心融化在心，并在不断积累的基础上，成就自己的德行。”

【原文】

《咸》之《象》曰：“君子以虚①受人。”伊川《易传》曰：中无私主，则无感不通；以量而容之，择合而受之，非圣人有感必通之道也。其九四曰：“贞吉，悔亡，憧憧往来，朋从尔思。”传曰：感者人之动也，故《咸》皆就人身取象。四当心位而不言“咸其心”，感乃心也。感之道无所不通，有所私系，则害于感通，所谓“悔”也。圣人感天下之心，如寒暑雨旸②，无不通无不应者，亦贞③而已矣。贞者虚中无我④之谓也。若往来憧憧然，用其私心以感物，则思之所及者有能感而动，所不及者不能感也。以有系之私心，既主于一隅⑤一事，岂能廓然⑥无所不通乎？

——《程氏易传·咸传》

【注】

①虚：谦虚，虚怀若谷。②旸：日出，天晴。③贞：正。④虚中无我：扩然而大公。虚中，虚怀若谷；无我，无私。⑤一隅：一处，一个方面。⑥廓然：也作扩然，即推广一己为大公，使一心能包容万物。

【译】

《咸卦》的《象辞》说："君子以虚怀若谷的态度，接受他人的教益。"程颐的《易传》说："从容中道，毫无私念，就能随感而通。以做出来的气量容纳事物，以选择合适的机会承受事物，都不是圣人有感必通的圆融之道。《易经·咸卦》九四爻辞说：'贞卜吉利，无所悔恨，纷沓往来，朋友们都顺从你的意旨。'《易传》说：'所谓感，即是人的行动。'《咸卦》六爻全是以人一身之形取象，第四爻正处在心的位置上，因此不说感其心，因为感即是心。感的本质就是无所不通，人如果有私心杂念，就会损害感通，就会带来悔恨。圣人与天地之心交感相应，如同天地寒暑雨晴变化无不感通无不感应，之所以如此，无非是圣人周遍'正'而已。所谓'贞'，即是'正'，即是虚空圆融的无我境界。物我之间，往来纷然不绝，如果用自己的私心去感受事物，那么，欲望所涉及的东西，可能会因自己的行动做出反应，欲望不能涉及的东西，就不会有所行动，也就无所谓反应。人如果受私心控制，偏执于一处一事，怎么能够企望廓然大公无所不通呢？"

【原文】

君子之遇艰阻，必思自省于身，有失而致之乎？有所未善则改之，无歉于心则加勉，乃自修其德也。

——《程氏易传·蹇传》

【译】

程颐说："君子在人生道路上遇到险厄困阻，必须自我反省；是否因为自己有所过失而导致这样的结果呢？如果有做得不对的地方就应该改正，如果内心无所愧歉就以此勉励自己，这就是君子自我修养自己德行的方法。"

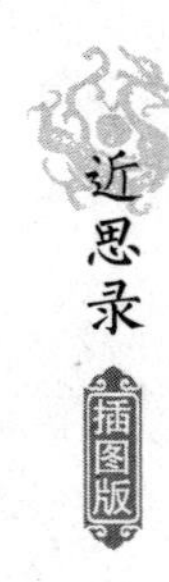

【原文】

非明则动无所之，非动则明无所用。

——《程氏易传·丰传》

【译】

程颐说："不明白事理，行动就没有方向；不行动，明白事理也没有用。"

【原文】

习[①]，重习也。时复思绎[②]，浃洽[③]于中，则说也。以善及人，而信从者众，故可乐也。虽乐于及人，"不见是而无闷"[④]，乃所谓君子。

——《程氏经说·论语解》

【注】

①习：演习，实习，复习。②思绎：思考寻绎。绎，寻绎，理出事物的头绪，引申为解析。③浃洽：贯通。④不见是：不被肯定，不被称道。无闷：没有苦恼。

【译】

程颐说："所谓习，即是重复演习，时时反复思考、推求，使学到的东西融会贯通在自己的心中，喜悦之感就会油然而起。以自己的善推及他人，于是大家皆善，从善的人越来越多，这当然是一件值得高兴的事。虽然乐于以自己的善推及他人，但如果得不到他人的赞同却毫无烦闷之感，这就是君子的境界了。"

【原文】

"古之学者为己"，欲得之于己也；"今之学者为人"，欲见知于人也。

——朱熹《论语精义》卷七下

【译】

程颐说："古代的人求学是为了培养自己，是希望通过学习提高自己的道德学问；现在的人求学是为沽名钓誉，无非是给人看，获得别人的称赞而已。"

【原文】

伊川先生谓方道辅[①]曰：圣人之道，坦如大路，学者病不得其门耳。得其门，无远之不到也。求入其门不由经[②]乎？今之治经者亦众矣，然而买椟还珠[3]之蔽，人人皆是。经所以载道也。诵其言辞，解其训诂，而不及道，乃无用之糟粕耳。觊[4]足下由经以求道，勉之又勉，异日见卓尔[5]有立于前，然后不知手之舞足之蹈，不加勉而不能自止也。

——程颐《手帖》

【注】

①方道辅：名宋，程颐的学生。②经：儒家经典。包括《易》《诗》《春秋》、《礼》、《书》等。③买椟还珠：比喻舍本逐末，取舍失当。椟，匣子。④觊：希望。⑤卓尔：特立貌；超然高举貌。

【译】

程颐对方道辅说："圣人之道，像康庄通衢一样平坦宽广。读书人的困惑在于没有找到进入的门径，如若找到门径，那么，无论多么遥远的地方都可以到达。要寻求圣人之道的门径，难道可以绕开六经吗？现在读经治经的人很多，然而几乎人人都犯了舍本逐末的错误。经是用来阐释'道'的，只知道背诵经书的言辞，解释经书中字句的含义，而没有体悟经书中'道'的真谛，就毫无价值可言。希望你能通过治经来寻求'道'，不断勉励自己，久而久之，你会发现圣人之道卓然展现在眼前，此时此刻，你肯定会高兴得不禁手舞足蹈。这样的精神升华之后，即使你不勉励自己，你也不能停止精神生命渴望向'道'靠拢的永恒追求了。"

【原文】

明道先生曰："修辞立其诚。"不可不子细[1]理会。言能修省[2]言辞，便是要立诚。若只是修饰言辞为心，只是为伪也。若修其言辞，正为立己之诚意，乃是体当自家[3]"敬以直内，义以方外"之实事。道之浩浩，何处下手？惟立诚才有可居之处。有可居之处，则可以修业也。终日乾乾[4]，大小大[5]事，只是"忠信所以进德"为实下手处；"修辞立其诚"，为实修业处[6]。

——《二程遗书》卷一

【注】

①子细：仔细。②修省：修身反省，修习省察。③体当自家：宋元俗语，言斟酌言辞使之贴合自己的意思。④乾乾：努力不懈的意思。⑤大小大：宋俗语，重大。⑥为实修业处：为实实在在的修习德业着力之处。

【译】

程颢说："《易经·乾·文言》中说的'修辞立其诚'这句话，不可不仔细理解它的真正本意。这句话的要旨是说，人要修省自己外在的言辞，首先必须确立内在的诚意。如果一心想怎样修饰自己的言辞，以取悦于他人或企望他人的赞扬，那只是在作伪。反之，如若修省自己的言辞，正是为了确立自己的内在诚意，那才是体认自己，使自己的行为符合以敬肃为本的标准，以保持内在精神的纯正，恪守道义以达到外在表现的方正的要求。'道'浩大无边，求'道'从何处下手？唯有从确立自己的诚意下手才能有坚实的根基，有了坚实的根基，就可以修炼自己事业。因此，君子每时每刻都要勤勉努力，无论做什么样的事，其根本点不外是：以忠信为本，增进仁德，这是实实在在的下手功夫；修省自己的外在言辞，确立自己的内在诚意，这是实实在在的修业功夫。"

买椟还珠

【背景故事】

买椟还珠

楚国有个商人，在郑国卖珠宝。他用名贵的木兰雕了一只装珠的匣子，将盒子用桂椒调制的香料熏制。有个郑国人把匣子买了去，却把匣子里面的珠子还给了他。郑人没有眼光，取舍不当；楚人过度包装，本末倒置。所以说，我们应分清主次，不能取舍不当，本末倒置，喧宾夺主。

【原文】

伊川先生曰：志道[①]恳切，固是诚意。若迫切不中理，则反为不诚。盖实理[②]中自有缓急，不容如是之迫。观天地化[③]乃可知。

——《二程遗书》卷二上

【注】

①志道：志于道。“志”为动词。②实理：实存之理。③观天地化：观察天地化生万物的循序而进。

【译】

程颐说：求‘道’诚恳而切实，固然是真诚的标志，但如果急切无序，不符合客观的道理，反而变得不真诚。实存的理中自然有缓急的不同，不容背理而行的急促之举。体悟一下天地造化寒暑昼夜井然有序的规律，怎样学‘道’，便可以明白了。

【原文】

明道先生曰：孟子才高，学之无可依据。学者当学颜子，入圣人为近，有用力处。

又曰：学者要学得不错，须是学颜子。

——《二程遗书》卷二上、卷三

【译】

程颢说：“孟子才气高迈，学孟子，找不到下手的地方，难以依从，难以效仿；应该学颜回，效法颜回，圣人之道就容易接近，就有实践上的依据。”又说：“学圣人之道要学得不走样，必须学颜回。”

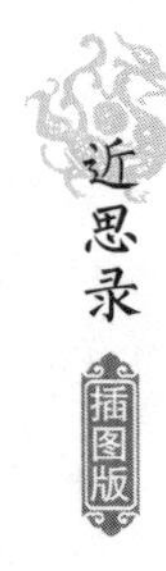

【原文】

明道先生曰：且省外事①，但明乎善，惟进诚心，其文章虽不中，不远矣。所守不约②，泛滥无功。

——《二程遗书》卷二上

【注】

①外事：指学习文章和礼文、制度之类。②约：简约，精要。

【译】

程颢说：姑且省减外边繁杂的事务，只专心明达本然的善，增进内在心灵的真诚，这样，即使文章写得不尽完美，也差得不远了。人所守护的东西不简明精微，纵然泛滥辞章，终是劳而无功。

【原文】

学者识得仁体，实有诸己，只要义理栽培，如求经义，皆栽培之意。

——《二程遗书》卷二上

【译】

程颢说：学的根本目的在于认识本体的‘仁’无所不在、至公至纯、至大至精，懂得这个道理，也就懂自己只是‘仁’的精神存在的体现，剩下的只是义理的培养和发掘，例如读经书探求其义理，即是培养与发掘。

【原文】

昔受学于周茂叔，每令寻颜子、仲尼乐处，所乐何事？

——《二程遗书》卷二上

【译】

程颢说：过去我们跟从周敦颐学习的时候，周先生每每要我们体悟孔子颜回的快乐境遇，他们感到快乐的是什么事情。

【原文】

所见所期，不可不远大，然行之亦须量力而有渐。志大心劳，力小任重，恐终败事。

——《二程遗书》卷二上

【译】

读书人的眼界和期望，不能不高远博大，然而实际做事必须量力而行，循序渐进。志向大然而却心劳力竭，力量小然而却承担重任，恐怕只能以失败告终。

【原文】

朋友讲习，更莫如相观而善工夫多。

——《二程遗书》卷二上

【译】

朋友之间讲习讨论，比不上朋友之间相互砥砺、相互感化的收益大。

【原文】

须是大其心使开阔，譬如为九层之台，须大做脚始得。

——《二程遗书》卷二上

【译】

读书人必须扩大自己的心胸，使自己开阔起来，例如要建造九层的楼台，就必须使基脚的面积扩大。

【原文】

明道先生曰：自“舜发①于畎②亩之中”，至“百里奚举于市”，若要熟，也须从这里过。

——《二程遗书》卷三

【注】

①发：发达、兴旺。②畎：田间小沟。

【译】

程颢说：“从舜在耕田种地中振兴起来，一直到孙叔敖在海滨被举用，古代的圣贤豪杰，大多是在艰难困苦的环境中磨炼出来的。因此，士若要成熟坚强，必须经过人生坎坷患难的考验。”

【原文】

参也竟以鲁①得之。

——《二程遗书》卷三

【注】

①鲁：迟钝。

【译】

程颢说："曾参纵然鲁钝，但最终却获得了孔子的真精神。"

【原文】

明道先生以记诵博识为玩物丧志。

——《二程遗书》卷三

【译】

程颢认为：以记诵词章、展示博学为好者，皆属于玩物丧志之列。

【原文】

礼乐只在进反[①]之间，便得性情之正。

——《二程遗书》卷三拾遗

【注】

①进：勉力前行。反：反躬自制。

【译】

程颢说："礼乐是用来陶冶人的性情的，在礼与乐之间保持必要的张力，就可以达到性情的纯正。"

【原文】

父子君臣，天下之定理，无所逃于天地之间。安得天分[①]，不有私心，则行一不义，杀一不辜，有所不为。有分毫私，便不是王者事。

——《二程遗书》卷五

【注】

①天分：天理。

【译】

程颢说："父子君臣作为人伦秩序，是天经地义的定理，任何人都无法脱离这种秩序。人只要安于天理确定的名分，不怀私念，那么，即使行一不义，杀一无事就可以得到天下，也不会这样做。倘若心中有丝毫私欲，就不是圣王的境界。"

【背景故事】

循序渐进

从前纪昌去拜箭法高手飞卫为师学习射箭，飞卫让他练好眼睛的基本功，他回家看妻子织布机上的梭子，练就睁圆眼睛，一点也不眨。飞卫让他练把小东西看成大东西，纪昌把头发上的小虱子看成车轮。飞卫这才教他射箭，从此成为百发百中的神射手。循序渐进，就是按一定的顺序、步骤逐渐进步。

【原文】

论性不论气，不备；论气不论性，不明。二之则不是。

——《二程遗书》卷五

【译】

程颢说："只说性而不说气，是片面的；只说气而不说性，是糊涂的；而把性与气割裂开来，则是没有道理的。"

【原文】

论学便要明理，论治便须识体①。

——《二程遗书》卷五

【注】

①体：指治体，又称治道。

【译】

程颢说："论学就要明白道理，论治理天下就必须了解政体。"

【原文】

曾点、漆雕开①已见大意，故圣人与之。

——《二程遗书》卷六

【注】

①曾点：曾皙，名点，曾参的父亲，孔子的学生。漆雕开：复姓漆雕，名开，字子开，孔子的学生。

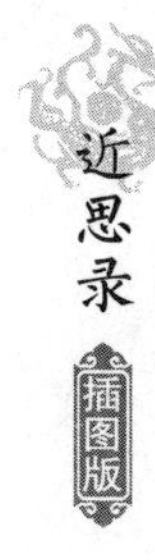

【译】

程颢说："曾点和漆雕开都已经体悟到了人生精神境界的根本旨归，因此孔子对他们表示赞同。"

【原文】

根本须是先培壅[1]，然后可立趋向也。趋向既正，所造浅深，则由其勉与不勉也。

——《二程遗书》卷六

【注】

①壅：在植物根部培土或施肥。

【译】

程颢说："人必须先培植好自己的立身之本，然后才可以确立人生的方向，只要方向端正，那么，所取得的成就的大小，就决定于勤勉与否。"

【原文】

敬、义夹持直上，达天德[1]自此。

——《二程遗书》卷六

【注】

①天德：最高的精神境界。

【译】

程颢说："守持敬肃，恪守道义，勇往直前，就可以达到天人合一的境界。"

【原文】

懈意一生，便是自弃自暴。

——《二程遗书》卷六

【译】

程颢说："一生都处在松懈状态中，就是自暴自弃。"

【原文】

不学便老而衰。

——《二程遗书》卷七

【译】

程颢说："人不学理义，精神就会衰老。"

【原文】

人之学不进，只是不勇。

——《二程遗书》卷十四

【译】

程颢说："人的学问没有进步，其原因无非是缺少勇往直前的精神。"

【原文】

学者为气[1]所胜，习[2]所夺，只可责志。

——《二程遗书》卷十五

【注】

①气：血气。②习：习俗。

【译】

程颢说："人在求学过程中，受意气支配，受习俗摆布，以致学无所成，根本原因在于志向不明确、不坚定。"

【原文】

内重则可以胜外之轻；得深则可以见诱之小。

——《二程遗书》卷六

【译】

程颢说："人如果把内在心性、道德修养看得重，自然就会把外在功名权利看得轻。人如果学问深厚，境界高远，自然就会觉得利欲物欲的诱惑无比渺小。"

吕祖谦

【原文】

董仲舒[1]谓："正其义，不谋其利；明其道，不计其功。"孙思邈[2]曰："胆欲大而心欲小；智欲圆而行欲方。"可以为法矣。

——《二程遗书》卷九

【注】

①董仲舒：西汉今文经学大师，广川人，建议汉武帝“罢黜百家，独尊儒术”，著有《董子文集》等。②孙思邈：唐代著名医药学家，京兆华原人，著有《千金要方》等。

【译】

董仲舒说：端正义理，摒弃私欲，明达天道，志却功利。孙思邈说：胆子要大，心要细：知识要周圆，行为要方正。这两句话，都可以作为人生效仿的法则。

【原文】

大抵学不言而自得者，乃自得也，有安排布置者，皆非自得也。

——《二程遗书》卷十一

【译】

程颢说：“关于读书学问，那些不说自己有所收获的人，往往有收获；而那些自以为是，自以为有所收获的人，都没有什么收获。”

【原文】

视听、思虑、动作，皆天也，人但于其中，要识得真与妄尔。

——《二程遗书》卷十一

【译】

人的眼能视，耳能明，心能思，四肢能动，都是天成的本能，但之所以视听思动，却有‘真’与‘妄’的区别，循‘理’而视听思动者，是‘真’，反之，则是‘妄’。

【背景故事】

自暴自弃

战国时期，孟子教导他的学生不要做自暴自弃的人，学生不明白。孟子解释道自暴就是说话不遵守礼义，自己残害自己。自弃就是自身行为不符合仁义，自己抛弃自己。自暴自弃就是自甘堕落，不求进取。

【原文】

明道先生曰：学只要鞭辟近里[①]，著己[②]而已。故“切[③]问而近思”，则“仁在其中矣。”“言忠信，行笃敬，虽蛮貊[④]之邦行之矣。言不忠信，行不笃敬，虽州里行乎哉？立则见其参[⑤]于前也，在舆则见其倚于衡[⑥]也，夫然后行。”只此是学。质美者明得尽，渣滓便浑化，却与天地同体。其次惟庄敬持养。及其至，则一也。

——《二程遗书》卷十一

【注】

①鞭辟近里：切实透辟。②著己：切实贴身。③切：恳切。④蛮貊：南蛮和北狄，古代对边远地区落后民族的称呼。⑤参：并立。⑥衡：车前横木。

【译】

程颢说：“求学唯一的前提是切实透辟，贴切自身。因此子夏说：‘恳切地发问，多考虑当前的问题，仁德就在其中了。’孔子说：‘言语忠诚老实，行为忠厚严肃，即使到了文化不发达的蛮貊之地，也是行得通的。言语欺诈无信，行为刻薄轻浮，即使在本乡本土，难道能行得通吗？站立的时候，就仿佛看见忠诚老实忠厚严肃几个字在我们面前，乘车时，也仿佛看见它们刻在车前的横木上，这样才能使自己处处行得通。’这就是‘学’。气质最优秀的人，天然明白事理，一切渣滓，都能净化，从而达到与天地合一的境界。次一等的人，只有在保持端庄恭敬的基础上，不断修炼自己，永不停息，最终也能达到与天地合一的境界。”

【原文】

“忠信所以进德”，“修辞立其诚，所以居业”者，乾道也；“敬以直内，义以方外”者，坤道也。

——《二程遗书》卷十一

【译】

程颢说：“《易经·乾·文言》所说的‘以忠信来增进自己的品德’‘修省自己的外在言辞，确立自己的内在诚意，以保持自己事业的稳固。’这就是乾道。《易经·坤·文言》所说的‘以敬肃为本，以达到内在精神的纯正，恪守道义，以达到外在表现的方正。’这就是坤道。”

【原文】

凡人才学，便须知著力处；既学，便须知得力处。

——《二程遗书》卷十二

【译】

人开始学习的时候，必须知道学习的切要工夫在哪里；学习以后，必须知道学习有什么样的功效。

【原文】

有人治园圃，役知力甚劳。先生曰："《蛊》之《象》：'君子以振民育德'。君子之事，惟有此二者，余无他焉。二者，为己为人之道也。"

——《二程遗书》卷十四

【译】

有一个人管理园圃，精疲力竭。程颐说："《易经·蛊·象》说：君子要振救民众，同时要培养自己的德行。君子一生只做这两件事，此外再也没有其他事可以考虑。这两件事：一是做一个堂堂正正的君子，一是把自己的一切无私地推及他人。"

【原文】

"博学而笃志，切问而近思"，何以言"仁在其中矣"？学者要思得之。了此，便是彻上彻下之道。

——《二程遗书》卷二十二

【译】

子夏说："广泛地学习，坚守自己的志向；恳切地发问，多考虑当前的问题，仁德就在其中了。"子夏为什么这样说？读书人如果能体悟其中的道理，就懂得了学问上下贯通、圆融无碍的本质了。

【原文】

弘而不毅则难立，毅而不弘则无以居之。①

——《二程遗书》卷十四

【注】

①弘：宽弘。毅：坚毅。

【译】

恢弘而不坚毅则难以挺立，坚毅而不恢弘则不能周通。

【原文】

伊川先生曰：古之学者，优柔厌饫[①]，有先后次序。今之学者，却只做一场话说，务高而已。常爱杜元凯[②]语："若江海之浸，膏泽[③]之润，涣[④]然冰释，怡然理顺，然后为得也。"今之学者，往往以游、夏[⑤]为小，不足学。然游夏一言一事，却总是实。后之学者好高，如人游心于千里之外。然自身却只在此。

——《二程遗书》卷十五

【注】

①优柔厌饫：优柔，从容。厌饫，饱满。②杜元凯：名预，字元凯。西晋将领、学者。③膏泽：犹雨泽，滋润土壤的雨水。④涣：消散。⑤游、夏：子游和子夏，孔子的学生。

【译】

程颐说："古时候的读书人，从容实在，学习有先后次序；现在的读书人，只会高谈阔论，无非是徒有其表的好高骛远而已。杜预认为：读书如同江海的浸渍，雨水的滋润，久而久之，便仿佛冰雪涣然融化，道理即刻融会贯通，其怡然自得之感油然而起。杜预的看法，我非常赞同。现在的读书人，往往小看子游和子夏，认为他们不足以效仿。然而子游子夏说话做事，却是实实在在的。往后的读书人好高骛远，就像游心于千里之外，精神飘然遥寄，然而自己的身躯依然只停留在此处。"

【原文】

修养[①]之所以引年[②]，国祚[③]之所以祈天永命[④]，常人之至于圣贤，皆工夫到这里，则自有此应[⑤]。

——《二程遗书》卷十五

【注】

①修养：修身养性。②引年：延年益寿。③国祚：国运。④祈天永命：通过祈求天佑而使国运长久。⑤应：应验，效验。

【译】

个人的寿命，似乎不可知，然而通过修炼其精神，充养其元气，就自然

会产生延年益寿的效果。国家的命运，似乎非人力可为，然而只要积累功德，推行仁义，也可以达到与天沟通，从而保证国家长治久安。圣贤似乎不可企及，然而常人只要勤勉不懈，勇猛精进，也能够达到圣贤的境界。总而言之，只要有坚持不懈的实践工夫，就必然有效应。

【原文】

忠恕所以公平。造德则自忠恕，其致则公平。

——《二程遗书》卷十五

【译】

修守忠恕，就能实现公平。增进、培养自己的德行必须从忠恕开始，而忠恕落实的地方，就自然有公平。”

【原文】

仁之道，要之只消一个公字。公只是仁之理，不可将公便唤作仁。公而以人体之，故为仁。只为公则物我兼照，故仁，所以能恕，所以能爱。恕则仁之施，爱则仁之用也。

——《二程遗书》卷十五

【译】

仁的本质，概言之，只好说是一个公字。但公只是仁之应然，不能把公等同于仁。摒弃私念，体悟人之所以公的原因，就能把握仁。本于公，就能够达到物我同一、无所偏废的境界。由此，就能明白仁之所以能恕、能爱的道理，就能明白恕只是仁的实行，爱只是仁的作用。

【原文】

今之为学者，如登山麓。方其迤逦[①]，莫不阔步。及到峻处便止。须是要刚决果敢以进。

——《二程遗书》卷十七

【注】

①迤逦：曲折连绵。

【译】

现在的人求学，如同登山。在平缓的山路上，无不昂首阔步；等走到峻险的地方时，就畏阻不前。要知道，只有刚决果敢继续前进，才能达到目标。

【原文】

人谓要力行，亦只是浅近语。人既能知见一切事皆所当为，不必待着意。才着意，便是有个私心。这一点意气，能得几时了？

——《二程遗书》卷十七

【译】

人们往往说要用实际行动做实事，这无非是一句普通浅显的话。人只要能明白事理，那么，一切应当做的事，自然会去做，不必执着于自己的见解，一执着，便是私心作怪。人的一点点意气，能够支撑多久呢？”

【原文】

知之必好之，好之必求之，求之必得之。古人此个学是终身事。果能颠沛造次必于是，岂有不得道理？

——《二程遗书》卷十七

【译】

对于学问，懂得它的人必然喜好它，喜好它的人必然追求它，追求它的人必然得到它。古人把求学看成是终身大事，如果能够在任何艰难曲折颠沛流离的情况下始终不断地学习，岂有不能获得学问的道理？

【背景故事】

半途而废

东汉时，乐羊子出外求学，一年后归来，他的妻子问他为什么回来了，乐羊子说因为出门时间长想家，就回来了。他的妻子一听立马就将自己正在织的布剪断，并告诉乐羊子说我将正在织的布剪断了，从前织布的时间也白白浪费了，你读书也是一样，半路不学习了就是把先前的学习荒废。乐羊子于是又出外去完成学业，一连七年没有回过家。做事如果每次做到一半就放弃，那么我们最后肯定什么事情都做不成功，只有坚持到底，我们才能胜利。

【原文】

古之学者一，今之学者三，异端不与焉，一曰文章之学，二曰训诂之学，三曰儒者之学，欲趋道，舍儒者之学不可。

——《二程遗书》卷十八

【译】

古时候的人求学，只有一个目标——求道。现在的人求学，有三个目标，异端尚且不包括在内；第一是词章之学，第二是训诂之学，第三是孔门儒学。现在的人如果要求道，那么，就决不能舍弃孔门儒学。

【原文】

问：作文害道否？曰：害也。凡为文，不专意则不工。若专意，则志局于此，又安能与天地同其大也？《书》曰："玩物丧志。"为文亦玩物也。吕与叔① 有诗云："学如元凯方成癖，文似相如② 始类俳③。独立孔门无一事，只输颜氏得心斋④。"古之学者惟务养情性，其他则不学。今为文者，专务章句悦人耳目。既务悦人，非俳优而何？曰：古者学为文否？曰：人见六经，便以谓圣人亦作文，不知圣人亦摅发⑤ 胸中所蕴，自成文耳。所谓"有德者必有言"也。曰：游、夏称文学，何也？曰：游、夏亦何尝秉笔学为词章也？且如："观乎天文⑥ 以察时变，观乎人文⑦ 以化成天下。"此岂词章之文也？

——《二程遗书》卷十八

【注】

①吕与叔：名大临，字与叔，程颐学生。②相如：司马相如，字长卿，西汉辞赋家，著有《上林赋》《子虚赋》。③俳：俳优。古代以乐舞谐戏为业的艺人。④心斋：修养境界。⑤摅发：发表，表达。⑥天文：天上的纹饰。⑦人文：人类的伦常秩序。

【译】

有人问程颐："写文章是否有损于道？"程颐回答说："是的。大凡写文章，不专心就写不好，一旦专心，就必然使自己的志趣局限在写文章上，又怎么能达到心胸宏大，像天地一样包容万物呢？"《尚书》说：'玩物丧志'。而舞文弄墨，无疑也属于玩物之列。吕与叔有一首诗说："学如元凯方成癖，文似相如始类俳。独立孔门无一事，只输颜氏得心斋。"这首诗的基本意思是说，应该像颜回那样一心一意培养自己的性情，其他事则不屑一顾。古代的学者，唯一的追求是修养自己的真性情，无须学习任何其他东西，现在的人写文章，只会寻章摘句，以华丽的辞藻取悦于他人。既然以取悦于他人为目的，那又与俳优、伶人之类的人有什么差别呢？问：“古时候的人是否学习写文章？”程颐回答说：人们看见儒家的《六经》，便以为圣人也写文章。但他们不知道圣人并非执意写文章，而是摅发内心所蕴蓄的精神和情感，所谓《六经》，只是性情自然流露而形成的经典。这就是孔子所说的有道德的人一定有精辟的名言。又问：子游子夏以文学著称，又怎么解释呢？程颐回答说：子游子夏何曾追求过时尚？学过什么词章之学呢？“《易经·贲·素》说观察天文天象，就可以知道时序的变化；观察社会人文现象，就可以用教化成就天下的人。”所谓词章之文怎么可以与天文、人文同日而语呢？

【原文】

涵养须用敬，进学则在致知。

——《二程遗书》卷十八

【译】

身心的修养必须保持端庄敬肃，学问的进步在于格物致知。

【原文】

莫说道将第一等让与别人，且做第二等。才如此说，便是自弃。虽与不能居仁由义者差等不同，其自小一也。言学便以道为志，言人便以圣为志。

——《二程遗书》卷十八

【译】

不要说把第一等的事让给别人去做，自己只做第二等的事。只要这样说，就是自弃。虽然说这种话的人与那些不讲仁义的人存在一定区别，但都是属于自弃之列，性质并没有什么不同。说求学，就要以求道为终极目标；说做人，就要以做圣人为终极归宿。

【原文】

问：“必有事焉”，当用敬否？曰：敬是涵养一事。“必有事焉”，须用集义。只知用敬，不知集义，却是都无事也。又问：义莫是中理否？曰：中理在事，义在心。

问：敬、义何别？曰：敬只是持己之道，义便知有是有非。顺理而行是为义也。若只守着一个敬，不知集义，却是都无事也。且如欲为孝，不成只

守着一个孝字。须是知所以孝之道，所以侍奉当如何，温清[1]当如何，然后能尽孝道也。

——《二程遗书》卷十八

【注】

①温清：冬天温暖，夏天凉爽，意为子女对父母的敬重与体贴。

【译】

有人问："孟子说必须培养自己的精神，那么，是否应当用敬肃来培养呢？"程颐说："敬肃只是修养方面的事。孟子所说的必须培养自己的精神，是说必须通过积累自己的善行，所做的事皆符合义，浩大的精神才能培养起来。只知保持敬肃，不知道集义积善，那是没有用的。"

有人问："义的表现是否都符合理？"程颐说："义在心中，以心中之义为根据做事，那么，所做的事无不符合理。"

有人问："敬与义有什么区别？"程颐说："敬只是身心修养之道，而义天然明白是非，顺从义之应然而行动，就是行义。如果只守持敬肃，不知集义积善，是没有效果的。例如孝顺父母，不能空洞地讲孝，必须知道孝顺父母的道理，由此，就知道应当如何侍奉，如何使他们感到子女的体贴和敬重，只有这样，才可以说尽到了孝道。"

【原文】

学者须是务实，不要近名[1]方是。有意近名，则是伪也。大本[2]已失，更学何事？为名与为利，清浊虽不同，然其利心则一也。

——《二程遗书》卷十八

【注】

①近名：追求名声。②大本：根本，根基。

【译】

求学必须务实，不要图虚名。执著于虚名，就是伪。求学的根本指向已经丧失，求学还有什么意义呢？为名与为利，表面上看有清高与恶浊之分，然而本质都一样，都是私欲的表现。

【原文】

"回也其心三月[1]不违仁。"只是无纤毫私意。有少私意，便是不仁。

——《二程遗书》卷二十二上

【注】

①三月：言长时间。

【译】

孔子说颜回能够长时间不离开仁德。颜回之所以能如此，只是因为他毫无一点私心杂念，哪怕是一点点私心杂念，都是仁德不纯的表现。

【原文】

“仁者先难后获”。有为而作，皆先获也。古人惟知为仁而已，今人皆先获[1]也。”

——《二程遗书》卷二十二上

【注】

①先获：先考虑计较收获。

【译】

孔子认为：“仁德的人只尽心做事，无所畏惧，至于收获，则后考虑，听任自然。”未行动之前，先计较效果、得失、收获才下手做事。古时候的人只知道奉行仁德，现在的人则首先想到的是功利。

【原文】

有求为圣人之志，然后可与共学；学而善思，然后可与共适[1]道；思而有所得，则可与立[2]；立而化之[3]，则可与权[4]。

——《二程遗书》卷二十五

颜　回

【注】

①适：往。②可与立：立于礼，依礼行事。③立而化之：立于礼又能融会贯通。④权：变通。

【译】

有志于以追求圣人境界为终极依归的人，就可以与他一起学习；学习中能够善于思考，就可以和他一起追求‘道’；在求‘道’过程中通过思考能有所收获，就可以和他事事依义而行，坚定不移；在坚定的依义而行的实践达到与‘义’的圆融和谐，就可以和他一起通权达变。

【背景故事】

二程的政治思想

程颢、程颐的政治思想的基本点是王道仁政“为治之大原”。由此出发，二程认为要行王道施仁政，必须先“格君心之非”，这样才能使皇帝“视民如伤”，善于求贤才，严法度，行改革，兴国家。

【原文】

古之学者为己，其终至于成物；今之学者为物，其终至于丧己。

——《二程遗书》卷二十五

【译】

古时候的人求学是为了提高自己的道德学问，而最终却成就了万事万物，使万物各得其所；现在的人求学只是为了自己的名利得失，而最终却丧失了自己的基本人格。

【原文】

君子之学必日新。日新者，日进也。不日新者必日退。未有不进而不退者。惟圣人之道无所进退，以其所造极也。

——《二程遗书》卷二十五

【译】

君子求学必须每天获得新的感受。换言之，必须每天取得进步。没有进步，必然退步，既不进步也不退步是不可能存在的。只有圣人之道，才无所谓进与退之别，因为它达到了仁至义尽、尽善尽美的绝对终极。

【原文】

明道先生日：性静者可以为学。

——《二程外书》卷一

【译】

程颢说：禀性醇静的人，就可以追求道德学问。

【原文】

弘而不毅，则无规矩；毅而不私，则隘陋。

——《二程外书》卷二

【译】

人弘大而不坚毅就会流于放任，人坚毅而不弘大就必然显得狭隘浅陋。

【原文】

知性善，以忠信为本，此“先立其大者”。

——《二程外书》卷二

【译】

知道自己天性本来纯粹至善，由此确立忠信为本，依据忠信行动，即是孟子所说的“首先挺立自己涉身处事的根本立场。”

【原文】

伊川先生曰：人安重则学坚固。

——《二程外书》卷六

【译】

程颐说：人如果安静庄重，那么所学的东西自然坚实稳固。

【原文】

“博学之，审问之，慎思之，明辨之，笃行之。”五者废其一，非学也。

——《二程外书》卷六

【译】

《礼记·中庸》上说：要广博地学习，要详细地询问，要谨慎地思考，要清晰地辨别，要忠实地实践。这五件事废弃一件，就不是真正的学。

【原文】

张思叔[①]请问，其论或太高，伊川不答。良久曰：“累高必自下。”

——《二程外书》卷十一

【注】

①张思叔：张绎，字思叔，程颐门人。

【译】

张思叔问我的立论是不是太高深？程颐不作回答。过了很久，程颐说：

“高深的理论是积累起来的，必须有根基，通过日积月累，才能产生高深的思想。”

【原文】

明道先生曰：人之为学，忌先立标准[①]。若循循不已，自有所至矣。

——《二程外书》卷十二

【注】

①标准：目的。

【译】

程颢说：“人求学，最忌讳先明确目的，如果循序渐进，永不停息，自然会达到目的”。

【原文】

尹彦明[①]见伊川后半年，方得《大学》《西铭》看。

——《二程外书》卷十二

【注】

①尹彦明：尹焞，字彦明，程颐门人。

【译】

尹彦明受业于程颐半年以后，程颐才拿《大学》、《西铭》给他读。

【原文】

有人说无心。伊川曰：无心便不是，只当云无私心。

——《二程外书》卷十二

【译】

有人说人应当做到无心。程颐说：“说人应当无心不对，只能说人应当无私心。”

【原文】

谢显道[①]见伊川，伊川曰：“近日事何如？”对曰：“天下何思何虑？”伊川曰：“是则是有此理，贤却发得太早。”在伊川直是会锻炼得人，说了，又道：“恰好著工夫也。”

——《二程外书》卷十二

【注】

①谢显道：谢良佐，字显道，二程门人。

【译】

谢显道见到程颐，程颐问："近来学问工夫做得怎样？"谢显道回答说："天下人有什么可以思考的呢？"程颐说："话说得很有道理，但对于你来说，却是说得太早了一点。"程颐实实在在地让人得到了锻炼，他会反复陈述其中的道理，恰到好处，让人知道下工夫的地方。

【背景故事】

二程的哲学思想

程颢、程颐的哲学思想是其理学体系的理论基础，它涉及自然、社会、人生等诸多领域。二程的哲学思想基本相同，都以"理"为最高范畴，以"理"为宇宙万物的本原，都有丰富的辩证法思想。但是，二人的哲学思想也有不同，程颢主张"心是理，理是心"，宇宙万物在人心中，具有主观的心本论倾向；程颐则认为"有理则有气"，理在宇宙万物产生之前就已存在了，具有客观的理本论倾向。

【原文】

谢显道云：昔伯淳教诲，只管著他言语。伯淳曰："与贤说话，却似扶醉汉，救了一边，倒了另一边。只怕人执着[①]一边。"

——《二程外书》卷十二

【注】

①执着：拘泥。

【译】

谢显道说："过去听程颢的教诲，只是执著于他的言语。"程颢说："和你说话，就像扶醉汉一样，把他扶到这一边，他又倒向了那一边，人怕就怕在固执一端。"

【原文】

横渠先生曰："精义入神"[①]，事豫[②]吾内，求利吾外也，"利用安身"[③]，素利[4]吾外，致养吾内也；"穷神知化"[5]，乃养盛自致，非思勉之能强。故崇德而外，君子未或致知也。

——张载《正蒙·神化》

【注】

①精义入神：精义，精通事物的义理。入神，进入神妙的境地。②豫：先事为备。③利用安身：利用知识，静养生命。④素利：凡事从容恬适。⑤穷神知化：穷神，穷究事物的神妙。知化，认识事物的变化。

张 载

【译】

精研义理达到纯熟高妙的境界，事先在思想上知识上做好充分准备，就可以给人间社会带来利益。利用知识安顿自己的精神生命，这样，处世为人就会从容恬淡，内在的德行也会得到养育。穷究事物的奥秘，认识事物的变化，就知道这一切都是天地化育的自然结果，不是人的思想行动所能改变的。因此，君子除了推崇、认识天地神化的盛德之外，再也没有需要认知的东西了。

【原文】

形而后有气质之性，善反之，则天地之性存焉。故气质之性，君子有弗性者焉。

——张载《正蒙·诚明》

【译】

人有形有象，也就有气质之性，只要善于自我磨炼，克服气质之性的诱惑，就能够保存自己的天地之性。因此，纵然气质之性人人皆有，但君子却可以压抑它、控制它，以致消除它。

【原文】

德不胜气，性命于气；德胜其气，性命于德。穷理尽性，则性天德，命天理。气之不可变者，独死生修夭而已。

——张载《正蒙·诚明》

【译】

德行不能战胜血气欲念，性与命就受制于血气欲念；德行战胜血气欲念，性与命就决定于德性。穷究事物的道理，完满自己的本性，那么，本性就是天德的体现，命运就是天理的化身。沉溺于血气欲念而无法改变的人，一辈子只能受私欲的折磨，没有任何光明可言。”

【原文】

莫非天也，阳明胜则德行用，阴浊胜则物欲行。领[①]恶而全好者，其必由学乎？

——张载《正蒙·诚明》

【注】

①领：治理。

【译】

一切都是天理的必然，光明的阳气占主导地位，德性就自然发用；暗浊的阴气占主导地位，人欲就自然横流。压抑、摒弃人的私欲，保全人的善性，难道不是必须通过学圣人之道才能实现吗？

【原文】

大其心，则能体天下之物；物有未体，则心为有外。世人之心，止于见闻之狭；圣人尽性，不以见闻梏[①]其心。其视天下，无一物非我。孟子谓尽心则知性知天以此。天大无外，故有外之心，不足以合天心。

——张载《正蒙·诚明》

【注】

①梏：束缚，限制。

【译】

能够开阔自己的心胸，达到廓然大公的境界，就能够体认天下万事万物的道理。若不能体认天下万事万物，那么，心与物存在阻隔，心就自然外在于物。世人的心胸狭隘，只满足于看到的听到的东西；反之，圣人则能够完满自己的天性，不会仅以看到的听到的事情限制自己的本心，圣人看待的天下，是全部天下，天下无一物一事在圣人之外，与圣人无关。孟子所说的发挥心中全部的善端，了解自己的本性，进而认识天理，正是这个道理。天无比广大，没有任何东西在天之外。因此，凡是认为有一事一物外在于我的人，

都是小我，都没有达到天心包容一切、体认一切的博大状态。

【原文】

仲尼绝[①]四，自始学至成德，竭两端之教也。“意”[②]，有思也；“必”[③]，有待也；“固”[④]，不化也；“我”[⑤]，有方也。四者有一焉，则与天地为不相似矣。

——张载《正蒙·诚明》

【注】

①绝：绝对没有。②意：凭空猜测。③必：事先做肯定判断。④固：固执。⑤我：自以为是。

【译】

孔子绝对没有以下四种毛病：凭空推测，事先作肯定判断，固执，自以为是。他在求学到成圣的过程中，总是从事情的正反两方面反复进行仔细思考，因此没有常人难免的上述四种毛病。凭空推测就是凭主观见解看待事物；事先作肯定判断就要求事情的发展一定如此；固执就必然执著于成见，顽固不化；唯我独是就是棱角毕露，容不得人。以上四种毛病只要有一种存在，就是与天地之道相悖。

【背景故事】

新儒学

程颢、程颐的理学体系之所以是新儒学，因为它是继魏晋玄学和隋唐佛学之后出现的一种新的哲学形态。他们对孔孟的仁学有继承，更有新的发展，这就是把伦理道德的“仁”，提升为哲学本体的“理”。兄弟二人以“理”为宇宙本体，他们从“理”的高度来解释“仁”。

【原文】

上达反天理[①]。下达徇人欲者与？

——张载《正蒙·诚明》

【注】

①反天理：反，同“返”。恢复天理。

【译】

君子天天向上通达天理，小人日日趋下徇曲私欲。

【原文】

“知崇”[①]，天也，形而上也。“通昼夜而知”，其知崇矣。知及之，而不以礼性之，非己有也。故知礼成性而道义出，如天地位而易行。

——张载《正蒙·至当》

【注】

①知崇：智慧崇高。

【译】

崇高的智慧即是天道、形而上之道，《易经》透彻地反映了阴阳变化的规律，因此是崇高的智慧。知道了事物规律，而不依据礼来实行，那么，人性的本质就不完满。因此，人如果能了解礼，并根据礼的规范行动从而成就自己的善性，那么，道义就会自然而然地体现出来，其道理如同天地确立了各自的地位，《易经》的原则就贯通于天地之间一样。

【原文】

困之进人也，为德辨，为感速。孟子谓“人有德慧术知者，常存乎疢疾[①]”以此。

——张载《正蒙·三十》

【注】

①疢疾：灾患。

【译】

困苦可以促进人的德行，因为困厄最能鉴别、考验人的德行，从而激发人奋勇向上。孟子认为人的德行、智慧、本领、知识常常是通过灾患磨炼出来的，正是这个道理。

【原文】

言有教，动有法；昼有为，宵有得；息有养，瞬有存。

——张载《正蒙·有德》

【译】

说话必须依据圣贤的教说，行动必须依据礼仪法度，白天必须勤勉有所作为，夜晚必须反省有所心得，一息之间精神能够得到滋养，一瞬之间自觉

天理常存心中。

【原文】

横渠先生作《订顽》曰：乾称父，坤称母。予兹藐[①]焉，乃混然中处[②]。故天地之塞，吾其体[③]；天地之帅，吾其性。民，吾同胞，物，吾与[④]也。大君者，吾父母宗子[⑤]；其大臣，宗子之家相[⑥]也。尊高年，所以长其长[⑦]；慈孤危，所以幼其幼。圣，其合德；贤，其秀也。凡天下疲癃[⑧]残疾、茕独鳏寡[⑨]，皆吾兄弟之颠连无告者也[⑩]。"于时[⑪]保之"，子之翼也；乐且不忧，纯乎孝者也。违曰悖德[⑫]，害仁曰贼，济恶者不才，其践形[⑬]，惟肖者[⑭]也。知化则善述其事，穷神则善继其志。不愧屋漏为无忝[⑮]，存心养性为匪懈[⑯]。恶旨酒[⑰]，崇伯子之顾养[⑱]，育英才，颍封人之锡类[⑲]。不弛劳而底豫[⑳]，舜其功也；无所逃而待烹，申生其恭[㉑]也。体其受[㉒]而归全者，参[㉓]乎！勇于从而顺令者，伯奇[㉔]也。富贵福泽，将厚吾生也；贫贱忧戚，庸[㉕]玉女于成也。存，吾顺事；没，吾宁也。

——张载《西铭》

【注】

①藐：通"邈"。②混然中处：大意是说与天地相和而位于天地之中。③吾其体：谓天地之气构成我的身体。④与：同伴。⑤宗子：宗法社会中享有继承权的嫡长子。⑥家相：一家的总管。⑦长其长：敬重长者，前"长"字为动词。幼其幼：爱护幼小的人。⑧疲癃：衰老多病。⑨茕：孤独。鳏寡：老而无妻叫鳏，无夫叫寡。⑩颠连：困顿不堪。无告：有苦无处可告。⑪时：是。⑫违：不服从父母的命令。悖德：违背道德。⑬济：帮助，成就。践形：一言一行符合道德标准。⑭惟肖者：像父母的儿子。⑮忝：辱，有愧于。⑯匪懈：匪，非。不懈怠。⑰旨酒：美酒。⑱崇伯子：即禹。顾养：善于保养天性。⑲封人：春秋时为典守封疆的官员。锡类：锡，通"赐"。把恩德赐给朋类。⑳底：致，到。豫：安乐。㉑恭：申生死后的谥号，因其顺从父亲，故谥号为恭。㉒体其受：身体受之于父母。㉓参：孔子学生曾参。㉔伯奇：周大夫尹吉甫的儿子。㉕庸：用。

【译】

张载的《订顽》如下说：乾称为父，坤称为母；我多么邈远，混然融汇在天地之中。天地之气构成我的身体，天地的精神构成我的本性。生民是我的同胞，生物是我的同伴。君主是我父母共尊的宗子，大臣是宗子的总管。尊重年老的人，爱护幼小的人，是天地的原则要求。圣人与这一原则合一，贤人则是这一原则的优秀代表。整个天下一切衰老残疾以及穷独鳏寡的人，都是我的困苦不堪、无可依靠的兄弟。保护、爱护一切有痛苦的人，是天地之子扶助天道的神圣职责；乐天知命，无忧无虑，是纯笃仁孝者的宽广境界。违背父母之命，即是背离道德原则；戕害仁道的人，就是贼子；助长邪恶的人，就不配做人；而只有天地父母之子，才能够把仁义的本质落实在人伦实践之中。知道万物的变化就能够遵循天地的法则，穷究万物的奥秘就能够承继天地的精神。心地光明，毫无邪念，就无愧于生养之恩的父母；守护本心，养育本性，即是不懈地追求与天道合一的表现。禹厌恶美酒，是为了护养天赋的本性；颍考叔有教育天下英才之志，因此他才能够以纯粹的心灵把恩德给予他人。舜竭尽全力让父亲感到快乐，是舜的功绩所在；申生宁愿自杀而不愿逃走，体现了孝子的无比恭顺。能够把受之于父母的肉身生命在精神上身体上完满守护者，是曾参；能够不顾险难、勇于顺从父亲之命者，是伯奇。富贵福泽，是天地对我的厚待，驱使我更加努力向善；贫贱忧戚，是天地对我的考验，以促使我奋发进取，成就人格。我活着，我顺乎天而行事；我死了，我无悔无憾。

【原文】

横渠先生又作《砭[①]愚》曰：戏言[②]出于思也，戏动[③]作于谋也。发乎声，见乎四支[④]，谓非己心，不明也。欲人无己疑[⑤]，不能也。过言[⑥]非心也，过动[⑦]非诚也。失于声，缪[⑧]迷其四体，谓己当然，自诬也；欲他人己从，诬人也。或者[⑨]谓出于心者，归咎为己戏；失于思者，自诬为己诚。不知戒其出汝者，归咎其不出汝者。长傲且遂非，不知孰为甚焉。

——张载《东铭》

【注】

①砭：救治。②戏言：开玩笑的话。③戏动：不庄重的动作，或戏弄别人的行动。④支：通“肢”。⑤己疑：怀疑自己。⑥过言：说错的话。⑦过动：因失误做错的行为动作。⑧缪：通“谬”。⑨或者：此处是有时之意。

【译】

张载又撰有《砭愚》一文，其内容是：“人的戏谑言语，源于人的思想；

人的戏谑动作，源于人的主意。戏谑之言通过声音表现出来，戏谑动作通过四肢表现出来，是明摆着的。但如果某人认为它们不是自己内在思想的外在表现，那么，这个人就不懂内在的思想与外在的表现是统一的这一道理。既然说了不该说的话，做了不该做的事，又要别人不怀疑自己言行的动机，是不可能的。过失的言论不符合本心的要求，过失的行为不符合诚善的标准。说了有损人格的话，做出了有害道德的行为，却视为理所当然，就是对自己天赋本心的自我欺骗，而在这一事实面前，却要他人顺从自己的所作所为，就是对他人是非感的诬蔑。有的人虽然也认为言行源于心，但却把自己的过失归咎于一时的戏耍需要，而之所以如此，只是偶然的思想迷失，并且自我欺骗地认为自己的心灵是诚实的。这种人，不警戒导致言行失误的原因，却把失误归咎于结果本身。因此，他们任意滋长自己的傲慢之气，顺从自己的非礼言行，已经不知道什么是真正的过失了。

【原文】

将修己[①]，必先厚重[②]以自持[③]。厚重知学，德乃进而不固[④]矣。忠信进德，惟尚友[⑤]而急贤[⑥]。欲胜己者亲，无如改过之不吝。

——张载《正蒙·乾称》

【注】

①修己：修养自身。②厚重：敦厚持重。③自持：自我约束。④固：固陋。⑤尚友：崇尚与高尚的人为友。⑥急贤：重视贤人。

【译】

如若要修养自己的德行，必须首先笃厚庄重，自持有度，笃厚庄重并且知道学习的目的，德行就会提高而不至于固滞。忠信是提高德行的根据，但同时必须以与高尚的人交朋友和渴求贤人的帮助为辅，如果要与胜过自己的人亲近，最明智的选择莫过于果断地改正自己的错误。

【原文】

横渠先生谓范巽之[①]曰：吾辈不及古人，病源何在？巽之请问，先生曰：此非难悟。设此语者，盖欲学者存意之不忘，庶游心[②]浸熟，有一日脱然，如大寐得醒耳。

——张载《横渠文集》

【注】

①范巽之：名育，字巽之，张载的学生。②游心：心神专注。

【译】

张载问范巽之："我们比不上古人，不足的原因何在？"范巽之不能回答，请张载解释。张载说："这并不难领悟，我之所以如此设问，是希望读书人时时想到我们不如古人，把这一点牢记在心，就自然能够专心省察，久而久之浸灌纯熟，终有一天如从睡梦中醒来，豁然开朗。"

【原文】

未知立心，恶思多之致疑；既知所立，恶讲治[①]之不精。讲治之思，莫非术内，虽勤而何厌[②]？所以急于可欲者，求立吾心于不疑之地，然后若决江河以利[③]吾往。逊[④]此志，务时敏[⑤]，厥[⑥]修乃来。故虽仲尼之才之美，然且敏以求之。今持不逮[⑦]之资，而欲徐徐以听其自适，非所闻也。

——张载《横渠文集》

【注】

①讲治：学习研治。②厌：满足。③利：急速，迅猛。④逊：谦逊。⑤敏：努力。⑥厥：其。⑦逮：到，及。

【译】

张载说："读书人没有确立自己的志向时，毛病在于胡思乱想，非但无益，反而导致疑惑；确立了自己的志向后，毛病在于讲习治学浅略不精。讲习、治学、思考，都是学术分内的事情，只能勤勉不懈，却不能有任何厌倦之感。读书人所急切追求的东西，无非是确立坚定的志向，有了坚定的志向，人生的道路就像江河奔流，畅通无阻。此外，务必要时时保持谦虚的心态，务必时时奋勉努力，学习和修身方会不断取得进步。因此，虽然孔子天性勤敏，却仍然在孜孜不倦地追求。今天才智远不及孔子的人，却企望不思不学，慢慢自然就会达到预想的目标，真是闻所未闻的奇谈怪论。"

【原文】

明善为本，固执之乃立，扩充之则大，易[①]视之则小，在人能弘而已。

——张载《横渠文集》

【注】

①易：轻视。

【译】

明白什么是善，是最根本的事情；能够牢固地恪守自己的善性，人就能够挺立于人世间；能够推广扩充自己的善性，人就能够无比光辉高大。反之，轻视善，人就必然渺小狭隘。人的真正价值和追求，无非在于弘扬善而已。

【原文】

今且只将“尊德性而道问学”① 为心，日自求于学问者有所背否？于德性有所懈否？此义亦是博文约礼②，下学上达。以此警策一年，安得不长？每日须求多少为益：知所亡③，改得少不善，此德性上之益；读书求义理，编书须理会有所归著，勿徒写过；又多识解前言往行。此问学上益也。勿使有俄顷闲度，逐日似此，三年，庶几有进。

——张载《横渠文集》

【注】

①道：由，从。问学：学习及询问。②博文约礼：用各种文献来丰富自己的知识，用礼节来约束人的行为。③知所亡：懂得了原来不懂的道理。

【译】

从眼前的情况看，必须以《中庸》所说的“尊德性而道问学”为核心，每天应该问问自己，是否违背了‘道问学’？是否对‘尊德性’有所松懈？‘尊德性而道问学’即是用各种文献来丰富自己的知识，用一定的礼节来约束自己的行为，也即是下学人事，上达天理，用上述圣贤的教言来警戒自己，鞭策自己，坚持一年左右，怎么会不取得进步呢？每天必须在道德修养上或多或少有所收益；在认识自己不足、不善的基础上，不断改正，使之逐渐减少，这就是德性上的收益。读书是为了追求义理；编书必须先了解纲领条目，性质类别，然后进行合理归类，不可仅仅抄写凑集了事；还要多多了解前人往贤的嘉言懿行；能做到上述几点，就是学问上的收益。不让光阴须臾间虚度，能天天做到这一点，三年会取得可观的进步。

【原文】

为天地立心，为生民立命，为往圣继绝学，为万世开太平。

——张载《横渠语录》卷中

【译】

儒者应该树立像天地一样广阔的胸怀，应该为生民确立神圣的道德原则，应该继承圣人开创的学统，使之不中断，应该为开辟永恒大同世界贡献自己的一切力量。

【原文】

张载所以使学者先学礼者，只为学礼，则便除去了世俗一副当[①]习熟缠绕。譬之延蔓之物，解缠绕即上去。苟能除去了一副当世习，便自然脱洒也。又学礼，则可以守得定。

——张载《横渠文集》

【注】

①一副当：一整套。

【译】

张载说：我之所以要读书人先学礼，无非是因为学礼可以排除世俗一整套繁文缛节的纠缠纷扰，譬如蔓延生长的植物，解除了枝蔓的缠绕，就容易向上生长。因此，读书人如果能够排除世俗的烦琐客套的束缚，心胸就自然超脱洒落，在此前提下，通过学礼，就可以达到身心有所守持，坚定自如。

【原文】

须放心宽快公平以求之，乃可见道，况德性自广大。《易》曰："穷神知化，德之盛也。"岂浅心可得？

——张载《横渠易说·系辞下》

【译】

求道，必须开放心胸，使心胸宽广、舒畅、公正、平易，就可以体悟道、发现道，况且人的德性本来就宽广弘大。《易经·系辞下》说："穷究事物的神妙，认识事物的变化，是最伟大的德性。"道岂是浅狭之心可以认识的。

【原文】

人多以老成则不肯下问，故终身不知。又为人以道义先觉处之，不可复谓有所不知，故亦不肯下问。从不肯问，遂生百端欺妄人，我宁终身不知。

——张载《论语说》

【译】

人往往认为自己年长老成而不肯下问于后辈，因此，终身不能解惑，只

能处于无知状态。或者总以道义自居，先觉自许，自以为无所不知，因此不肯下问。从不肯问，于是只能想方设法欺瞒他人。人若宁愿终身不知也不愿请教他人，只能是愚蠢之极。

【背景故事】

不耻下问

一次，孔子去鲁国国君的祖庙参加祭祖典礼，他不时向人询问，差不多每件事都问到了。有人在背后嘲笑他，说他不懂礼仪，什么都要问。孔子听到这些议论后说："对于不懂的事，问个明白，这正是我要求知礼的表现啊。"你向别人请教问题，那他就是你的老师，哪怕是再简单的问题，只要别人理解，而你又不知道，哪怕你是这个问题所涉及领域的专家，却也恰恰不会，就该去问。

不耻下问

【原文】

多闻不足以尽天下之故。苟以多闻而待天下之变，则道足以酬[①]其所尝知，若劫之不测，则遂穷矣。

——张载《孟子说》

【注】

①酬：应对。

【译】

广博的知识不足以穷尽天下的事情，如果用广博的知识来应付天下万事万物的变化，那么，人只能应对自己知识范围内的事，一旦面对知识范围外的事，就无法应付了。

【原文】

为学大益，在自求变化气质。不尔，皆为人之弊，卒无所发明，不得见圣人之奥。

——张载《横渠语录》卷中

【译】

求学所获得的最大益处是：主动自觉地在自身做变化气质的功夫。否则，任何其他的选择都只能有害无益，最终不能有所发现，有所明白，而圣人奥妙的本旨，自然也就无从知晓了。

【原文】

文[1]要密察，心要洪放。

——张载《横渠语录》

【注】

①文：礼乐文化。

【译】

礼乐文化要详细地观察，心胸要宽广舒展。

【原文】

不知疑者，只是不便实作，既实作则须有疑，有不行处，是疑也。

——张载《经学理窟·气质》

【译】

不知道有疑问，只是因为没有实际做事，只要实际做事，就必然有疑问，有行不通的地方，就存在疑问。

【原文】

心大则百物皆通，心小则百物皆病。

——张载《经学理窟·气质》

【译】

心胸宽广宏远，处己待人无不通达；心胸狭小浅陋，处己待人无不龃龉。

【原文】

人虽有功[①]，不及于学，心亦不宜忘。心苟不忘，则虽接人事，即是实行，莫非道也。心若忘之，则终身由之，只是俗事。

——张载《经学理窟·义理》

【注】

①功：事情，事业。

【译】

人虽然有其他事要做而无暇顾及学问，但心却不应该忘记学问之道。如果能念念不忘，那么，即便是待人接物，也是学道体道实行道，如果忘却了学问之道，逐事纷弛，毫无操守，那就只能终身沉溺于俗事之中了。

【原文】

合内外，平物我，此见道之大端。

——张载《经学理窟·义理》

【译】

人能做到表里如一，物我一体，差不多已经接近道的本质了。

【原文】

既学而先有以功业为意者，于学便相害。既有意，必穿凿创意作起事端也。德未成而先以功业为事，是代大匠斲[①]，希有不伤手也。

——张载《经学理窟·学大原上》

【注】

①斲：削、砍。

【译】

求学先以创立功业为目的，就有害于学，既然已经先有意图，就必然穿凿附会，自以为是，从而造成人事纷扰。德行还未有所建树就想到要建功立业，犹如不知道怎样使用斧头却要代替匠人砍伐树木，这样的人，很少不伤害自己的手。

【原文】

窃尝病[①]孔孟既没，诸儒嚣然，不知反约[②]穷源。勇于苟作，持不逮之资，而急知后世。明者一览，如见肺肝然，多见其不知量也。方且创艾[③]其弊，默养吾诚。顾所患日力不足，而未果他为也。

——张载《横渠文集佚存·与赵大观书》

【注】

①病：不满。②反约：即返约。约，简要。③创艾：因受惩戒而畏惧。

【译】

我常常憎恶孔子、孟子之后所谓儒者的一副嚣张轻狂的样子。他们不知道反省自己，不探究圣人的根本精神，却肆无忌惮地随意轻率地著书立说。他们的德行、才智不过尔尔，却汲汲于博名于后世。他们的所作所为，明眼人一看，就一目了然，他们多半不能估量自己，缺少自知之明。我要以此为戒，默默地护养我心中的'诚'。我所忧虑的是时间有限，能力不够，不能穷究孔孟微言大义，我自然不会像那些所谓的儒者动辄随意著书立说的。

【背景故事】

《中庸》

《中庸》原是《礼记》中的一篇。《礼记》是古代一部重要的汉民族典章制度书籍。为战国时子思作。全篇以"中庸"作为最高的道德准则和自然法律。宋代把它与《大学》《论语》《孟子》并列为"四书"。中庸之道亦被古人称为中道或中和之道。

【原文】

学未至而好语变者，必知终有患。盖变不可轻议，若骤然语变[①]，则知操术已不正。

——张载《经学理窟·义理》

【注】

①变：权变，权宜。

【译】

学道未达到至精至纯而喜好论说权宜变通的人，最终必然带来后患。权变不能轻易谈论，如若急于论说权变，那么，操守已偏离了正道。

【原文】

凡事蔽盖不见底，只是不求益。有人不肯言其道义所得所至，不得见底，又非“于吾言无所不说①”。

——张载《经学理窟·义理》

【注】

①吾言：吾圣人之言。说：同“悦”。

【译】

凡事遮蔽掩盖，唯恐他人知道，只能是不求进取的表现。对于道义，如果有人只字不提，既不让别人知道他学道有什么收获，又不让别人知道他行义有什么体会，这样的人，是不能与对圣人的教诲无不心悦诚服的人同日而语的。

【原文】

耳目役于外，揽外事者，其实是自惰，不肯自治，只言短长，不能反躬者也。

——张载《经学理窟·义理》

【译】

人如果受外界支配，只注意外界纷纷攘攘的人情世故，结果必然心思懒惰涣散，不能控制自己，也就必然只会说长道短，不会反躬自问了。

【原文】

学者大不宜志小气轻。志小则易足，易足则无由进；气轻则以未知为已知，未学为已学。

——张载《经学理窟·学大原下》

【译】

求学最忌讳的是狭隘与轻浮。狭隘则容易满足，容易满足就不能进步；轻浮就会不懂装懂，没有学过的东西却自以为已经学过。

卷三　格物穷理

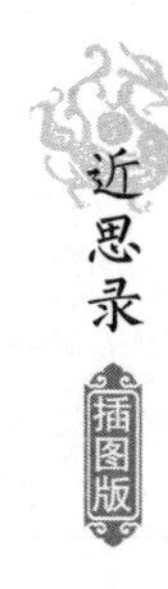

【原文】

伊川先生答朱长文[①]书曰：心通乎道[②]，然后能辨是非，如持权衡[③]以较轻重，孟子所谓“知言”是也。心不通乎道，而较古人之是非，犹不持权衡而酌轻重，竭其目力，劳其心智，虽使时中[④]，亦古人所谓“亿[⑤]则屡中”，君子不贵也。

——《二程文集》卷九《答朱长文书》

【注】

①朱长文：字伯源。②心通乎道：通达事理物理。③权衡：权，秤锤。衡，秤杆。④时中：不时猜中。⑤亿：同“臆”，揣度，猜测。

【译】

程颐回答朱长文的来信说：“心必须首先与道相通，然后才能辨别是非，犹如必须用秤来称东西，才能比较出轻重。孟子所说的‘知言’所表达的正是这个道理。心不能与道沟通，却要辨别古人的是非，犹如不用秤来称东西，却要衡量轻重，只能徒然消耗自己的精力而已，虽然有时也能猜对，但这种凭空的揣度，即使常常猜对，君子也不以为然。”

孟　子

【原文】

伊川先生答门人曰：孔孟之门，岂皆贤哲？固多众人。以众人观圣贤，弗识[①]者多矣。惟其不敢信己而信其师，是故求而后得。今诸君于颐言，才不合，则置不复思，所以终异也。不可便放下，更且思之，致知之方也。

——《程文集》卷九《答门人书》

【注】

①弗识：不理解致知之方，即获取知识的办法。

【译】

程颐回答学生的疑问时说：“孔子、孟子的门下，普通平常的人占多数，岂能都是贤哲之士？用普通人的眼光来看待圣贤的精神境界，多半都是不能认识的。因此，只有不盲目地自以为是，遵循老师的教诲，苦心探求，才能有所收获。现在诸位对于我说的话，一时与你们的看法不相吻合，就置之不理，不再思考探究，最终难以达到统一。我希望诸位千万不可把老师的话放在一边，而是应该反复思考探究，这是‘致知’的准则啊。”

【原文】

伊川先生答横渠先生曰：所论大概，有苦心极力之象，而无宽裕温厚之气。非明睿所照[①]，而考索至此，故意屡偏而言多窒，小出入时有之。更愿完养思虑[②]，涵泳义理[③]，他日自当条畅[④]。

——《二程文集》卷九《答横渠先生书》

【注】

①明睿所照：纤微毫发尽在关照之中。②完养思虑：意即不要苦心思虑以伤神，是心志完好。③涵泳义理：沉涵于义理中潜心体会。④条畅：通畅，通达。

【译】

程颐回答张载说："看了你的论著概要后，我的感觉是：你做学问刻苦用心，几乎到了殚精竭虑的地步，然而却缺少宽裕、温厚、平和的心态。你做学问，不是基于本心之明睿的总体观照，而是基于零零碎碎考证探索，因此你的看法每每偏离了古人的原意，并且窒碍之处很多，或多或少的地方明显地与古人原意不符。这里，我衷心希望你能全面养育你的精神和心力，进而深入体会义理，如此，今后自然会达到融会贯通的治学境界。

【原文】

欲知得与不得，于心气上验之。思虑有得，中心悦豫，沛然有裕[①]者，实得也。思虑有得，心气劳耗者，实未得也，强揣度耳[②]。尝有人言："比[③]因学道，思虑心虚。"曰：人之血气，固有虚实。疾病之来，圣贤所不免。然未闻自古圣贤因学道而致心疾者。

——《二程遗书》卷二上

【注】

①沛然有裕：言其精神气血充盈。沛然，充盛貌。②强揣度耳：言其结果不过是勉强猜测得来，非真有得。③比：近来。

【译】

若要知道人求学是否有收获，只须看人的精神气象就可以得到验证。求学必须经过思考，思考然后才能有所收获。如果一个人内心喜悦，精力旺盛，那么，思考于他确实有收获；如果一个人精神萎靡，心气耗竭，那么，他就是在徒然思考，不可能有什么真正的收获，充其量无非是勉强揣度而已。曾有人说：他近来因为学道，思虑过度带来了心力虚弱之病。我说：这种说法毫无道理。人有血气，自然就虚实存于其中。人会生病，虽圣人贤人也不可避免。但是，却从来没有听说过古往今来的圣贤是因为学道而导致心力衰竭的。

【原文】

今日杂信鬼怪异说者，只是不先烛理[①]。若于事上一一理会，则有甚尽期？须只于学上理会。

——《二程遗书》卷二下

【注】

①烛理：明理。

【译】

眼下之所以有一些人迷信各种鬼怪神异之说，其根本原因在没有明理。如果人们只是就事论事，胡乱在事上凭空猜测，奇谈怪论就会四处蔓延，以致根除它成为泡影。君子只要学道明理，这样，鬼怪神异之说就自然不能够迷惑人心。

【原文】

学原于思。

——《二程遗书》卷六

【译】

学源于思考。

【原文】

所谓“日月至[①]焉”与久而不息者，所见规模虽略相似，其意味气象迥别[②]，须潜心默识[③]，玩索久之，庶几自得。学者不学圣人则已，欲学之须熟玩味圣人之气象，不可只于名[④]上理会，如此只是讲论文字。

——《二程遗书》

【注】

①日月至：在短期内求仁求道达到的水平。②气象迥别：气象，气概，气派，精神风貌。迥别，差得远。③识：记。④名：概念。

【译】

一个在短时期内追求仁道的人所达到的水平，与一个长期不懈追求仁道的人所达到的水平相比，虽然外在表现大致相似，但内在精神、情操和气象则相去甚远。因此，前者必须潜心苦学，默默牢记、体悟仁道精神，久而久之，才能够融会贯通浑然自得。求学的人不学圣人之道就罢了，但若要是学习圣人之道，就必须长期深入地体会圣人的气象，切不可只在概念上体会理解，只停留在概念理解上，无非只是讲论文字而已。

【原文】

问：忠信进德[①]之事，固可勉强。然致知甚难。伊川先生曰：学者固当勉强，然须是知了方行得。若不知，只是觑[②]却尧，学他行事，无尧许多聪明睿智，怎生得如他动容周旋中礼？如子所言，是笃信而固守之[③]，非固有之也。未致知，便欲诚意，是躐等[④]也。勉强行者，安能持久？除非烛理[⑤]明，自然乐循理。性本善，循理而行，是顺理事，本亦不难。但为人不知，旋[⑥]安排着，便道难也。知有多少般[⑦]数，煞有[⑧]深浅。学者须是真知，才知得是，便泰然行将去也。某年二十时，解释经义，与今无异，然思今日，觉得意味与少时自别。

——《二程遗书》卷十八

【注】

①忠信进德：内心忠信以进修德业。勉强：尽力而为，努力去做。②觑：窥伺。③笃信而固守之：真诚的相信并牢固地守持。固有之，自身原本自然具之。④躐等：不循次序，越级而进。⑤烛理：考查事理。⑥旋：随后，不久。⑦般：样，种类。⑧煞有：就有。

【译】

问："修守忠信，通过实际行动增进仁德，固然还可以尽力去做，可是致知却非常困难，你说对吗？"程颐说："求学固然应当尽力以实际行动增进自己的仁德，然而必须先有知识，然后才能付诸行动。如若不知道行动，无非

只是东施效颦。例如观察尧的行为，模仿他的样子去做事。然而尧何等聪明智慧，常人怎么能像尧一样，天生一举一动、一言一行都符合礼呢？如你所说，致知很难，那么，在没有辨别是非的情况下，你恪守的信念未必是正当的，你固守的信念也未必有充分根据，因为它不是从固有的本原开出来的。在没有获得明确认识的情况下就想要使自己意念真诚，这就是超越先后次序；继而勉强行动，怎么能够持久呢？只有首先明白天理，才会自然而然地满怀喜悦地遵循天理行动。人性本来即善，遵循天理行动，即是顺乎事物本来的道理行动。天理本不难理解，但由于人们有所不知，随即任意穿凿附会，必然造成阻滞无序，自然就觉得困难了。知识有种类之别，自然就有深浅之分。求学必须求真知，一旦获得真知，就可以付诸行动了。我二十岁时，解释儒家经典的义理，和今天没有什么差异，然而想想今天的感受和体会却与年轻时相差甚远。

【原文】

凡一物有一物之理，须是穷致其理。穷理亦多端，或读书，讲明义理；或论古今人物，别其是非；或应接事物，而处其当，皆穷理也。或问："格物须物物格之，还只格一物而万理皆知？"曰：怎得便会贯通？若只格一物便通众理，虽颜子亦不敢如此道。须是今日格一件，明日又格一件，积习既多，然后脱然自有贯通处。

——《二程遗书》卷十八

【译】

任何一样东西都有它的理，无须穷究其理。探究事物之理是多方面多角度的，或通过读书，讲明义理；或通过评论古今人物，辨别谁是谁非；或在待人处事上，做得适当合宜；这些都是探究事理。有人问："认识事物，是必须一件一件地认识呢？还是只要认识一件事物就可以明白世间万物的道理呢？"程颐回答说："只认识一件事物怎么可能融会贯通呢？只认识一件事物就可以遍通事物之理，颜回也不敢这样说。必须今天认识一事物，明天又一认识一事物，只有在对事物不断认识的基础上，才可能达到融会贯通。"

【原文】

"思曰睿①"，思虑久后，睿自然生。若于一事上思未得，且别换一事思之，不可专守著这一事。盖人之知识，于这里蔽着，虽强思亦不通也。

——《二程遗书》卷十八

【注】

①睿：通达。

【译】

“思考贵在通达。”人只要长久地思考，就自然会达到通达状态。如果一件事思考不出结果，就把这件事放下，转而思考另外的事，不可总想着这件事。因为知识有限，不足以认识这件事，虽然尽力思考，也不会有结果。

【原文】

问：“人有志于学，然知识蔽固，力量不至，则如之何？”曰：“只是致知[①]。若智识明，则力量自进。”

——《二程遗书》卷十八

【注】

①致知：知的含义主要是知识，即对于理的认识，也包括智力，即认识能力。即明理。

【译】

有人立志于学道，然而知识浅陋，能力不够，应该怎么办呢？程颐回答说：“必须致知，通过致知获得真知，自然就会增进自己的力量。”

【原文】

问：“观物察己，还因见物反求诸身否？”曰：“不必如此说。物我一理，才明彼，即晓此，此合内外之道也。”又问：“致知先求之四端如何？”曰：“求之性情，固是切于身。然一草一木皆有理，须是察。”

——《二程遗书》卷十八

【译】

问：“观察事物，反省自己，是否还应该通过观察事物来反省自己呢？”程颐说：“不必这样说。物我体现的只是唯一的理，明白事物之理即明白自身之理，这即是内外合一、物我合一、浑然一体的天道本质。”又问：“致知先探究自己固有的仁、义、礼、智本性，行吗？”程颐回答说：“探究自身固有的性情，固然十分切当，可是一草一木都有理，因此也必须观察。”程颐又说：“从人自身一直到天下万事万物，都存在理，只要不断积累，胸襟自然会开阔起来，自然会达到融会贯通的境界。”

【原文】

“思曰睿”，“睿作圣”。致思如掘井，初有浑水，久后稍引动得清者出来。人思虑始皆溷浊[1]，久自明快。

——《二程遗书》卷十八

【注】

①溷浊：混乱。

【译】

“思考贵在通达”“思考通达就能圣明”。思考犹如掘井，开始冒出来的是浑水，随后渐渐冒出来的是清水；思考也一样，开始时混乱无序，久而久之，逐渐自然明快起来。

【背景故事】

二程“孝”的理念

二程提倡的“孝”不仅是包含孝敬父母，也包含指导怎样处理家庭伦理对于父子关系的处理，儒家提出“父慈子孝”规约对方各自的行为。“父慈”，是说父母应该慈爱子女，亦即应该对子女履行自己的义务。父母对子女的慈爱，就是在幼小的孩子的心灵播种爱的种子；子女对于父母的爱和孝就是这粒爱的种子所结成的果实。

【原文】

问：“如何是近思？”伊川曰：“以类而推。”

——《二程遗书》卷二十二上

【译】

问：“如何才能达到有效的思考？”程颐回答说：“从事物从属的种类进行推究。”

【原文】

学者先要会疑。

——《二程遗外书》卷十一

【译】

求学首先要发现问题，提出疑问。

【原文】

横渠先生答范巽之曰：所访物怪神奸，此非难语，顾① 语未必信耳。孟子所谓知性知天，学至于知天，则物所从出，当源源自见。知所从出，则物之当有当无，莫不心喻②，亦不待语而后知。诸公所论，但守之不失，不为异端所劫，进进不已，则物怪不须辨，异端不必攻。不逾期③ 年，吾道胜矣。若欲委之无穷，付之不可知，则学为疑挠，智为物昏，交来无间，卒无以自存而溺于怪妄必矣。

——张载《横渠文集·答范巽之书》

孔　子

【注】

①顾：但是。②谕：同“喻”，明白。③期：一年。

【译】

张载回答范巽之说：“就你所问的奇异怪诞现象而言，这本不难解释，但即使作出解释，人们不一定就会相信。孟子认为认识了人的本性，就能认识天理。通过求学达到认识天理，那么，就能知道天下万物都是本原天理派生出来的；知道万物皆源于天理，那么，就会明白事物之所以存在还是不存在的道理，也就不必等到解释清楚后才会明白。诸位关于怪异的论述，很有必要，但必须守持道，不离道，不受异端邪说的干扰，遵循道的指引不断上进。这样，奇异现象无须辨别，异端邪说不必攻击，不出一年，就自然会识破它们，就会看到天道无往不胜的巨大威力。如果认为天下事物无穷无尽，无奇不有，就以为奇异怪诞的现象变幻莫测，不可认识。那么，求学的道路将充满不应有的疑惑与阻力，人的智慧将受到外在现象的困扰，奇异怪诞的现象纷至沓来，而人们却无可奈何，以致丧失自己的立场，最终不可避免地陷入奇异怪诞现象的重重包围之中。

【原文】

子贡谓："夫子之言性与天道，不可得而闻。"既言"夫子之言"，则是居常语之矣。圣门学者以仁为己任，不以苟知为得，必以了悟为闻，因有是说。

——张载《横渠语录》卷上

【译】

子贡说："老师（孔子）关于人性与天道的言论，我们听不到。"然而，子贡既然明说这是孔子的言论，那么，它们就是孔子平时常常说过的话。圣人门下的学生，以实行仁德为己任，不以肤浅的认识自诩，必须彻底领悟圣人之教后，才敢说有所收获。子贡之所以有上述之说，是有感而发的。

【原文】

义理之学[①]，亦须深沈[②]方有造，非浅易轻浮之可得也。

——张载《经学理窟·义理》

【注】

①义理之学：求儒家经义的学问。②沈：同"沉"。

【译】

义理之学，必须深入研究，才能有所收获，决非浅尝辄止、轻率浮泛就可以有收获的。

【原文】

学不能推究事理，只是心粗。至如颜子未至于圣人处，犹是心粗。

——张载《经学理窟·义理》

【译】

求学不能够达到推究事理，无非是不细心。贤明如颜回者，依然没有达到圣人境界，还是因为不细心。

【原文】

"博学于文[①]"者，只要得"习坎[②]心亨[③]"。盖人经历险阻艰难，然后其心亨通。

——张载《横渠文集》

【注】

①文：文献。②习坎：重重的险阻。③亨：通。

【译】

要广泛地学习古代的文献就必须明白：学习过程中充满重重困难，但只要持之以恒，最终就会融会贯通。同样，人只有首先经受艰难险阻的考验，心胸才能通达。

【原文】

义理有疑，则濯去旧见[①]，以来新意。心中有所开，即便札记，不思[②]则还塞之矣。更须得朋友之助，一日间朋友论著，则一日间意思差别。须日日如此讲论，久则自觉进也。

——张载《横渠文集》

【注】

①濯去旧见：清除先入之见。濯，洗。②不思：想不起，忘记。

【译】

如果在义理的理解上出现疑问，就应该排除陈旧的想法，陈旧的想法一旦排除，就自然会获得新的认识，疑问也就随之消解。理解义理如果有启发，就应该随手记录下来，时时体会，如果不记录下来，随后就会忘记，就会依然处于闭塞状态。同时，理解义理还必须得到朋友的帮助，朋友们坐在一起讲习义理，一天自有一天的收获，只要天天坚持讲习，久而久之，就自然会获得飞跃的进步。

【原文】

人致思[①]到说不得处，始复审思明辨，乃为善学也。若告子[②]则到说不得处便已，更不复求。

——张载《孟子说》

【注】

①致思：谓集中精力就某一问题深入思考。②告子：战国时思想家。

【译】

但凡人思考问题到说不出一个所以然的时候，就应该重新地思考，清晰地辨别，这是善于学习的表现。如果像告子那样，说得不对就任其不对，也不再思考为什么不对，那就根本谈不上问学了。

【原文】

伊川先生曰：凡看文字①，先须晓其文义②，然后可求其意。未有文义不晓而见意③者也。

——《二程遗书》卷二十二上

【注】

①文字：此处泛指文章、著作。②文义：这里指文辞之义，即字面意思。③见意：理解寓意。

【译】

但凡读书，首先必须了解其文字的含义，然后才可能探究文章的思想；不了解文字的含义却想了解文章的思想，是不可能的。

【背景故事】

专心致志

从前，有个人很会下棋，大家都叫他弈秋。弈秋收了两个弟子，他同时给他们上课，非常认真地把棋艺传授给他们。一个学生听讲格外用心，把心思全放在听课上，不注意别的。而另一个学生则心不在焉地坐在那里，一会儿去看窗外的人，一会儿去看近处的景。弈秋叫他们对下一局，看看学习效果如何。刚开局时，不专心听讲的那个还没显出什么不足来，但后来就显出差距来了。专心听讲的那个学生从容布局，不专心听讲的这个学生只能招架，不敢进攻了。弈秋看明白了。他说："下棋只是一个小小的技艺，不是大本事，可是不专心学习它，同样学不好。"

【原文】

学者要自得。《六经》浩渺，乍来难尽晓。且见得路径后，各自立得一个门庭，归而求之可矣。

——《二程遗书》卷二十二上

【译】

求学贵在有所心得。然而儒家六经博大精深，初读时难以全面了解，但只要找到切入的门径，就可以确定自己的目标，遵从自己的目标进行探求，自然就可以渐渐融会贯通，达到对六经的全面把握。

【原文】

凡解文字，但易[①]其心，自见理。理只是人理甚分明，如一条平坦底道路。《诗》曰："周道如砥[②]，其直如矢"，此之谓也。或曰：圣人之言，恐不可浅近看他。曰："圣人之言，自有近处，自有深远处。如近处怎生强要凿教深远得？扬子[③]曰：'圣人之言远如天，贤人之言近如地。'颐与改之曰：'圣人之言，其远如天，其近如地。'"

——《二程遗书》卷十八

【注】

①易：动词，保持平易之心。②砥：磨刀石。③扬子：即扬雄，字子云。西汉哲学家、文学家、语言学家。

【译】

凡是解析文字的含义，只要保持平常心，就自然能发现理。所谓理只是人心中之理，无比清晰分明，如同一条平坦的道路。《诗经》说："大路如同磐石一样平，又像弓箭一样直"，说的正是这个意思。有人说："圣人的言论，恐怕不可以从浅近的角度来看待。"程颐说："圣人的言论，自然有它浅近的方面，也有它深远的方面。如果圣人的话说得浅近更贴切，怎么可以随意穿凿附会，硬要说成是寓意深远呢？扬雄在《法言》中说'圣人的言论远如天，贤人的言论近如地'。我把这句话改一下：圣人的言论，像天一样辽阔，像地一样贴近。"

【原文】

学者不泥[①]文义者，又全背却远去。理会文义者，又滞泥不通。如子濯孺子为将之事，孟子只取其不背师之意，人须[②]就上边理会事君之道如何也。又如万章问舜完廪浚井事[③]，孟子只答他大意，人须要理会浚井如何出得来？完廪又怎么下得来？若此之学，徒费心力。

——《二程遗书》卷十八

【注】

①泥：拘泥。②须：表转折，却，反要。③万章问舜完廪浚井事：万章，孟子的学生。完廪：完，修缮；廪，粮仓。浚，挖、淘。

【译】

程颐说："求学读书自以为不拘泥于文字的含义，就完全可能误解书中的思想；而自以为理解了文字的含义，却又处处显得阻滞不通。例如子濯孺子率领郑国军队入侵卫国，最后死里逃生这件事，孟子肯定的无非只是庾公之斯没有违背老师的教诲，由此就自然引发出人应该怎样理解、对待君王的命令。又如万章同孟子怎样评价舜修缮粮仓和淘井这两件事，孟子只大概回答了万章。如果人只想知道舜在井底淘井，是怎样从井里爬出来的？舜修粮仓，又是怎样从仓顶下来的？这样做学问，只能是白白浪费心力。

【原文】

凡观书不可以相类泥其义，不尔，则字字相梗①。当观其文势上下之意，如"充实之谓美"与诗之美不同。

——《二程遗书》卷十八

【注】

①梗：梗阻不通。

【译】

但凡读书，不能因为是相同的字，就固执地认为是相同的含义，否则，就会字字相梗。应当通过理解文章结构层次立意的变化来理解相同字的含义，同是一个"美"字，充实之美就与诗之美含义不同。

【原文】

问："莹中①尝爱《文中子②》'或问学《易》，子曰：终日乾乾③可也'，此语最尽。文王④所以圣，亦只是个不已⑤。"先生曰："凡说经义，如只管节节推上去，可知是尽。夫终日乾乾，未尽得《易》。据此一句，只做得九三使。若谓乾乾是不已，不已又是道。渐渐推去，自然是尽。只是理不如此。"

——《二程遗书》卷十九

【注】

①莹中：陈瓘，字莹中，南剑人，程顾门人，自号了翁，学者称了斋先生。②文中子：隋代王通，字仲淹，门人私谥文中子。子，王通。③终日乾乾：一天到晚不懈努力。④文王：周文王，商末周族领袖。⑤不已：即努力不懈。

【译】

有人问："莹中敬仰文中子。有人问文中子，怎样才能学好《易经》？文中子说：‘把握了终日乾乾即可。’莹中认为，文中子的概括最为精辟全面。周文王之所以是圣人，只因为他不断追求，勤勉不息。”程颐说：“但凡说儒家经书的含义，如果一定要一节一节不断地进行推演，就可以推到极致。《易经·乾》里所谓的‘终日乾乾’，并未穷尽《易经》的全部思想。这句话，只能在《易经·乾》九三爻辞范围内进行解释。如果超越这一限制，把乾乾解释为勤勉努力，永不停息，又把勤勉努力、永不停息解释为‘道’，一步一步循序渐进进行推演，自然会推到极致。这样做，似乎可以成立，但是却没有理论上的根据。”

【原文】

“‘子在川上曰：逝者如斯夫！’言道之体如此，这里须是自见得。”张绎[①]曰：“此便是无穷。”先生曰：“固是道无穷。然怎生一个‘无穷’便道了得他。”

——《二程遗书》卷十九

【注】

①张绎：程颐门人。

【译】

“孔子在河边说道：‘消逝的东西像河水一样，日夜不停地流去。’孔子这句话通过流水表达了对道的本体的把握。我们求学的人必须时时省察，才能有所体悟。”张绎说：“道即是无穷。”程颐说：“道固然可以说是无穷，但怎么可以随便用‘无穷’二字，就能概括本体的道呢？”

【原文】

今人不会读书。如“诵《诗》三百，授之以政，不达；使之四方，不能专对，虽多亦奚以为？”须是未读《诗》时，不达于政，不能专对。既读《诗》后，便达于政，能专对四方，始是读《诗》。“人而不为《周南》、《召南》，其犹正墙面[①]。”须是未读《诗》时如面墙[②]，到读了后便不面墙，方是有验。大抵读书只此便是法。如读《论语》，旧时未读是这个人，及读了后来，又只是这个人，便是不曾读也。

——《二程遗书》卷十九

【注】

①墙面：不学的人如面对着墙，一无所见。②面墙：即“墙面”。

【译】

现在的人不懂怎样读书。如孔子所说："熟读《诗经》三百篇，把处理政事的任务交给他，却干不了；叫他出使外国，又不能独立地谈判；读得再多，有什么用处呢？"会读书的人则不然，未读《诗经》时，不能处理政治事务，也不能独立地谈判应对；读了《诗经》以后，就能有效地处理政治事务，也能独立地谈判应对。能达到这样的效果，才是真正的读书受用。孔子说："人如果不研究《周南》《召南》，那就好像面对墙壁呆呆站着。"我的看法是，未读《诗经》时，好像面对墙壁站着；读了《诗经》后，就不再面对墙壁站着，这才是读书的效应。关于读书，大致读与不读不一样，这就是读书的准绳。例如读《论语》，过去没有读过，是一个人；等到读了之后，还是从前的老样子。这个人，读与不读都一样，也就可以说，他从来没有读过《论语》。

【背景故事】

《论语》

《论语》是一本以记录春秋时思想家兼教育家孔子和其弟子及再传弟子言行为主的汇编，是儒家重要的经典之一，一共 20 卷。

【原文】

凡看文字，如七年、一世、百年之事，皆当思其如何作为，乃有益。

——《二程遗书》卷二十二上

【译】

凡是读经典文字，如孔子所说的"善人教养人民七年，就可以叫他们入伍当兵"；"如果有王者兴起，也必须经过三十年才能实现仁政"以及"善人治理国家，一百年之后，也可以克服残暴免除刑杀等"这样的话，都应当仔细思考，应该怎样做才算体悟、实践了圣人的教诲。这样读书，才能有收获。

【原文】

凡解经不同无害，但紧要处不可不同尔①。

——《二程外书》

【注】

①尔：助词，表示肯定。

【译】

但凡解释经书，见解各异，并无害处；但如果是根本性的心性义理问题，则不允许各有其说。

【原文】

焞[①]初到，问为学之方。先生曰：“公要知为学，须是读书。书不必多看，要知其约[②]，多看而不知其约，书肆[③]耳。颐缘[④]少时读书贪多，如今多忘了。须是将圣人言语玩味，入心记著，然后力去行之，自有所得。”

——《二程外书》

【注】

①焞：尹焞，字彦明，一字德充，号和靖，程颐弟子。②约：总要。③书肆：书店，书铺。④缘：因为。

【译】

尹焞初到程颐门下时，就向程颐请教做学问的方法。程颐说：“你要知道怎样做学问，首先必须读书，书不必多看，重要的在于把握根本，书看得多不能把握根本，就如同藏书一样，与你无关。我由于小时候读书多，如今读过的书大多忘记了。应该深入地体会圣人的言论，牢记在心中，然后遵照圣人的教导去行动，自然就会有收获，有进步。”

【原文】

初学入德之门，无如《大学》，其他[①]莫如《语》、《孟》。

——《二程遗书》卷二十二上

【注】

①其他：其次。

【译】

对于初学者来说，首先必须读《大学》，因为《大学》是进入道德修养的门径，其次读《论语》与《孟子》。

【原文】

学者先须读《论》《孟》。穷得《论》《孟》，自有要约处，以此观他经甚省

力。《论》、《孟》如丈尺权衡[①]相似，以此去量度事物，自然见得长短轻重。

——《二程遗书》卷十八

【注】

①权衡：权为秤锤，衡为秤杆，丈尺以量长短，权衡以称轻重。

【译】

求学必须先读《论语》《孟子》，穷究了《论语》《孟子》，自然会把握根本主旨；在此基础上读其他经典，就省力多了。《论语》《孟子》就像尺子与秤一样，用它们去量度事物，自然就知道长短轻重。

【背景故事】

公私观

二程认为，公就是仁、义、天理。他们说“仁者公也”。而与公相对立的是私，私字的含义有私身、私心、私欲以及人欲等，私是公的对立物，害处很大。正因为私其害无穷，所以二程提出了克私为公的办法，首先要有战胜私心和私欲的勇气，其次克己复礼，损人欲以复天理，最后舍己从人。

【原文】

读《论语》者，但将诸弟子问处，便作己问，将圣人答处，便作今日耳闻，自然有得。若能于《论》、《孟》中深求玩味[①]，将来涵养成甚生[②]气质！

——《二程遗书》卷二十二上

【注】

①深求玩味：深入探求，研习体味。②甚生：怎生，怎么样的。

【译】

读《论语》，只要设身处地把孔子众多弟子问孔子的话，当作自己的提问；把孔子对弟子的回答，如同自己亲自在聆听；自然就会有启发。如果能深入探究、仔细体悟《论语》《孟子》，将来一定可以在不断修养的基础上，成为一个气质绝好的人。

【原文】

凡看《语》、《孟》，且须熟玩味，将圣人之言语切己，不可只作一场话说。人只看得此二书切己，终身尽多[①]也。

——《二程遗书》卷二十二上

【注】

①尽多：很多，极多。

【译】

凡是读《论语》《孟子》，必须读熟，仔细体会，把圣人的教导切贴自己的言行，千万不可泛泛看作是几句空话。人只要把这两部经典切近自己的整个身心性命，必将终身受用不尽。

【原文】

《论语》，有读了后全无事者，有读了后其中得一两句喜者，有读了后知好之者，有读了后不知手之舞之、足之蹈之者。

——《二程遗书》卷十九

【译】

读《论语》，有的人读了却毫无任何收获，有的人读后得一两句心得而感到欣喜，有的人读后知道其中的价值从而爱好它，有的人读后快乐得不禁手舞足蹈起来。

【原文】

学者当以《论语》、《孟子》为本。《论语》、《孟子》既治，则《六经》可不治而明矣。读书者当观圣人所以作经之意[①]，与圣人所以用心，与圣人所以至圣人，而吾之所以未至者，所以未得者。句句而求之，昼诵而味之，中夜而思之，平其心，易其气，阙其疑[②]，则圣人之意见矣。

——《二程遗书》卷二十五

【注】

①意：道，道理。②阙其疑：遇有疑惑，暂时空着，不作主观推测。

【译】

求学应当以《论语》《孟子》为本，研究弄通了《论语》《孟子》，《六经》就自然明白了。读书人应当反复思考下列问题，圣人为什么作经？为什么用心？为什么可以成为圣人？自己为什么就做不到？为什么没有进步？在这样反思的基础上，认真探究《论语》《孟子》的每一句话，白天熟读体会，晚上反复思考，保持平常的心态，保持平和的情绪，有疑问的地方保留下来，一

旦读经到融会贯通时，就可以明白圣人的精神，即圣人之道了。

【原文】

读《论语》、《孟子》而不知道，所谓“虽多，亦奚以为”。

——《二程遗书》卷六

【译】

读《论语》《孟子》，却不明白“道”是什么，读得再多，又有什么用呢?

【背景故事】

《易经》

《易经》也称《周易》或《易》，是中国传统思想文化中自然哲学与伦理实践的根源，是中国最古老的占卜术原著，对中国文化产生了巨大的影响。据说是由伏羲氏与周文王（姬昌）根据《河图》《洛书》演绎并加以总结概括而来（同时产生了易经八卦图），是华夏五千年智慧与文化的结晶，被誉为“群经之首，大道之源”。

【原文】

《论语》、《孟子》只剩读著① 便自意足，学者须是玩味，若以语言解著②，意便不足。某始作此二书文字，既而思之又似剩，只有些先儒错会处，却待与整理过。

——《二程外书》卷五

【注】

①只剩读著：省去一切解释解说，只就文本解读。②以语言解著：边解释语言边阅读，即力求理解文义。

【译】

《论语》《孟子》只要多读，便会明白其中的义理完满无缺。读这两本书，应该仔细体会，倘若只照字面进行解释，忽略了言中言外之意，反而失之疏漏。我过去曾对这两本书进行过诠释，后来反复思量，发现我的解释有局限，不足以概括原著的精神本旨，因此只得辍笔，只把先儒们弄错的地方，重新整理改正，以免再错。

【原文】

问："且将《语》、《孟》紧要处看，如何？"伊川曰："固是好，然若有得[①]，终不浃洽[②]。盖吾道非如释氏，一见了便从空寂去。

——《二程遗书》卷二十二

【注】

①有得：意为先入为主。②浃洽：贯通，透彻。

【译】

问："读《论语》《孟子》选择关键的地方读，你认为怎么样？"程颐回答说："这固然很好。但如果带上主观见解，难免顾此失彼，最后必不能融会贯通。儒学不是佛教，佛教主张空，一切都归结于空，就没有什么可探求的了。"

【原文】

"兴于《诗》"者，吟咏性情[①]，涵畅[②]道德之中而歆动[③]之，有"吾与点也"之气象[④]。

——《二程遗书》卷三

【注】

①吟咏性情：或诗表达的是人的情性。②涵畅：滋润化育，使之发扬。③歆动：触动，感动。④"吾与点也"之气象：语出《论语·先进》指一种逸然高举，超脱世俗之气象。

【译】

所谓《诗经》使人振奋，是说通过吟诵，使人的性情自然蕴涵于道德之中，激动不已，最能表现孔子所赞同的超越世俗羁绊、忘却功名利禄的欢快境界。

谢良佐

【原文】

谢显道[①]云：明道先生善言《诗》，他又浑不曾章解句释，但优游[②]玩味，吟哦上下，便使人有得处。"瞻彼日月，悠悠我思。道之云[③]远，曷[④]

云能来？”思之切矣。终曰“百尔君子，不知德行。不忮[⑤]不求[⑥]，何用不臧[⑦]！”归于正也。又云：伯淳尝谈《诗》，并不下一字训诂，有时只转却[⑧]一两字，点掇地[⑨]念过，便教人省悟。又曰：古人所以贵亲炙[⑩]之也。

——《二程外书》卷十二

【注】

①谢显道：谢良佐，二程门人。②优游：从容而悠闲自得。③云：作语气助词。④曷：何时。⑤忮：害，嫉妒。⑥求：贪心。⑦臧：善。⑧转却：转换。⑨点掇地：宋代的方言。点，点缀。掇，拈取。⑩亲炙：亲身接受教育熏陶。

【译】

谢良佐说：“程颢先生善于阐释《诗经》。但他并不是逐处进行解释，只是从容地体悟玩味，吟哦之间，人们便受到启发。比如他把《诗经·雄雉》中的‘瞻彼日月，悠悠我思。道之云远，曷云能来’四句吟诵一番，然后解释说，这四句表达的是急切的思念之情。接着，他又把‘百尔君子，不知德行。不忮不求，何用不臧’四句吟诵一番，然后说，《雄雉》这首诗，到这里便结束了，这四句意思是劝人们实行德行，戒除嫉根与贪婪，回归于正道。”谢良佐又说：“程颢常常谈论《诗经》，但他却不对任何一个字进行训诂，只是有时转换一两个字，并且指示给大家，就让人们省悟。”谢良佐又说：“古人之所以重视亲自受到教诲，其原因自不待言。”

【原文】

明道先生曰：学者不可以不看《诗》，看《诗》便使人长一格价。

——《二程外书》卷十二

【译】

求学的人不可以不读《诗经》，只要读《诗经》，就可以使人格高一个档次。

【原文】

“不以文害辞。”文，文字之文，举一字则是文，成句是辞。《诗》为解一字不行，却迁就他说，如“有周[①]不显”，自是作文当如此。

——《二程外书》卷一

【注】

①有周：周王朝。有，语气助词。

【译】

“不以文害辞。”所谓文，即文字之文，举一个字就是文。完整的句子即是辞。解释《诗经》，某个字解释不通，就要照应句子的原本含义，才解释得通。如“有周不显”，不能照字面解释为周王朝没有光明的前景，而应解释为周王朝难道没有光明的前景吗？解析文字就应该采取这种变通方法。

【原文】

看《书》[①]须要见二帝三王[②]之道。如《二典》[③]，即求尧所以治民、舜所以事君。

——《二程遗书》卷二十四

【注】

①《书》：《尚书》。②二帝三王：二帝指尧和舜；三王指夏、商、周三朝的禹、汤、文王和武王。③《二典》：《尧典》和《舜典》。

【译】

读《尚书》应该把握二帝三王之道，例如读《尧典》和《舜典》，就应该理会尧治民之道和舜事君之道。

【原文】

《中庸》之书，是孔门传授，成于子思[①]、孟子。其书虽杂记，更不分精粗，一衮说了[②]。今人语道，多说高便遗却卑，说本便遗却末。

——《二程遗书》卷十五

【注】

①子思：孔子的孙子。②一衮说了：不加分别的一股脑说出来。

【译】

《中庸》是孔门传授心法的书，它由子思写成，并传给孟子。《中庸》虽然属于杂记，不分精粗，杂糅于一炉，但却浑然构成博大精深的思想体系。现在的人解说《中庸》，说了高深的方面却遗漏了浅显的方面，说了本体却遗漏了现象。

【原文】

伊川先生《易传序》曰：《易》，变易也，随时交易以从道也。其为书也，广大悉备，将以顺性命之理，通幽明之故，尽事物之情，而示开物成务

之道也。圣人之忧患后世，可谓至矣。去古虽远，遗经尚存。然而前儒失意以传言，后学诵言而忘味。自秦而下，盖无传矣。予生千载之后，悼斯文之淹晦，将俾①后人沿流而求源，此《传》所以作也。“《易》有圣人之道四焉：以言者尚②其辞，以动者尚其变，以制器者尚其象，以卜筮③者尚其占④。”吉凶消长之理，进退存亡之道，备于辞。推辞考卦，可以知变，象与占在其中矣。“君子居则观其象而玩其辞，动则观其变而玩其占。”得于辞，不达其意者有矣。未有不得于辞而能通其意者也。至微者理也，至著者象也。体用一源，显微无间。观会通以行其典礼⑤，则辞无所不备。故善学者求言必自近，易于近者⑥，非知言者也。予所传者辞也，由辞以得意，则存乎人焉。

——《二程文集》卷八《易传序》

【注】

①俾：使。②尚：取，效法。③卜筮：古代占卜，用龟甲称卜，用蓍草称筮，合称卜筮。④占：卜问，预测。⑤典礼：制度和礼仪。⑥易于近者：轻视言辞，忽视辞的研习。

【译】

程颐《易传·序》说：“《易经》的本质即是变易，随时不断变易以顺应天道。《易经》这本书，无比高深广大，天下万事万物尽在其中。它顺应性命之原理，通晓幽暗与光明的原因，穷尽万事万物的情状，揭示事物的真相，确定行事的方法。圣人作《易经》，是为了昭示真理于后世，其忧患意识之强烈，可谓到了极限状态。今天虽然离古代已经十分遥远了，但《易经》仍然存在于人世间。然而，过去的儒者没有体会《易经》的精神，却妄加解释，致使后来的儒者只会照本宣科，却忘却了它的本义。从秦朝之后，此本意已失传了。我生于千年之后，悲悼《易经》的精神遭到埋没。我之所以作《易传》，就是为了让后来的人们循流而探其源，找到《易经》的根本精神。《易经》具备了圣人之道的四个方面：用《易经》来议论事物，则取其卦爻辞；用《易经》来指导行动，则取其卦爻的变化；用《易经》来创制器物，则取其卦象；用《易经》来卜筮，则取其占断的结果。吉凶、消长、进退、存亡的根据，全部存在于卦爻辞中，推究卦爻辞，就可以知道变化，而卦象与占断也尽在卦爻辞之中。君子无事之时则观察卦象，揣摩爻辞；有所行动之时就观察卦象的变化，揣摩占断的吉凶。了解卦爻辞而不能体会《易经》的精髓者或许有之，但不了解卦爻辞却要体会《易经》的精髓，却是绝对不可能的。微妙无比、无形无象的是理；可感可知、有形有象的是象。本体与作用同源于一个本原，没有明显与微妙的区别。圣人通过观察事理的普遍联系，从而推行社会的制度和礼仪，并且把体现这种联系的卦爻辞完整无缺地蕴合于其中。因此，善于学《易经》的人，则必须从切近的卦爻辞入手。但如果认为卦爻辞切近，就轻视它，就不能体会圣人言辞的含义。我所阐释的是《易经》的卦爻辞，而能否通过卦爻辞以体悟《易经》的真谛，那就全在读者自己了。

【背景故事】

贡士

自唐代以来，朝廷取士，由学馆出身者曰生徒，由州县出身者曰乡贡，由朝廷自诏者曰制举。乡贡有秀才、进士、明经等名目。经乡贡考试合格者称贡士，由州县送京参加会试。

【原文】

伊川先生答张闳中[①]书曰：《易传》未传，自量精力未衰，尚觊有少进尔。来书云："《易》之义本起于数[②]。"谓义起于数，则非也。有理而后有象，有象而后有数。《易》因象以明理，由象以知数。得其义，则象数在其中矣。必欲穷象之隐微，尽数之毫忽，乃寻流逐末，术家之所尚，非儒者之所务也。

——《二程文集》卷九《答张闳中书》

【注】

①张闳中：程颐的学生。②数：象数之数，在《易》学中指阴阳数和爻数。

【译】

程颐回答张闳中的来信说："我的《易传》还未改订，自己觉得精力还算旺盛，还希望今后能够有进步。你来信说'《易经》的通义最初源于数。'这种说法错了。有理然后才有象，有象然后才有数。《易经》根据象来说明理，通过象来了解数。了解《易经》根本内在的理，就完全可以把握象与数。如若认为《易经》源于数，一定要穷究象数隐晦细微之处，自然就舍去本与源，

追逐流与末，这是术数家所崇尚的，与儒者的看法与追求相去甚远。”

【原文】

知时识势，学《易》之大方也。

——《二程易传·夬传》

【译】

了解社会时代的盛衰起伏，认识各种势力的强弱变化，是学《易经》的根本原则。

【原文】

《大畜》初、二，乾体刚健而不足以进，四、五阴柔而能止。时之盛衰，势之强弱，学《易》者所宜深识也。

——《程氏易传·大畜传》

【译】

《大畜》初九、九二两爻，虽然代表刚健的乾道，却不足以奋进，乃是因为代表阴柔的六四、六五两爻阻止的结果。时势的盛衰强弱，学《易》的人应该深入体会。

【原文】

诸卦二、五，虽不当位，多以中为美；三、四虽当位，或以不中为过。中常重于正①也。盖中则不违于正，正不必中②也。天下之理莫善于中，于九二、六五可见。

——《程氏易传·震传》

【注】

①正：指一般法则，但符合法则不一定在任何情况下都合宜。②中：因时制宜，没有不正确的问题。

【译】

六十四卦中的第二爻和第五爻，虽然不一定当位，但都分别处于内卦和外卦的中位，因此具有完美性。第三爻第四爻虽然当位，但不位于内卦或外卦的中位，因此是“过”。中比正更重要。中不会违背正，但正不一定就是中。天下之理，没有比中更好的，这一点，可以通过第二爻和第五爻体会到。

【原文】

问："胡先生[①]解九四作太子[②]，恐不是卦义。"先生云：亦不妨，只看如何用。当储贰，则做储贰[③]使。九四近君，便作储贰亦不害，但不要拘一，若执一事，则三百八十四爻只作得三百八十四件事便休了。

——《二程遗书》卷十九

【注】

①胡先生：胡瑗，字翼之，程颐的老师。②解九四作太子：《乾》卦九四爻。③储贰：太子。

【译】

有人问："胡瑗先生把九四爻解释为太子，恐怕与卦义不符？"程颐回答说："这样说也无妨，只看人如何用。若是太子，占得此爻，就可以把此爻解释为太子，九四接近帝位，解释为太子也未尝不可。但不能把一爻限制在一种解释上，如若把一爻固定在一件事情上，那么三百八十四爻就只是三百八十四件事，其余的事还能推断吗？"

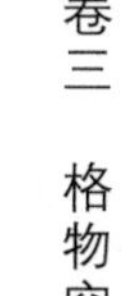

【原文】

看《易》且要知时[①]。凡六爻，人人有用，圣人自有圣人用，贤人自有贤人用，众人自有众人用，学者自有学者用，君有君用，臣有臣用，无所不通。因问："《坤卦》是臣之事，人君有用处否？"先生曰：是何无用？如"厚德载物"，人君安可不用？

——《二程遗书》卷十九

【注】

①知时：懂得因用而异，因时而变。

【译】

读《易经》要了解阴阳变化，随时而异。每一卦的六爻，对任何人都有用，圣人自有圣人之用，贤人自有贤人之用，众人自有众人之用，学者自有学者之用，君有君用，臣有臣用，无所不通。有人问："坤卦讲的是臣的事情，对于君主是否有用？"程颐回答说："怎么能无用？如《易经·坤·象》中说'大地厚实，承载万物'，怎能说对君主无用呢？"

【背景故事】

《春秋》

《春秋》是中国现存的第一部编年体史书，按年记载了春秋时鲁国从隐公元年到哀公十四年或十六年间（前722年～前481年或前479年）的历史大事。该书略有残缺，尚保留一万六千多字。其纪年依据鲁国，记述范围却遍及当时整个中国。内容包括政治、军事、经济、文化、天文气象、物质生产、社会生活等诸方面，是当时有准确时间、地点、人物的原始记录。

【原文】

《易》中只是言反复往来上下①。

——《二程遗书》卷十四

【注】

①反复往来上下：反复，指两卦互为错卦。上下，指两卦互为综卦。往来，是一个卦体中两爻往来互换而变成另一卦，爻自下而上叫往，自上而下叫来。

【译】

《易经》的基本思想是变易，具体说，就是反复、往来、上下的不断变易。

【原文】

作《易》自天地幽明，至于昆虫草木微物，无不合。

——《二程外书》卷七

【译】

圣人作《易经》，大到幽远分明的天地，小到比比皆是的昆虫草木，无不与太极本原之理相吻合。

游　酢

【原文】

今时人看《易》，皆不识得《易》是何物，只就上穿凿。若念得不熟，与就上添一德[1]亦不觉多，就上减一德亦不觉少。譬如不识此兀子[2]，若减一只脚，亦不知是少；若添一只，亦不知是多。若识则自添减不得也。

——《二程外书》卷五

【注】

①德：用以表示某卦的品行，特性。②兀子：今作小凳子。

【译】

现在的人读《易经》，都不知道《易经》是什么，只会随意穿凿附会。如果读得不熟，那么添上一件东西也不会觉得多，减去一件东西也不会觉得少。例如，不认识小凳子，减去一只脚，也不会觉得少，添上一只脚，也不会觉得多。如果能够认识，就会知道是不可随意添减的。

【原文】

游定夫[1]问伊川"阴阳不测之谓神"，伊川曰：贤[2]是疑了问，是拣难底问？

——《二程外书》卷十二

【注】

①游定夫：游酢，字定夫，与杨时、吕大临、谢良佐并称为程门四大弟子。②贤：指代词，如说你。

【译】

游定夫问程颐："怎样理解'阴阳不测之谓神'这句话？"程颐回答说："你是有了疑问才问的，还是专挑选难的问题问？"

【原文】

伊川以《易传》示门人曰："只说得七分，后人更须自体究。"

——《二程外书》卷十一

【译】

程颐拿着《易传》对学生说："我这本书只讲了《易经》的七分道理，《易经》的真谛往后的人应该自己体会探究。"

【原文】

伊川先生《春秋传序》曰：天之生民，必有出类之才起而君长之；治之

而争夺息，导之而生养遂，教之而伦理明，然后人道立，天道成，地道平。二帝以上，圣贤世出，随时有作，顺乎风气之宜，不先天以开人，各因时而立政。暨乎三王迭兴，三重[①]既备，子、丑、寅之建正[②]，忠、质、文[③]之更尚，人道备矣，天运周矣。圣王既不复作，有天下者，虽欲仿古之迹，亦私意妄为而已。事之缪[④]，秦至以建亥为正；道之悖，汉专以智力持世。岂复知先王之道也？夫子当周之末，以圣人不复作也，顺天应时之治不复有也，于是作《春秋》，为百王不易之大法，所谓"考诸三王而不谬，见诸天地而不悖，质诸鬼神而无疑，百世以俟圣人而不惑"者也。先儒之传曰："游、夏不能赞一辞。"辞不待赞[⑤]也，言不能与于斯耳。斯道也，惟颜子尝闻之矣。"行夏之时[⑥]，乘殷之辂[⑦]，服周之冕[⑧]，乐则《韶》舞[⑨]。"此其准的[⑩]也。后世以史视《春秋》，谓褒善贬恶而已。至于经世大法[⑪]，则不知也。《春秋》大义数十。其义虽大，炳如日星，乃易见也；惟其微辞[⑫]隐义，时措从宜者，为难知也。或抑或纵，或与或夺，或进或退，或微或显，而得乎义理之安，文质之中，宽猛之宜，是非之公，乃制事[⑬]之权衡，揆[⑭]道之模范也。夫观百物然后识化工之神，聚众材然后知作室之用。于一事一义而欲窥圣人之用心，非上智不能也。故学《春秋》者，必优游涵泳，默识心通，然后能造其微也。后王知《春秋》之义，则虽德非禹、汤，尚可以法三代之治。自秦而下，其学不传。予悼夫圣人之志不明于后世也，故作《传》以明之，俾[⑮]后之人通其文而求其义，得其意而法其用，则三代可复也。是《传》也，虽未能极圣人之蕴奥，庶几学者得其门而入矣。

——《二程文集》卷八

【注】

①三重：即三件重大的事，善德，徵验、尊位。②子、丑、寅之建正：子丑寅分别指子月、丑月、寅月，即农历十一月、十二月、正月。正，一年之始为正。③质文：质，诚信、质朴。文，文华，辞采。④缪：通"谬"。⑤赞：佐助。⑥时：历法。⑦辂：车子。⑧冕：帽子。⑨《韶》舞：《韶》，舜时乐曲名。《舞》，周武王时乐曲名。⑩准的：标准。⑪经世大法：治理国家的基本法则。⑫微辞：委婉而隐含讽喻的言辞。⑬制事：谓处理政治、军事等重大事件。⑭揆：揆度，度量。⑮俾：使。

【译】

程颐的《春秋传序》说："天创生人民，其中必然有一个出类拔萃的人才，他就是君主。他有效地统治人民，从而平息了人间的争夺，他有效地引导人民，从而使人民能够生存繁衍，他有效地教化人民，从而使人伦道德明达流传。于是，人道、天道、地道就确立了。上自尧舜时代起，圣贤辈出。他们伴随时势而兴起，顺应社会的风气，以天道为准绳启发人民，依据具体的历史条件建立政治制度。随着夏禹、商汤、文王的依次兴起，仪礼、制度、考文已经完备，周以子月为岁首，商以丑月为岁首，夏以寅月为岁首，夏崇尚‘忠’，商崇尚‘质’，周崇尚‘文’。这样，人道完备了，天运周遍了。夏商周三代以后，圣王已不再兴起。统治天下的君主，企望效仿古代圣王事迹者虽然不乏其人，但是他们也只是随意妄为而已。最为荒谬的事情是：秦朝以亥月为岁首，以所谓水克火来证明秦取代周的合法性。完全与道相悖的是：汉朝以机巧、武力把持天下，根本背离了仁义原则。在这样的情况下，难道还有了解古代圣王之道的可能吗？孔子生活在东周末期，他看到圣王不再兴起，顺应天道、顺应时势的统治，也不再存在。于是他撰写了《春秋》一书作为帝王千秋万代治理国家必须遵守不可更改的根本大法以此来警示后世。正如《礼记·中庸》所说：‘孔子确定的原则放到三代先王理念中进行考查，没有一点误差。树立在天地间，与天道没有一点违背。卜问鬼神，没有一点可疑之处。百世以后待到圣人出现，不会有一点反对。’司马迁《史记·孔子世家》说：‘孔子撰《春秋》，子游、子夏提不出一条建议。’提不出建议并不重要，要紧的是他们不能与孔子思想沟通。孔子之道，只有颜回能够领会。孔子说：‘用夏朝的历法，坐殷朝的车子，戴周朝的礼帽，奏《韶》乐、《舞》乐。’这就是《春秋》大法的准则。后世仅仅把《春秋》看成是史书，认为其内容无非是褒善贬恶而已，于是《春秋》作为治国的根本大法，自然就无从知晓了。《春秋》大义，不过数十条。《春秋》阐述的义理，虽然博大，但它却像太阳、星星一样明亮，人们容易看见。唯有其微妙的言辞、隐晦的含义难以理解。《春秋》笔法，无论或抑或纵，或与或夺，或进或退，或微或显，其思想都符合义理原则，都体现了在‘文’与‘质’之间取其‘中’的原则，彰显了宽猛适宜、无过不及的准则，都代表了公正判断是非的法则。《春秋》是裁判世事的标准，是一切准绳的最高典范。只有先观察万物的变化，然后才能了解自然的创造力的神妙力量。只有先汇集种种材料，然后才能让它们在建筑房屋时发挥具体作用。试图通过一件事一个道理来了解圣人的用心，但是这很难，不是智慧超绝的人做不到这一点。因此，学《春

秋》必须在从容平静的心态下，深入体会，把心得记在心中，以致达到豁然开朗。这样，就能把握《春秋》的微言大义了。后世君王如果能了解《春秋》一书中的大义所在，即使没有夏禹、商汤那样崇高的德性，也可以效法三代之治。自秦朝以来，《春秋》之学一直没有传下来。我感到十分悲痛的是，圣人的理想没有在后世得到彰显，因此撰《春秋传》，以阐明圣人之志，使后人能够弄懂《春秋》的文字含义，在此基础上探究《春秋》的大义所在。使后人能够理解《春秋》的本意，在此基础上遵循《春秋》大法，让它指导实践，落实在实践中。这样，夏、商、周三代的美好理想就可以得到恢复。我写的《春秋传》，虽然不能穷尽圣人博大精深的思想与精神，但是我相信，对于初学者来说，本书差不多可以算得上一本研究《春秋》的入门读物。

【背景故事】

二程的民本思想

在二程看来，既然人民群众在国家社会生活中有着特殊的地位和作用，那么统治者就必须以“民生”为务，这是确保国家长治久安的前提和基础。首先要制民恒产，以使老百姓能安其居，乐其业。其次，通过“劝农桑”“禁游浮”以稳民心、励民志，实现富民强国之目的。

【原文】

《诗》、《书》，载道之文；《春秋》，圣人之用。《诗》、《书》如药方，《春秋》如用药治病。圣人之用，全在此书，所谓“不如载之行事深且著明”者也。有重叠言者①，如征伐、盟会②之类。盖欲成书，势须如此，不可事事各求异义。但一字有异，或上下文异，则义须别。

——《二程遗书》卷二上

【注】

①重叠言者：多次出现的语言和记载。②盟会：古代诸侯间的集会、订盟。

【译】

《诗经》和《尚书》是阐释“道”的文字，《春秋》是圣人之道的具体运用。《诗经》和《尚书》如同药方，《春秋》即是依照药方治病。圣人之道的具体运用，全部体现在《春秋》这本书中。这就是孔子所说的与其空谈义理，不如把它体现在史事的记载中，那样诚挚而切实、显著而明确。《春秋》有不少重复的文字，如记载征伐盟会这样的事，之所以不嫌重复地把它们记录下来，乃是因为忠实于历史，必须如此，不可事事都要寻求各自不同的解释。至于文字的差异，上下文含义的不同，那是因为按照《春秋》著书的义理必须有所区别。

【原文】

五经之有《春秋》，犹法律之有断例[①]也。律令[②]唯言其法，至于断例，则始见其法之用也。

——《二程遗书》卷二上

【注】

①断例：即案例。②律令：法律条令。

【译】

儒家五经中有《春秋》一经，如法律中必须有案例一样。法律条文只是对法的阐释，有了案例，就可以看见法律适用的情况。

【原文】

学《春秋》亦善，一句是一事，是非便见于此，此亦穷理之要。然他经岂不可以究理？但他经论其义，《春秋》因其行事，是非较著，故穷理为要。尝语学者，且先读《论语》、《孟子》，更读一经[①]，然后看《春秋》。先识得个义理，方可看《春秋》。《春秋》以何为准？无如《中庸》。欲知《中庸》，无如权，须是时而为中。若以手足胼胝[②]、闭户不出二者之间取中，便不是中。若当手足胼胝，则于此为中；当闭户不出，则于此为中。权之为言，秤锤之义也。何物为权？义也，时也。只是说得到义，义以上更难说，在人自看如何。

——《二程遗书》卷十五

【注】

①一经：指《中庸》。②手足胼胝：指禹急于救天下之难，手掌脚底因长期劳动摩擦而生的茧子。

【译】

学《春秋》也很好，《春秋》一句话就是一件事，是非就在这句话之中，这句话也就是探究事理的关键所在。然而其他经典难道不可以探究事理

吗？但其他经典阐述的是义理，而《春秋》却是根据义理行事，是非界线分明，因此《春秋》是探究事理的关键。我曾说过，求学应先读《论语》《孟子》，接着读《中庸》，然后再读《春秋》，只有先懂得义理，然后才可以读《春秋》。《春秋》以什么为准绳？能作为准绳的莫过《中庸》，而要了解《中庸》，最好的途径不过体悟权变。所请权变，应该是权时而中。如果在手脚生老茧和闭户不出二者之间取其中，就不是中。如果应当手脚生茧，那么手脚生茧就是中。如果应当闭户不出，那么闭户不出就是中。所谓权，就是秤锤。什么东西可以说是权？只能以义理来衡量，只能根据时机和具体情况来行事。权在最终意义上只能讲到义理，义理之上就难以言说，只能靠自己体会。

【原文】

《春秋》传[①]为案，经为断。

——《二程遗书》卷十五

【注】

①传：指《春秋》三传：《左氏传》《公羊传》《谷梁传》。

【译】

阐释《春秋》经文的《左传》是案语，而《春秋》经文本身却断定是非。

【原文】

凡读史，不徒要记事迹，须要识其治乱安危兴废存亡之理。且如读《高帝纪》[①]，便须识得汉家四百年终始治乱当如何。是亦学也。

——《二程遗书》卷十八

【注】

①《高帝纪》：即《汉书·高祖纪》。东汉班固著。

【译】

读史书不仅仅要了解史实，更应该认识历史上战乱、安危、兴废、存亡的道理。例如读《高帝纪》，就应该从中把握汉朝四百年兴衰治乱的整个过程的原因和结果，这也是一种学习方法。

【原文】

先生[①]每读史到一半，便掩卷思量，料其成败，然后却[②]看。有不合处，又更精思，其间多有幸而成，不幸而败。今人只见成者便以为是，败者便以为非，不知成者煞有不是，败者煞有[3]是底。

——《二程遗书》卷十九

【注】

①先生：指程颐。②却：再。③煞有：很有，言其多。

【译】

程颐读史书，每读到一半的时候，就把书合上进行思考，猜测事情的成败结局，然后再继续看，若有与猜测不合的地方，再进行仔细思考，就会知道许多事情往往因侥幸而成功，因不幸而失败。现在的人读史书，看到成功便认为正确，看到失败便认为错误，却不知道成功者很可能是错的，而失败者却是对的。

【原文】

读史须见圣贤所存治乱之机[1]，贤人君子出处进退[2]，便是格物[3]。

——《二程遗书》卷十九

【注】

①机：事物的枢要，关键。②出处进退：出仕与隐退。③格物：研究事理。

【译】

读史书应该注意古代圣贤关于治乱的关键的论述，体悟贤人君子之所以出仕或退隐的原因，这就是格物。

【背景故事】

二程“诚”的思想

“诚”是儒家伦理学说的精华之一，它既是无妄不欺的品德，也是人们道德修养和行为的规范。二程继承并发扬了儒家“诚”的思想，将其从伦理范畴提升到哲学的高度。他们本人进学修德“本于诚”，视“至诚”为治学进德的最高境界。学至圣人、求得圣人之道，是二程的理想和追求。

范祖禹

【原文】

元祐[1]中，客有见伊川者，几案间无他书，惟印行

《唐鉴》[②]一部。先生曰："近方见此书。三代以后，无此议论。"

——《二程外书》卷十二

【注】

①元祐：宋哲宗年号。②《唐鉴》：范祖禹的著作。

【译】

北宋元祐年间，一位客人拜访程颐，发现程颐的长桌上除了一部《唐鉴》外，别无其他书。程颐说："最近才看到这部书，夏商周三代以后，还没有哪部书像《唐鉴》这样有如此恢宏高远的见解。"

【原文】

横渠先生曰：《序卦》[①]不可谓非圣人之蕴。今欲安置一物，犹求审处，况圣人之于《易》！其间虽无极至精义，大概皆有意思。观圣人之书，须遍布细密如是。大匠岂以一斧可知哉[②]！

——张载《横渠易说·序卦》

【注】

①《序卦》：《周易》中解说六十四卦排列顺序的篇名，为《十翼》之一。②大将岂以一斧可知哉：难道仅从一斧砍削上就可以认识一位巨匠吗？

【译】

《序卦》不能说没有体现圣人的深奥精蕴。现在如果要安排一样东西，还要考虑如何安排才妥当，何况圣人对《易经》六十四卦的次序结构的排列与阐释？《序卦》虽无高明至极的精微义理，但却有不可或缺的含义则是不容怀疑的。读圣人的书，必须做到全面、透彻、仔细、详尽，才能有所把握。正如一个高明的木匠，难道仅仅看他挥一次斧就能认识他吗？

【原文】

《天官》[①]之职，须襟怀洪大，方看[②]得。盖其规模至大，若不得此心，欲事事上致曲穷究，凑合此心，如此之大，必不能得也。释氏锱铢天地[③]，可谓至大，然不尝为大，则为事不得。若畀之一钱，则必乱矣。又曰：太宰之职难看，盖无许大心胸包罗，记得此，复忘彼。其混混天下之事，当如捕龙蛇、搏虎豹，用心力看方可。其他五官[④]便易看，止一职也[⑤]。

——张载《横渠语录》

【注】

①天官：官名。《周礼》六官，称冢宰为天官，为百官之长。②看：守护。③锱铢天地：佛教大小相对论，意即锱铢之微就含有天地之大，锱和铢都是古代极小的重量单位，故锱铢是细小、细末之意。④五官：指《周礼》六官中除天官外的地官、春官、夏官、秋官、冬官。⑤止一职也：所载只是一种官职的事。

【译】

天官这一职务，必须胸襟广大的人才能承担。天官统管邦国内外大小政事，规模范围极大，如果没有宏大的心胸，只在具体事务上委曲穷究，勉强做出开阔的样子，必然不能称职。佛教徒小看天地，似乎有宏大的胸怀，然而却没有真正体现宏大，他们在实践上行不通，倘若给他们一点钱，必然让他们慌乱失措无已。又说：太宰这一职务难以承担，若无宏大的心胸包罗万象，必然顾此失彼。太宰面对混乱无序的各种人间事务，正如同捕龙蛇搏虎豹一样。必须尽心尽力，才能履行职责。其他五官容易承担，因为各自只有一种职责。

【原文】

古人能知《诗》者惟孟子，为其以意逆[①]志也。夫《诗》之志至平易，不必为艰险求之。今以艰险求《诗》，则已丧其本心，何由见诗人之志？（本注：诗人之情性，温厚和平老成，本平地上道著言语，今须[②]以崎岖求之，先其心已狭隘了，则无由见得。诗人之情本乐易[③]，只为时事，拂著他乐易之性，故以《诗》道其志。）

——张载《经学理窟·诗书》

【注】

①逆：逆知，猜度。②须：表转折，却，反倒。③乐易：和乐平易。

【译】

古代懂《诗经》的人只有孟子一人，因为孟子能够以自己的体会推测《诗经》的志趣。《诗经》作者的志趣，本来极为平易，不必探求其中的晦涩的含义。今天读《诗经》的人要探究其隐晦之义，那就已经丧失了自己的本心，又怎么能够体悟《诗经》作者的志趣呢？（《诗经》作者的性情，温厚和平成熟，本来就是随感而发，自然平常。今天读《诗经》的人却要寻求它的离奇深奥，先使自己变得狭隘了，当然就一无所获。《诗经》作者的情感本来

就和乐平易，只因为他们遭遇的时事，与他们和乐平易的情感相冲突，因此他们才以《诗经》来吟咏自己的志向。）

【原文】

《尚书》难看，盖难得胸臆如此之大。只欲解义，则无难也。

——张载《经学理窟·诗书》

【译】

《尚书》之所以难以看懂，是因为读者难有宽广的胸襟，如果只是为了理解经文的含义，其实并不难。

【原文】

读书少，则无由考校得义精。盖书以维持此心，一时放下，则一时德性有懈。读书则此心常在，不读书则终看义理不见①。

——张载《经学理窟·义理》

【注】

①看义理不见：不能明白义理。

【译】

书读得少，就不能精详地考究义理。书是用来持守人本心的，一时不读书，一时间德性就会有所松懈。读书能使本心常驻不懈，不读书，纵然义理在眼前也看不见。

【原文】

书须成诵。精思多在夜中，或静坐得之。不记则思不起，但通贯得大原①后，书亦易记。所以观书者，释己之疑，明己之未达，每见每知新益，则学进矣。于不疑处有疑，方是进矣。

——张载《横渠语录》

【注】

①大原：根源，本源。基本精神。

【译】

对于书，应该做到能背诵，并在此基础上随时随地进行精密的思考，这样，往往就可以在夜间或静坐时得到领悟。如果不能记在心中就无法进行思考。只要能对书中的基本思想有个融会贯通的把握，那么，随后背诵也就容易。因此，所谓读书，旨在消释自己的疑问，辨明自己的困惑，每次读每次得到新的收获，这样，学问就会有所进步。能够在常人不怀疑的地方产生疑问就是进步。

【原文】

六经须循环理会，义理尽无穷。待自家长得一格，则又见得别。

——张载《横渠语录》

【译】

对于儒家六经，读者必须反复精读，周而复始，深入理会。六经义理不可穷尽，只要自己知识有所增进，自己的见解就会日趋高明。

【原文】

如《中庸》文字辈，直须句句理会过，使其言互相发明。

——张载《横渠语录》

【译】

对于《中庸》里的文字，必须一句一句仔细体会，从而达到对全书前后相互启发把握的程度。

【原文】

《春秋》之书，在古无有，乃仲尼所自作，惟孟子能知之。非理明义精，殆[①]未可学。先儒未及此而治之，故其说多凿。

——张载《横渠语录》

【注】

①殆：大概，恐怕。

【译】

古代夏商之世并无《春秋》这部书。此书为孔子所作，唯有孟子了解其中的微言大义。因此，对义理没有透彻精辟体悟的人，恐怕不能学《春秋》。过去的儒生没有达到对义理全面深入的理解，却要治《春秋》，因此他们的解释大多流于穿凿附会。

卷四 存养

【原文】

或问："圣可学乎？"濂溪先生曰："可。"曰："有要乎？"曰："有。"请问焉。曰："一[①]为要。一者无欲也。无欲则静虚动直[②]。静虚则明[③]，明则通；动直则公，公则溥。明通公溥[④]，庶矣乎。"

——周敦颐《通书·圣学》

【注】

①一：其意如道家之守一，所谓守一，指无视无听，手持魂神，无私无欲的状态。②静虚动直：即心做到静虚，念头萌动就直。③明：没有疑惑。④溥：无所偏倚。

周敦颐

【译】

有人问："圣人可以学习吗？"周敦颐回答说："可以。""有总要吗？""有。""请问什么是总要？"回答说："一是总要。所谓一，即是无欲。无欲使本心纯一不杂，表现为静虚动直。静虚即心无障蔽，心无障蔽自然就明，明于事物之理而又无不融彻自然就圆通；动直即是心无偏颇，心无偏颇自然就公，立于公，自然就周遍。能够做到澄明天理，通融无碍，本于公心，周遍天下，大概就差不多了。"

【原文】

伊川先生曰：阳始生甚微，安静而后能长。故《复》之《象》曰："先王以至日[①]闭关。"

——《程氏易传·复传》

【注】

①至日：冬至日。

【译】

程颐说："从《易·复》卦象可以看出，一阳才刚刚开始生成，力量很弱小，只能在安宁的环境下才能逐渐生长。因此《易·复》之《象》说：'先王在冬至之日，关闭城门。'"

【原文】

动静节宣[①]，以养生也；饮食衣服，以养形也；威仪行义，以养德也；推己及物，以养人也。

——《程氏易传·颐传》

【注】

①节宣：节制言语。

【译】

程颐说："人一动一静之际，血脉周流，无郁滞之痛，即是养生；人饮食穿衣，口体安适，无饥寒困扰，即是养形；人形容庄严，以义行事，无过无不及，即是养德；人推己及物，已立惧立，已达俱达，无不周遍，即是养人。"

【原文】

"慎言语"以养其德，"节饮食"以养其体。事之至近而所系至大者，莫过于言语饮食也。

——《程氏易传·颐传》

【译】

程颐说："说话谨慎是为了育养自己的德行，节制饮食是为了护养自己的身体。日常生活中最平凡最贴近而又与死生之道相联系的事情，莫过于言语饮食了。"

【原文】

"震惊百里，不丧匕鬯[①]"。临大震惧，能安而不自失者，惟诚敬而已，此处震之道[②]也。

——《程氏易传·震传》

【注】

①匕鬯：匕是勺子，鬯是用黑黍与香草酿成的香酒。②处震之道：对待震惧的方法。处，对待。

【译】

程颐说："《易·震》卦辞说'巨雷猝响，震惊百里，独有主祭者神态自若，手执匕鬯之器而不失。'面临大灾难大恐惧，能处之泰然，面不改色，唯

一的原因是内心诚敬。内心诚敬，就可以在任何患难惊惧中镇定自如。”

【原文】

人之所以不能安其止者，动于欲也。欲牵于前而求其止，不可得也。故艮[①]之道当“艮其背”，所见者在前，而背乃背之，是所不见也。止于所不见，则无欲以乱其心，而止乃安。“不获其身”，不见其身[②]也，谓忘我也。无我则止矣。不能无我，无可止之道。“行其庭，不见其人”[③]。庭除[④]之间至近也，在背则虽至近不见，谓不交于物[⑤]也。外物不接，内欲不萌，如果而止，乃得止之道，于止为无咎[⑥]也。

——《程氏易传·艮传》

【注】

①艮：止的意思。②不获其身，不见其身：人的情感欲望源于肉身，人的行为在应该停止的时候停止是无欲，无欲即天理控制欲，结果是人只见天理不见肉身之所欲。③行其庭，不见其人：在庭除行走，外不见人，不与物欲交近。④除：台阶。⑤不交于物：不与外物相交接。⑥无咎：没有灾害。

【译】

程颐说：“人之所以不能安然于止于所当止，乃是由于欲望的冲动。欲望受到面前外物的牵引，而又要停止欲求，是不可能的。因此，《艮卦》所讲的方法是：背对外物的诱惑。人看见的东西在前面，但以背背对它就看不见。人止于看不见的东西，那么，就没有所谓欲望纷扰心灵的问题，人就自然宁静而安详。所谓‘不获其身，不见其身’就是一种忘我境界。人能做到无我，就必然止于所当止，不能做到无我，就必然受欲望支配，任人欲横流，就根本谈不上抑制欲望了。‘行其庭，不见其人’这句话是什么意思呢？庭与台阶

孔子讲学

之间距离如此之近，人欲毕现，但如果以背背对这一切，虽然近在眼前也看不见。因此，‘行其庭，不见其人’这句话的意思即是：不与外物交往。不与外物交接，内心的欲望就不会萌发，这样所达到的止定，才是真正的止定之道，因为它止于无咎之所。”

【原文】

明道先生曰：若不能存养，只是说话。

——《二程遗书》卷一

【译】

程颢说：“人如若不能实实在在地保存本心，育养德性，那就只能是空谈家。”

【原文】

圣贤千言万语，只是欲人将已放[1]之心，约[2]之使反复入身来，自能寻向上去，下学而上达也。

——《二程遗书》卷一

【注】

①放：放逸，丧失。②约：检束收敛。

【译】

程颢说：“圣贤告诫学人，不啻千言万语，但指归无非是要人们把已经放散的心加以约束，使它返回到自身中。这样，自然就能不断进步向上，即孔子所说的下学人事，上达天理。”

【背景故事】

三过家门而不入

传说禹与涂山氏女娇新婚不久，就离开妻子，踏上治水的道路。后来，他路过家门口，听到妻子生产，儿子呱呱坠地的声音，但一想到开山导流刻不容缓，便顾不上回家，又走上了治水一线。第三次经过家乡的时候，其子启正被母亲抱在怀里，他已经懂得叫父亲，挥动小手，和禹打招呼，禹只是向妻儿挥挥手，表示自己看到他们了，还是没有停下来。

【原文】

李籲[①]问："每常遇事，即能知操存之意。无事时如何存养得熟？"曰："古之人耳之于乐，目之于礼，左右起居，盘盂几杖，有铭有戒，动息皆有所养。今皆废此，独有理义之养心耳。但存此涵养意，久则自熟矣。'敬以直内'，是涵养意。"

——《二程遗书》卷一

【注】

①李籲：字端伯，世称缑山先生，洛阳人，二程门人。

【译】

李籲问："我只要遭遇时事，就知道怎样去做，怎样存护自己的本心，但无事时，该如何存养本心，育养德行，使之日趋成熟呢？"程颢回答说："古时候的人，听音乐，观礼仪，饮食起居，乃至日常生活中最细微平凡的小事，都有成文规定，都有成律限制，一动一息都可以培养自己的德行。如今这些规矩都废弃了，只有依靠理义育养本心了。但只要保持道德修养，坚持不懈，久而久之自然就会使自己完满起来。《易·坤·文言》说：'君子通过恭敬来矫正自己思想上的偏差'，说的即是自觉地进行道德修养。

【原文】

吕与叔[①]尝言，患思虑多，不能驱除。曰："此正如破屋中御寇，东面一人来未逐得，西面又一人至矣。左右前后，驱逐不暇。盖其四面空疏，盗固易入，无缘[②]作得主[③]定。又如虚器入水，水自然入。若以一器实之以水，置之水中，水何能入来？盖中有主则实，实则外患不能入，自然无事。"

——《二程遗书》卷一

【注】

①吕与叔：吕大临，二程弟子。②无缘：无从，不能够。③主：有专主，指义理充实于内。

【译】

吕与叔说："我担心的是自己的私心杂念往往难以排除。"程颢说："这种情况，正如破屋防御盗贼一样，从东面来的盗贼还未驱逐，西面又来了一个盗贼，前后左右都有盗贼，令你驱逐不暇。之所以如此，是因为房屋四面皆空，盗贼自然容易进来，让你顾此失彼，无法对付。又如空的容器放入水中，水自然就注入容器之中，如果把一个注满水的容器放置水中，水如何能进入容器中呢？因此，人心中有主就自然坚实，心中坚实外在的忧虑就不能产生，自然就平静自如。”

【原文】

邢和叔[①]言：“吾曹常须爱养精力，精力稍不足则倦，所以临事皆勉强而无诚意。”接宾客语言尚可见，况临大事乎？

——《二程遗书》卷一

【注】

①邢和叔：邢恕，字子叔，曾从程颢学。

【译】

邢和叔说：“我们应该爱惜、保养自己的精力。如若精力稍有不足，就会感到困倦，遇到事情只能勉强支撑，难以一贯到底，接人待物言谈应对尚且如此，更何况遭遇重大事情呢？”

【原文】

明道先生曰：学者全体此心[①]，学虽未尽，若事物之来，不可不应。但随分限[②]应之，虽不中不远矣。

——《二程遗书》卷二上

【注】

①全体此心：保全此天然本善之心。②分限：本分，天分。

【译】

程颢说：“学的终极指向，是总体地全面地体悟至善的本心。学是一个不可间断的过程，虽然学有所未尽，没有全部展现本心的完满，但如若事情出现而又不得不应付之时，只能依据理之当然处理它。这样做，虽然不一定都完全符合自然之理，但也相去不远了。

【原文】

“居处恭，执事敬，与人忠”，此是彻上彻下语，圣人元无二语。

——《二程遗书》卷二上

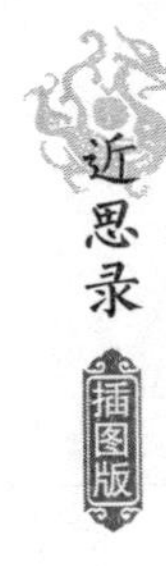

【译】

程颐说："孔子说：'平日容貌端正态度庄严，工作严肃认真，为别人做事忠心诚意。'这就是唯一的贯穿时空的为人处世准则，圣人原本就没有另外的为人处世准则。"

【原文】

伊川先生曰：学者须敬守此心，不可急迫，当栽培深厚，涵泳于其间，然后可以自得。但急迫求之，只是私已，终不足以达道。

——《二程遗书》卷二上

【译】

程颐说："学者必须以恭敬的态度守护本心，不可急于求成，应当以平常心修养自己，使自己日益深厚起来，同时不断地深入体会自己的修学过程，这样，就可以自然而然地接近天道，达到怡然自得的境界。但如果急于求成，那就只是私欲作怪，最终不能够明白天道。"

【原文】

明道先生曰："思无邪"，"毋不敬"，只此二句，循而行之，安得有差？有差者，皆由不敬不正也。

——《二程遗书》卷二上

【译】

程颢说："心中没有邪念，行为无不恭敬。遵循《诗经》和《礼记》的这两句话行动，怎么会有偏差？如果行为出现偏差，可以肯定，都是由不敬不正引起的。"

【原文】

今学者敬而不自得，又不安者，只是心生，亦是太以敬来做事得重①，此"恭而无礼则劳"也。恭者，私为恭之恭也。礼者，非体之礼，是自然底道理也。只恭而不为自然底道理，故不自在也，须是"恭而安"。今容貌必端，言语必正者，非是道独善其身，要人道如何，只是天理合如此，本无私意，只是个循理而已。

——《二程遗书》卷二上

【注】

①太以敬来做事得重：刻意地按照敬的要求去做事，而不是一种自然行为。

【译】

程颢说："现在的人求学之所以有所恭敬而又不能达到优游自得、安适自如的境界，主要是因为意念滋生，出于勉强之故。同时也是因为过于执着于'敬'，却不知礼，就不免劳倦。这种情况，即孔子所说'注重容貌态度的端正，却不知礼就难免疲劳。'若如此，所谓恭敬，即是出于私欲为恭敬的恭敬。我们所说的'礼'，其本质并不是作揖鞠躬之类有形有象的东西，而是自然之理。只在表面上恭敬而不遵循自然之理，自然就会感到不自在。因此，恭敬应该出于本心，合于自然之理，如若此，岂能不安然自在？我现在强调容貌必须做到端正，说话必须做到公正，并不是说我要独善其身，也不是为了得到人们的好评，只是天理要求如此，这样做符合天理，本来就没有私心杂念，无非只是遵循天理行动而已。"

【背景故事】

涂山之会

夏建立后，大禹在阳城东南的涂山召开诸侯大会，以检讨自己的过失。这次涂山之会一般被认为是中国夏王朝建立的标志性事件。到了正式大会的日子，大禹穿了法服，手执玄圭，站在台上，四方诸侯按着他国土的方向两面分列，齐向大禹稽首为礼，大禹在台上亦稽首答礼。礼毕之后，夏禹大声对诸侯进行劝诫。大家都明白禹受命于天，原本对大禹有意见的诸侯看到大禹这种态度，也都表示敬重佩服，消除了原先的疑虑。

【原文】

今志于义理而不安乐者，何也？此则正①是剩一个"助之长"。虽则心操之则存，舍之则亡，然而持之太甚，便是"必有事焉"而正之②也。亦须且恁③去，如此者只是德孤④。"德不孤，必有邻"。到德盛后，自无窒碍，左右逢其原也。

——《二程遗书》卷二上

【注】

①正：此处作预期解，预期其成而心迫。②“必有事焉”而正之：执意做某事，并一心期望达到预期的结果。③恁：如此，这样。④德孤：德行单一，没有全面修养起多方面的品德。

【译】

程颢说：“今天立志于以追求义理为终极目标的人，然而却没有达到心灵的安乐，是什么原因呢？原因正在于心中还有一个‘揠苗助长’的毛病。虽然我们说，抓住心，心就存在；放弃心，心就死亡。然而如果抓得太紧，结果必然导致一心要使自己所做的事收到预期的效果，这样便犯了‘助长’的毛病。因此，我们应该遵循义理的牵引，抛弃主观妄见，自然就会不断进步。人之所以会犯‘助长’的错误，乃是因为自己修养不够，缺少高远的德行，因此感到孤立无靠，丧失自信所致。孔子说：‘有道德的人是不会孤单的，一定会有志向相同的人和他在一起。’一个人通过修养达到博大的道德境界后，人世间的一切都自然无任何障碍可言，正如孟子所说，他就可以左右逢源，运用自如了。”

【原文】

敬而无失，便是“喜怒哀乐未发谓之中”。敬不可谓中，但敬而无失，即所以中也。

——《二程遗书》卷二上

【译】

程颢说：“居敬而使本心常在，即是喜怒哀乐没有表现出来的‘中’。‘敬’是工夫，‘中’是本体，因此‘敬’不能称为‘中’。但如果能够做到居敬而使本心常驻，即是达到‘中’的根本原因。”

【原文】

司马子微[①]尝作《坐忘论》，是所谓坐驰[②]也。

——《二程遗书》卷二上

【注】

①司马子微：司马承祯，字子微，唐代道士。②坐驰：形若虚静而杂念不息。

【译】

司马承祯写了《坐忘论》，并不能忘乎一切物我是非，反而导致心猿意马。

【原文】

伯淳昔在长安仓中闲坐，见长廊柱，以意数之[①]，己尚不疑。再数之，不合。不免令人一一声言数之[②]，乃与初数者无差。则知越著心把捉[③]越不定。

——《二程遗书》卷二上

【注】

①意数之：心下默默数过。②声言数之：出声读出数字一一数过。③把捉：执持，掌握。

【译】

程颢有一次在长安仓库里闲坐，看见长廊柱子，就随意数了一下，并没有什么疑问。第二次再数时却与第一次不相合，又叫人一一数出声来，却又与第一次数的相合。程颢由此得到启发：凡事越是执意用心把握，越把握不住。

【原文】

人心作主不定[①]，正如一个翻车，流转动摇，无须臾停，所感万端。若不做一个主，怎生奈何？张天祺[②]昔尝言："自约数年，自上著床，便不得思

退修诗书

量事。”不思量事后，须强把他这心来制缚，亦须寄寓在一个形象，皆非自然。君实自谓：“吾得术矣，只管念一个中字。”此又为中所系缚。且中亦何形象？有人胸中常若有两人焉，欲为善，如有恶以为之间；欲为不善，又若有羞恶之心者。本无二人，此正交战之验也。持其志，使气不能乱。此大可验。要之圣贤必不害心疾。

——《二程遗书》卷二下

【注】

①人心作主不定：如果人心没有一个主宰使之定。②张天祺：张戬，字天祺，张载之弟。

【译】

人心神不定，正如以水流作动力的水车，摇晃流转，一刻也不能停息。人感受的事物现象纷纭万端，倘若无内在精神主宰，何以运用自如？张天祺曾说，多年来，我一直控制自己，一上床就不再思考任何事情。但是，不思考事情，就必须强制性地把心控制住，或者也必须把心寄寓在一个东西上。显然，这种人为的强制手段，都不是出于自然。司马光曾说他有保持心定的方法，即不停地念一个‘中’字。但是，使用这种方法又被‘中’所限制，况且，‘中’有何形象可言呢？有的人胸中似乎常常有两个人同时存在：一心想为善，但似乎又有邪念出来阻碍；一心想为恶，但似乎又有羞耻心出来谴责。实际上，一个人就是一个人。所谓人心中有两个人，正是人心神不定，处于善恶是非冲突之中的证明。因此，只要守持自己的志向，坚定不移，那么，任何外在纷繁的东西都不能造成干扰，这一点，是完全可以得到验证的。总之，我们可以得出结论说：圣贤顺乎本心之自然，绝不会出现心神不定、犹豫彷徨这样的心病。”

【原文】

明道先生曰：某写字时甚敬，非是要字好，只此是学。

——《二程遗书》卷三

【译】

程颢说：“我写字时态度极为恭敬，这样做并不是为了要把字写好，只是因为写字是学习。”

【原文】

伊川先生曰：圣人不记事[①]，所以常记得。今人忘事，以其记事[②]。不能记事，处事不精，皆出于养之不完固。

——《二程遗书》卷三

【注】

①不记事：心灵通明，不著一物。②记事：事物横窒心中，昏滞不通。

【译】

程颐说："圣人之心明且通，不著一物，因此常常记起事情。今天的人往往忘记事情，是因为大量的事情横亘在心中，处于昏滞不化的状态。事情记不住，办事不精明，都是由于不能养心，使之通明稳固引起的。"

【原文】

明道先生在澶州[①]日，修桥，少一长梁，曾博求之民间。后因出入，见林木之佳者，必起计度之心，因语以戒学者："心不可有一事。"

——《二程遗书》卷三

【注】

①澶州：在今河南濮阳。

【译】

程颢在澶州任职期间，因修桥缺少一根长梁，曾经在民间广泛征寻。后来他因公事出入州境，一看见参天大树，就想去量一量。程颢由这件事得到启示：人心中不可有任何事情阻挡而停止，并以此告诫学者。

【原文】

伊川先生曰：入道莫如敬。未有能致知而不在敬者。今人主心不定，视心如寇贼而不可制，不是事累心，乃是心累事。当知天下无一物是合[①]少得者，不可恶也。

——《二程遗书》卷三

【注】

①合：应当。

【译】

程颐说："体道见道的根本前提是持敬存心，不持敬而能格物穷理，是不

可能的。今天的人心神不定，把心看成是不可控制的寇贼。实际上，问题的本质不是事累心，而是心累事。我们应当明白，世界上的任何事情，没有一样是不应该存在的，都有其必然性，有其所以然，既然如此，就应该物来顺应，不必厌恶它们。”

【原文】

人只有个天理，却不能存得，更做甚人也？

——《二程遗书》卷十八

【译】

人天生禀赋天理，唯一所有的只是天理，如若不能把天理守存在心中，还配做一个人吗？

【原文】

人多思虑，不能自宁，只是做他心主不定。要作得心主定，惟是止于事[①]，“为人君止于仁”之类。如舜之诛四凶[②]，四凶已作恶，舜从而诛之，舜何与焉？人不止于事，只是揽他事，不能使物各付物。物各付物[③]，则是役物；为物所役，则是役于物。“有物必有则”，须是止于事。

——《二程遗书》卷十五

【注】

①止于事：只去思考你应该思考的事。②四凶：指舜流放的四族首领。③物各付物，按照每一事物所应当对待的原则和方法处理和对待每一事物，事过则不存留于心。

【译】

人思虑过多，不能安宁自如，其原因在于心不定。要达到心定，只有摒弃心念，排除一切外在考虑，该做什么事就做什么事，该做到什么程度就做到什么程度，该用什么方法就用什么方法。《大学》所言‘作为人君，应该做到仁’等等说法就是这个意思。例如舜剪除共工、驩兜、三苗、鲧四位罪人，上述四人已经作恶，舜因此剪除了他们。舜只是做了应该做的事，毫无任何私念掺杂其间。人不做应该做的事，不必做不可做的事却要做，即是揽事做。揽事就不能使事物各归其所。做事能让事物各归其所，是人控制物。做事被事物控制，是事控制人。事物存在，就有存在的道理。因此，人应该做什么事，就做什么事。

【原文】

不能动人，只是诚不至。于事厌倦，皆是无诚处。

——《二程遗书》卷五

【译】

不能打动人，只是因为自己不够真诚；遇到事情感到厌倦，都是因为缺少诚意。

【原文】

静后见万物，自然皆有春意[①]。

——《二程遗书》卷六

【注】

①春意：即生意。

【译】

人如若怀着平和宁静的心情观察天地万物，就会发现万物都展现出勃勃生机。

【原文】

孔子言仁，只说“出门如见大宾，使民如承大祭”。看其气象，便须心广体胖，动容周旋中礼自然，惟慎独[①]是守之之法。圣人修己以敬，以安百姓，笃恭而天下平。惟上下一于恭敬，则天地自位，万物自育，气无不和，四灵[②]何有不至？此体信达顺之道，聪明睿智皆由此出，以此事天飨[③]帝。

——《二程遗书》卷六

【注】

①慎独：独处无人注意时，自己的行为也要谨慎不苟。②四灵：指龙、凤、龟、麒麟。③飨：祭献。

【译】

孔子回答仲弓提出的怎样才能实践仁德时，只说“出门做事如同接待贵宾一样，使唤老百姓如同承奉重大祭祀一样。”若如此，其气象总表现为胸襟宽广，体貌安详自然，一举一动，皆符合自然之礼。而慎独，是唯一守持仁德的方法。孔子强调君子应该‘以恭敬的态度修养自己，从而使老百姓都得到安乐’。因此，君子忠厚谦恭，天下就太平。只有上下归一于恭敬，才能达

到天地自立其位、万物自然孕育，阴阳二气缊絪感应无不和谐，龙、凤、龟、麒麟四种精灵咸集毕至。这就是恭敬诚信得到最完全最充分的体现，从而达到天地万物和谐，万物各得其所的终极原因。人的聪明智慧，都源于恭敬，只有出于恭敬，才能侍奉天理，祭祀上帝。

【原文】

存养熟[①]后，泰然行将去，便有进。

——《二程遗书》卷六

【注】

①熟：达到私欲屏除、渣滓化尽，善行成为习惯之自然便是熟。

【译】

修养达到本心清明和畅状态，然后泰然付诸实践，就会感到在学问上已经取得了进步。

【原文】

不愧屋漏[①]，则心安而体舒。

——《二程遗书》卷六

【注】

①屋漏：屋西北角，人所不见处。

【译】

不在暗中做坏事，就不会有愧疚感，自然心底安宁，体貌舒展自如。

【原文】

心要在腔子[①]里。

——《二程遗书》卷七

【注】

①腔子：犹言身子。

【译】

心不能被物欲影响，必须使心宁静地存在身子中。

【原文】

只外面有些隙罅[①]，便走了。

——《二程遗书》卷七

【注】

①隙罅：缝隙。

【译】

如果内在修养功夫不够，那么，只要稍有外在诱惑，人就难免不被俘虏。

【原文】

人心常要活，则周流无穷，则不滞于一隅。

——《二程遗书》卷五

【译】

人心要活，活则周流不止，就不至于拘泥于一事一物。

【解】

此条语录阐释的是拘泥于事物之中的弊端。

揠苗助长

【背景故事】

揠苗助长

有个急性子的宋国人，日夜盼望稻田里的稻子快些长大。可是，稻子是要慢慢长的，不能照他想得那样长得那么快。有一天，他想出了一个妙计：下田去把每棵稻子都从土里拔高了一些。“好累啊！辛辛苦苦干了一整天！不过，田里的稻子倒是都长高好些了。”他的儿子听说田里的稻子长高了好些，连忙跑到田里去看。可是，糟糕得很，田里的稻苗的叶子，都开始枯萎了。

【原文】

明道先生曰：“天地设位，而易行乎其中”，只是敬也。敬则无间断。

——《二程遗书》卷十一

【译】

程颢说：“天在上，地在下，阴阳变易流行于天地之间。天地体现敬的本质。就人心而言，只有持敬而已，持敬就能与天地义理合一，永不间断。”

【原文】

“毋不敬”，可以对越上帝。

——《二程遗书》卷十一

【译】

能做到一言一行、一思一念都无不恭敬，德行可与上天相称。

【原文】

敬胜百邪。

——《二程遗书》卷十一

【译】

恭敬可以战胜任何邪念。

【原文】

“敬以直内，义以方外”，仁也。若以敬直内，则便不直矣。[①]“必有事焉，而勿正”，则直也。

——《二程遗书》卷十一

【注】

①按“敬以直内”是敬则内心自然正直，“以敬直内”是用敬把内心弄直，同为直，但有自然与人为的区别。

【译】

“凡人恪守敬，思想自然端正；凡人奉行义，行为自然合理。”两者都是仁的体现。如若意欲以敬来矫正自己的思想，那么，意图已先在，思想已有所偏离而非端正了。“只有该做什么就做什么，不为预期的结果所左右”，才是思想端正。

【原文】

涵养吾一[①]。

——《二程遗书》卷十五

【注】

①一：绝对完满的独一无二的纯然天理，天理内在于人心，至善至诚。

【译】

唯一重要的是修养守存自己的本心。

【原文】

“子在川上曰：‘逝者如斯夫！不舍昼夜。’”自汉以来，儒者皆不识此义。此见圣人之心纯亦不已也。纯亦不已，天德也。有天德便可语王道，其要只在慎独。

——《二程遗书》卷十四

【译】

程颢说：“孔子在河边说道：‘消逝的时光像河水一样。日夜不停地流去。’自汉朝以来，儒者们都不懂孔子这句话的含义。这句话凸现了圣人纯粹无私的精神境界。所谓纯粹无私，就是最高的德性。有了最高的德性，就可以谈论王道。而要达到最高的德性，唯一根本的是要做到慎独。”

【原文】

“不有躬，无攸利”。不立己，后虽向好事，犹为化物，不得以天下万物为挠己。己立后，自能了当得天下万物。

——《二程遗书》卷六

【译】

程颐说：“《易·蒙》六三爻辞说：‘不能身体力行，受到外物的诱惑限制，不会有好结果。’人不能立己，即使想为善，最终还是要被外在环境异化。人不可被外在环境制约。人能立己，自然就能驾驭天地万物。”

【原文】

伊川先生曰：学者患心虑纷乱，不能宁静，此则天下公病。学者只要立个心，此上头尽有商量。

——《二程遗书》卷十五

【译】

做学问糟就糟在心虑纷乱，不能保守宁静，这是读书人的通病。学者只要立心，安顿生命指向，在做学问的道路上尽可以探讨。

【原文】

闲邪[①]则诚自存，不是外面捉一个诚将来存着。今人外面役役[②]于不善，于不善中寻个善来存着，如此则岂有入善之理？只是闲邪则诚自存。故孟子言性善皆由内出。只为诚便存。闲邪更著甚工夫？但惟是动容貌、整思虑，

则自然生敬。敬只是主一也。主一则既不之东，又不之西，如是则只是中；既不之此，又不之彼，如是则只是内。存此则自然天理明。学者须是将“敬以直内”涵养此意，直内是本。

——《二程遗书》卷十五

【注】

①闲邪：防止邪僻。②役役：被外在环境制约。

【译】

约束邪念，人心中之“诚”自然存在，而不是在人心之外寻找所谓的“诚”来守持。如今人们受到外在环境的制约，由此处于不善的境地之中，却想从不善的环境中寻找所谓的“善”并守持之。如果这样，怎么能够找到获得善的途径呢？因此，唯一的途径是：约束邪念，人心中之“诚”自然存在。因此，孟子才说人的善性源于人的内在本质。人只要一心向“诚”，“诚”便在心中，在这个意义上，约束邪念的工夫就没有多少作用。但我们依然要在行为和思想这两方面规范自己，时时提醒自己，使心稳定，这样，自然就会达到恭敬。“敬”只是以“一”为本。以“一”为本，则既不偏向左，又不偏向右，这就是中庸之道；既不偏向此，也不偏向彼，这就是内心澄明。能够守持中庸之道和内心澄敬，自然就会洞明天理。求学应该用《易·坤·文言》所说的“恪守敬，思想自然端正”来修养本心之“诚”，思想端正是本。

【原文】

闲[①]邪则固一矣。然主一则不消言闲邪。有以一为难见，不可下工夫，如何？一者无他，只是整齐严肃，则心便一。一则只是无非僻[②]之干。此意但涵养久之，则天理自然明。

——《二程遗书》卷十五

【注】

①闲：防闲，防止。②非僻：邪恶。

【译】

程颐说：“约束邪念固然是‘一’，然而以‘一’为本就不是说约束邪念了。有人认为‘一’无形无象，视之不可见，不知如何在‘一’上下工夫。‘一’不是外在于人的东西，只要整齐严肃，涵养体悟，则心就是‘一’。‘一’内在于人心，自然就无偏邪的言行。只要长期不间断地进行修养，就会体悟到心即‘一’，既而洞明天理。”

【背景故事】

左右逢源

战国时期，孟子给他的学生讲治学之道，学生问怎样才能学到高深的学问，孟子说：方法要对，态度要好，学习要有自觉性，学习知识要心有所得，久而久之，就学得广、深、透，使用起来就能取之不尽、用之不竭，自然就得心应手、左右逢源。

【原文】

有言："未感时，知何所寓？"曰："'操则存，舍则亡，出入无时，莫知其乡'，更怎生寻所寓？只是有操而已。操之之道，敬以直内也。"

——《二程遗书》卷十五

【译】

有人问心未感受事物时寄寓在何处。程颐说："圣人云：'抓住心，心就存在，放弃心，心就消亡，心出入无确定时间可言，也就不知会趋向何处。'怎么可以寻觅心的寓所呢？无非只是守持心而已。守持心的方法，唯有恪守恭敬，自然就会达到思想纯正。"

【原文】

敬则自虚静，不可把虚静唤作敬。

——《二程遗书》卷十五

【译】

恭敬自然虚静，但却不可把虚静说成是恭敬。

【原文】

学者先务，固在心志。然有谓欲屏去闻见知思，则是"绝圣[1]去智"。有欲屏去思虑，患其纷乱，则须坐禅入定[2]。如明鉴在此，万物毕照，是鉴之常，难为使之不照？人心不能不交感万物，难为使之不思虑？若欲免此，惟

是心有主。如何为主？敬而已矣。有主则虚，虚谓邪不能入；无主则实③，实谓物来夺之。大凡人心不可二用，用于一事，则他事更不能入者，事为之主也。事为之主，尚无思虑纷扰之患，若主于敬，又焉有此患乎？所谓敬者，主一之谓敬；所谓一者，无适之谓一。且欲涵泳主一之义，不一则二三矣。至于不敢欺，不敢慢，尚不愧于屋漏，皆是敬之事也。

——《二程遗书》卷十五

【注】

①圣：在《老子》中“圣”有两种用法，一是指最高的精神境界；一是指聪明。这里指后者。②坐禅入定：佛家修养方法，即在静坐中排除思虑以悟道。③实：与“虚”相对，指杂念私欲。

【译】

学习的首要前提，在于心志坚定。然而有人则认为：要摒除耳目的闻见和心的思维活动，就要遵循《老子》所说的抛弃聪明智巧；要摒除思虑杂念，因为它会带来心绪纷扰，就必须如佛教徒那样坐禅入定。但人心如同明亮的镜子，普照万物是镜子的基本功能，要使镜子不照东西，是不可能的。人心不能不与万物交感，要使心不思考外在现象，同样是不可能的。因此，如若要免除思虑纷扰之患，唯一途径是心要有主。如何使心有主？唯有恭敬。心有主则虚静，虚静邪念就不能进入心中；心无主则杂念横溢，杂念横溢外在事物就会占领人心。但凡人心不可二用，人心专注于一事，其他事就不能进入人心，这是因为要做的事成了主宰。事主宰人的心志，尚且没有思虑纷扰之害，倘若人心主于敬，又怎么可能思虑纷乱呢？什么是“敬”？以“一”主宰即是敬。什么是“一”？无所偏向即是“一”。人应该深入体会以“一”为主的精微所在；不能守持“一”，人心必然纷乱。至于我们常说的不敢欺骗昭昭天理良心，不敢怠慢昭昭天理良心，以及不在暗地里起邪念，无愧于昭昭天理良心等等，都是“敬”的具体表现。

【原文】

严威俨恪，非敬之道，但致敬须自此入。

——《二程遗书》卷十五

【译】

威严、庄重、谨慎，并非“敬”的本质，但要达到“敬”，就必须首先做到威严、庄重、谨慎。

【原文】

“舜孳孳[①]为善。”若未接物，如何为善？只是主于敬，便是为善也。以此观之，圣人之道，不是但默而无言。

——《二程遗书》卷十五

【注】

①孳孳：同“孜孜”，勤勉不懈。

【译】

舜孜孜不倦地为善。但如若未与人事打交道，怎样为善呢？只要以“敬”为主导，就是为善了。从这一角度看，圣人之道并非只是沉默无语。

【原文】

问：“人之燕居[①]，形体怠惰，心不慢可否？”曰：安有箕踞[②]而心不慢者？昔吕与叔六月中来缑氏[③]，闲居中某尝窥之，必见其俨然危坐，可谓敦笃矣。学者须恭敬，但不可令拘迫[④]，拘迫则难久。

——《二程遗书》卷十八

【注】

①燕居：退朝而处，也指一般情况的同居。②箕踞：一种轻慢、不拘礼节的坐姿，即随意张开两腿坐着，形似簸箕。③缑氏：县名，在今河南偃师县东南。④拘迫：拘谨。

【译】

有人问程颐说：“人闲居时，形体懒惰，而心不散漫，这样可以吗？”程颐说：“坐无坐相，而心却不散漫，这怎么可能呢？有一次吕与叔六月盛暑在缑氏闲居时，我常常去窥视他，每次都看见他端端正正坐着，这是精神敦笃的表现呀。读书人必须恭敬，但却不可勉强拘迫，人一拘迫，就难以持久。”

【原文】

“思虑虽多，果出于正，亦无害否？”曰：“且如在宗庙则主敬，朝廷主庄，军旅主严，此是也。如发不以时，纷然无度，虽正亦邪。”

——《二程遗书》卷十八

【译】

问："人虽然难免种种思虑，但思虑都出于心之纯正，是无害的吧？"程颐说："在宗庙时，以恭敬为主，在朝廷时，以庄重为主，在军旅时，以严明为主，这就是纯正。如果人做事不考虑时间地点，纷乱无度，即令纯正也是邪。"

【原文】

苏季明[①]问："喜怒哀乐未发之前求中，可否？"伊川曰："不可。既思于喜怒哀乐未发之前求之，又却是思也，既思即是已发。才发便谓之和，不可谓之中也。"又问："吕学士[②]言："当求于喜怒哀乐未发之前，如何？"曰："若言存养于喜怒哀乐未发之前，则可；若言求中于喜怒哀乐未发之前，则不可。"又问："学者于喜怒哀乐发时，固当勉强裁抑[③]；于未发之前，当如何用功？"曰："于喜怒哀乐来发之前，更怎生求？只平日涵养便是。涵养久，则喜怒哀乐发自中节。"曰："当中之时，耳无闻，目无见否？"曰："虽耳无闻，目无见，然见闻之理在始得。贤且说静时如何？"曰："谓之无物则不可，然自有知觉处。"曰："既有知觉，却是动也，怎生言静？人说'《复》其见天地之心'，皆以谓至静能见天地之心，非也。《复》之卦下面一画，便是动也，安得谓之静？"或曰："莫是于动上求静否？"曰："固是，然最难。释氏多言定[④]，圣人便言止。如'为人君止于仁，为人臣止于敬'之类是也。《易》之《艮》言止之义曰：'艮其止，止其所也'。人多不能止，盖人万物皆备，遇事时各因其心之所重者更互而出，才见得这事重，便有这事出。若能物各付物，便自不出来也。"或曰："先生于喜怒哀乐未发之前，下动字，下静字？"曰："谓之静则可，然静中须有物始得，这里便是难处。学者莫若且先理会得敬，能敬则知此矣。"或曰："敬何以用功？"曰："莫若主一。"季明曰："昞尝患思虑不定。或思一事未了，他事如麻又生，如何？"曰："不可。此不诚之本也。须是习，习能专一时便好，不拘思虑与应事，皆要求一。"

——《二程遗书》卷十八

【注】

①苏季明：张载、二程的门人。②吕学士：吕大临。③勉强裁抑：勉强，指勉强进修功夫。裁抑，指裁抑过与不及，使喜怒哀乐中节而和。④定：佛

教有所谓戒、定、慧“三学”之一。

【译】

苏季明问：“喜怒哀乐还没有表现出来之前，期望达到‘中’，可以吗？”程颐回答说：“不可以。既然期望在喜怒哀乐还没有表现出来之前而求‘中’，这本身就是思维活动，既然是思维活动，就已经是一种表现了。喜怒哀乐表现出来，称为‘和’，但不可称为‘中’。”苏季明又问：“吕学士曾说，应当在喜怒哀乐还未表现出来之前进行追求，这种看法如何？”程颐说：“如若说在喜怒哀乐没有表现之前进行道德修养，这种说法是对的，但如若说在喜怒哀乐没有表现之前追求‘中，这就说错了。”苏季明又问：“喜怒哀乐自然要表现出来，但应该在未表现之前加以抑制，那么，应该做什么呢？”程颐说：“喜怒哀乐未表现出来之前，怎么谈得上追求什么呢？所要做的无非是平时修养自己而已。长期不断地进行道德修养，喜怒哀乐表现出来就自然合乎常理。”苏季明又问：“当处于喜怒哀乐没有表现出来的所谓‘中’时，耳朵没有听到声音，眼睛没有看见东西吗？”程颐回答说：“虽然耳朵没有听到声音，眼睛没有看见东西，但看有看的道理，听有听的道理，看与听之理不以你是否看与听转移，它自然存在。”程颐接着问苏季明说：“你认为‘静’的状态是怎么一回事？”苏季明回答说：“把‘静’的状态说成是没有任何东西存在是不对的，然而心自然具有知觉指向。”程颐说：“既然说存在知觉指向，那就是在说‘动’，怎么可以说成是‘静’呢？有人说《复》卦显示天地之心，因此保持绝对的‘静’就可以体悟天地之心，这种说法错了。《复》卦最下面一画是阳爻，阳即是‘动’，怎么能说是‘静’呢？”在场者有人问道：“莫非应该在‘动’中求‘静’吗？”程颐回答说：“固然如此，但最难达到。佛教主张‘定’，儒家圣人主张‘止’。如《礼记·大学》中所说的作为人君，要达到仁；作为臣子，要达到敬等，说的即是‘止’。《易》之《艮》对‘止’下定义说‘艮其止，意思即止于应该止的地方。’人往往不能止于当止。因为人心中万物皆备，遇到事情时，各人心中各有自己的偏重，相互不同，只要人把某事看得重，就必然会在行为上表现出来。如若能让事物各归其所，那么，自然就无所谓偏重了。”又有人问：“先生，在喜怒哀乐没有表现出来之前，是应该‘动’呢？还是应该‘静’呢？”程颐回答说：“为‘静’自然是对的，但必须‘静’中有东西才行，这点很难把握。大家不如仔细思考‘敬’，能体会‘敬’，就知道其中的微妙了。”又有人问：“关于‘敬’，应该

怎样用功呢？”程颐回答说：“所谓‘敬’，只是以‘一’为主。”苏季明问：“我总是思虑不定，常常思考一件事还未有结果，另外的事又接连而来，应该怎么办呢？”程颐说：“这样不行，其根本原因在于心不诚。你应该不断修行，在修行中能达到专一状态更好。总之，无论是思考还是行动，都应该做到专一。”

【背景故事】

孔子之论

一次冉耕过河的时候看到一个少女掉到河里，就冒着生命危险将女孩给救了起来。后来女孩的父亲为了表示对冉耕的感谢就给他送了一头牛，冉耕正好也需要一头牛，就毫不客气地收下了。后来人们都纷纷指责冉耕说他怎么这么没有风度呢，救了人还收人家东西。冉耕很为难很委屈就去问孔子怎么办，孔子对他说，你收得好，你要不收的话以后就没有人冒着危险去帮助别人，也没有见义勇为的人了。

【原文】

人于梦寐间，亦可以卜自家所学之浅深。如梦寐颠倒，即是心志不定，操存不固。

——《二程遗书》卷十八

【译】

人在睡梦时，也可以预测自己学问的深浅。如若睡梦中神志昏乱，那就是心志不定、操守不稳的表现。

【原文】

问：“人心所系著之事果善，夜梦见之，莫不害否？”曰：“虽是善事，心亦是动。凡事有朕兆入梦者却无害，舍此皆是妄动。人心须要定，使他思时方思乃是。今人都由心。”曰：“心谁使之？”曰：“以心使心则可。人心自由，便放去也。”

——《二程遗书》卷十八

【译】

有人问："人心中想到的是善事，夜晚梦见，不是无害吗？"程颐说："虽然想到的是善事，但也是心动。凡事都有朕兆，只要心不起念，静寂不动，做什么样的梦都无害。反之，皆属于妄动之列。人心应该恒定，需要思考时才思考，这样才对。今天的人心中无主，妄动不定。如若我们问：是谁支配心呢？我们可以这样回答说：以义理之本心支配知觉之心是对的，如若人心纷乱自由，即是把本心放逐了。"

【原文】

"持其志，无暴①其气"，内外交相养也。

——《二程遗书》卷十八

【注】

①暴：害，乱。

【译】

坚持自己的志向，而又不伤害自己的精气，就可以使内在的精神和外在的行动彼此相互养育。

【原文】

问："'出辞气①'，莫是于言语上用工夫否？"曰："须是养乎中，自然言语顺理。若慎言语，不妄发，此却可著力。"

——《二程遗书》卷十八

【注】

①辞气：言语和语气。

【译】

有人问："说话时注意言词和语气，莫非是强调在言语上下工夫吗？"程颐回答说："首先应该培养立身之本的'中'，这样，言语自然顺理。如若要只做到说话谨慎，言不由衷，当然就在言语上用功了。"

【原文】

先生谓绎①曰："吾受气甚薄②，三十而浸盛，四十、五十而后完。今生七十二年矣，校其筋骨，于盛年无损也。"绎曰："先生岂以受气之薄，而厚

为保生邪？”夫子默然，曰：“吾以忘生徇欲[3]为深耻。”

——《二程遗书》卷二十一上

【注】

①绎：张绎，程颐的弟子。②受气甚薄：如今言先天不足。③忘生徇欲：不顾身体一味纵欲。

【译】

程颐对张绎说：“我天生体质很差，三十岁时开始健康起来，四五十岁时修身养气之功已趋于完满。如今我已七十二岁，筋骨依然如同盛年时一样强健。”张绎说：“先生难道是因为小时候身体虚弱，所以才努力增强体质以保全生命吗？”程颐沉默了一会儿说：“我以忘记生命的价值而屈从于感性欲望为最大耻辱。”

【原文】

大率[1]把捉不定，皆是不仁。

——《二程外书》卷一

【注】

①大率：大概。

【译】

大致说来，人心绪不宁，把捉不定，都是不仁的表现。

【原文】

伊川先生曰：致知在所养，养知莫过于“募欲”二字。

——《二程外书》卷二

【译】

程颐说：“格物致知的关键在于所获得的知识需要得到精神的养护，而要养护已获得的知识，根本前提莫过于不断减少人的感性欲望。”

【原文】

心定者其言重以舒，不定者其言轻以疾。

——《二程外书》卷十一

【译】

心定的人说话慎重而从容，心不定的人说话轻率而急躁。

【原文】

明道先生曰：人有四百四病[①]，皆不由自家，则是心须教由自家。

——《二程外书》卷十二

【注】

①四百四病：佛家认为，人以地风水火四大为体，一大不调，有一百一病，四大不调合有四百四病。

【译】

程颢说："人有四百零四种病，都不是由自己引起的，唯有心病是自己引起的。"

【原文】

谢显道从明道先生于扶沟[①]。明道一日谓之曰："尔辈在此相从，只是学颢言语，故其学心口不相应，盍若行之？"请问焉。曰："且静坐。"伊川每见人静坐，便叹其善学。

——《二程遗书》卷十二

【注】

①扶沟：县名，今属河南。

【译】

谢显道在扶沟跟随程颢。一天，程颢对谢显道说："你们在这里追随我，只学到了我的言语，因此你们的学问表里不一，何不在实践上下工夫？"谢显道说："请问怎么做呢？"程颢说："应该静坐。程颐只要看见有人静坐，就赞叹此人善于学习。"

【原文】

横渠先生曰：始学之要，当知"三月不违仁"[①]与"日月至焉"[②]，内外宾主之辨，使心意勉勉[③]循循[④]而不能已，过此几非在我者[⑤]。

——张载《横渠文集》

【注】

①三月不违仁：即长久不离开仁。三月，较长的时间。②日月至焉：即偶尔想到仁。日月，指短时间。③勉勉：努力不懈。④循循：有次序礼貌。⑤非在我者：即欲罢不能。追求仁已到出神入化的境界，以致感觉不到自己

的努力了。

【译】

张载说："治学之始，关键在于要明白长期守护仁与偶尔记起仁之间的区别。前者是仁在心中，仁为主；后者是仁在心外，仁为客。求学之始，应该专心不二，勤勉不辍，循序渐进以至于欲罢不能，最终导致质变，可以达到与仁合一的境界。"

【背景故事】

废除炮烙之刑

商纣王发明了炮烙之刑，也就是命犯人走在涂满油的铜柱上，一滑倒就会跌落到火坑里，顿时皮焦肉烂。但是商纣的宠妃妲己看见此惨状笑个不停，所以商纣就一直强逼犯人这样做，以博得妲己一笑。姬昌很是气愤，诸侯和人民无不痛恨得咬牙切齿。姬昌向纣王表示愿意献上周国洛河西岸的一块土地，以此换取废除炮烙之刑。纣王答应了姬昌的要求，废除了炮烙之刑，姬昌得到了天下百姓的爱戴。

【原文】

心清时少，乱时常多。其清时视明听聪，四体不待羁束而自然恭谨。其乱时反是。如此何也？盖用心未熟①，客虑②多而常心少也，习俗之心未去，而实心未完也。人又要得刚，太柔则入于不立。亦有人主无喜怒者，则又要得刚，刚则守定不回，进道勇敢。载则比他人自是勇处多。

——张载《经学理窟·学大原下》

【注】

①用心未熟：言其心未存养到私欲净尽的地步。②客虑：外在考虑。

【译】

人心清静的时候少，浊乱的时候多。人清静时，自然眼明耳聪，言行举止无须约束就自然恭谨；人浊乱时，情况正好相反。这是为什么呢？原因在于：后者没有用心修养自己，外在得失利弊考虑太多，缺少平常心。这样，世俗的计较横在心间，真实的本心就被掩盖了。做人要刚毅，过分柔弱就难以挺立。对于那些天生缺少喜怒的人来说，需要培养自己刚毅的品质，因为刚毅可以坚定地守护仁，可以勇敢地向‘道’迈进。我张载没有什么特别的地方，只是比别人更加勇敢而已。

【原文】

戏谑不惟害事，志亦为气所流[①]。不戏谑，亦是持气之一端也。

——张载《横渠语录》

【注】

①志亦为气所流：即志为气所动而乱。

【译】

开玩笑不只是害事，同时还会使人的志向受到轻浮之气的影响。不开玩笑，也是守持志向的一个方面。

【原文】

正心之始，当以己心为严师，凡所动作，则知所惧。如此一二年，守得牢固，则自然心正矣。

——张载《经学理窟·学大原上》

【译】

人在开始希望正其心灵的时候，应当以自己的心为严师，使自己一举一动都有所戒慎。这样坚持一两年，毫不松懈，自然就会达到心正。

【原文】

定，然后始有光明。若常移易不定，何求光明？《易》大抵以艮为止，止乃光明。故《大学》定而至于能虑，人心多则无由光明。

——张载《横渠易说·大畜》

【译】

人能定，心底自然通明，如果人常处于摇摆不定的状态，心灵怎么能达到稳定呢？《易经》大概是以《艮》卦之象为“止”，“止”即通明。因此《礼记·大学》说：“心定才能心静，心静者能心安，心安才能思考。”内心紊乱无序，就无法达到心底通明。

【原文】

“动静不失其时，其道光明。”学者必时其动静，则其道乃不蔽昧而明白，今人从学之久，不见进长，正以莫识动静，见他人扰扰[①]，非关己事，而所修亦废。由圣学观之，冥冥悠悠[②]，以是终身，谓之光明可乎？

——张载《横渠易说·艮》

【注】

①见他人扰扰：看见他人不安分就跟着不安分。②冥冥悠悠：冥冥和悠悠都是昏暗的意思。

【译】

《易经·艮·彖》说："动静不失其时，人生的道路就光明。"为学的人必须做到时宜行则行，时宜止则止，这样立身之本才明白而不至于蔽昧。现在的人即使治学已久，却不见任何长进，其原因正在于不懂得动静行止之道。他们沉陷诸事的纷乱之中，却不知从自身反省自己，这样，他们所修养的东西便作废了。从圣学的观点看，碌碌无为过一生，难道可以说成是光明的一生吗？

孟　子

【原文】

敦笃虚静者，仁之本。不轻妄则是敦厚也，无所系阂[①]昏塞，则是虚静也。此难以顿悟。苟知之，须久于道实体之，方知其味。"夫仁亦在乎熟而已"。

——张载《孟子说》

【注】

①阂：阻隔不通。

【译】

敦厚虚静是仁的本质。言行不轻妄，即是敦厚；内心无牵挂无隔阂、昏乱、闭塞，即是虚静。这个道理很难感悟。如果要有所明白，必须长期与"道"一起，实实在在地体验，才能了解其中的意味。因为所谓"仁"，说到底，就是不断追求才能有所把握。

卷五　改过迁善，克己复礼

【原文】

濂溪先生曰：君子乾乾[1]不息于诚，然必惩忿[2]窒欲，迁善[3]改过而后至。《乾》之用其善是，《损》《益》之大莫是过，圣人之旨深哉？“吉凶悔吝[4]生乎动”。噫，吉一而已，动可不慎乎！

——周敦颐《通书·乾损益动》

【注】

①乾乾：勤勉努力。②忿：怒。③迁善：改恶从善。④悔吝：犹言悔恨。

【译】

周敦颐说：“君子自强不息，以存护内心之‘诚’。然而，必须首先制止其忿怒，杜塞其贪欲，一心向善，勇于改过，而后才可以达到‘诚’。《乾》卦的功用，无非是劝人向善，该做什么就做什么，该减少什么就减少什么，该增加就增加，不可有丝毫超越。由此可见，圣人的意旨多么深远啊。《易经·系辞下》说：‘吉凶悔吝，产生于自身变动之中。’噫，吉凶悔吝四种结果，吉只是其中之一，人怎样行动，难道可以不谨慎吗？”

【原文】

濂溪先生曰：“孟子曰：养心莫善于寡欲。予谓养心不止于寡而存耳。盖寡焉以至于无，无则诚立明通。诚立，贤也；明通，圣也。”

——周敦颐《濂溪集》第九《养心亭说》

【译】

周敦颐说：“孟子说：‘育养本心最好的办法莫过于减少欲望。’我认为：育养本心不能仅仅止于减少欲望就可以达到保存本心的结果。还必须更进一步，通过不断减少欲望以达到毫无任何欲望。人无欲，就自然真诚明通。人真诚，即是贤人；人明通，即是圣人。”

【原文】

伊川先生曰：颜渊问克己复礼之目，夫子曰：“非礼勿视，非礼勿听，非礼勿言，非礼勿动。”四者身之用也，由乎中而应乎外，制于外所以养中也。颜渊“请事[1]斯语”，所以进于圣人。后之学圣人者，宜服膺而勿失也。因箴[2]以自警。

视箴曰：心兮本虚，应物无迹；操之有要，视为之则。蔽交于前，其中则迁；制之于外，以安其内。克己复礼，久而诚矣。

听箴曰：人有秉彝[3]，本乎天性；知诱物化，遂亡其正。卓彼先觉[4]，知止有定；闲邪存诚，非礼勿听。

言箴曰：人心之动，因言以宣；发禁躁妄[5]，内斯静专。矧是枢机[6]，兴戎[7]出好；吉凶荣辱，惟其所召。伤易[8]则诞，伤烦则支；己肆物忤，出悖来违。非法不道，钦哉训辞！

动箴曰：哲人知几[9]，诚之于思；志士厉行，守之于为。顺理则裕，从欲惟危；造次克念[10]，战兢自持；习与性成，圣贤同归。

——《二程文集》卷八《四箴》

【注】

①事：实践。②箴：一种文体，作用是规劝告诫。③秉彝：禀受常理。④卓彼先觉：那些卓越的先觉圣贤们。⑤发禁躁妄：发出言语时要禁绝轻率浮躁而荒诞虚妄。⑥矧是枢机：矧，况且。枢机，关键。⑦兴戎：引起纠纷。戎，征伐。⑧伤易：受到轻率的影响，即轻率。⑨几：几微，征兆。⑩克念：能够念善。念，思考。

【译】

程颐说："颜渊问克己复礼的纲目，孔子说：'非礼勿视，非礼勿听，非礼勿言，非礼勿动。'视听言动四者是人身体器官的功能。它们由内在本心决定而感应外在事物，又通过克制外在事物来育养本心。颜渊说一定要按照孔子的话去做，由此他正在不断向圣人靠拢。我们往后学习圣人之道的人，应该牢牢把圣人的教诲牢记在心，把它作为道德箴规来时时警戒自己。

非礼勿视这一箴规的要旨是：心体本虚，因此可以感应万物，然而如若无迹象可求，人的行为就没有根据。要使人的行为有根据，首先就要确立'视'的标准，内在本心之天理即是标准。人受到外在现象的牵引，视觉紊乱，内在本心就会受到牵制。反之，以天理为标准，目不妄视，就可以控制外在现象，从而反过来安护内在本心。人只要克己复礼，时刻不辍，久而久之，就自然会达到'诚'。

非礼勿听这一箴规的要旨是：人秉受的美好德性，皆源于天。但人的感知都受外界诱惑，不自觉地被外在现象同化，由此就失去了纯正的德性。只有卓然独立的先觉，才知道止于该止，本心稳定，也才能约束邪念守持心中之'诚'，真正做到非礼勿听。

非礼勿言这一箴规的要旨是：人内在的心理活动，通过语言表现出来。因此，说话必须禁绝轻躁于狂妄，以保持内心安宁。说话极为重要，可以导致纷乱，也可以带来和谐。吉凶荣辱，都是语言引起的。说话轻率则荒诞无礼，说话絮烦则支离不实。放纵自己必然忤逆事物，说话悖于常理必然受悖理之害，都属于不守法度，不懂道理之列。总之，非礼勿言是极为切要的训辞，我们必须以无比钦敬之心来遵循它。

非礼勿动这一箴规的要旨是：哲人了解事物细微的迹象，在一动一念上都守持‘诚’。志士仁人勉励其行，行为上守持有度。顺理而行，必然安裕；纵欲而为，必然危殆。因此，无论在任何困厄流离的境遇中，时刻都要把理欲之别铭刻在心，谨慎地做自我守持的功夫，从而使自己在不断修习磨练的基础上完满其本然天性，达到圣贤境界。”

【原文】

《复》之初九曰：“不远复①，无祇②悔，元吉③。”传曰：阳，君子之道，故复为反④善之义。初⑤，复之最先者也，是不远而复也。失而后有复，不失则何复之有？惟失之不远而复，则不至于悔，大善而吉也。颜子无形显之过，夫子谓其庶几，乃“无祇悔”也。过既未形而改，何悔之有？既未能“不勉而中”，所欲不逾矩，是有过也。然其明而刚，故一有不善，未尝不知；既知，未尝不遽改，故不至于悔，乃“不远复”也。学问之道无他，惟其知不善则速改以从善而已。

——《程氏易传·复传》

【注】

①不远复：犹言没走多远就回归。②祇：大。③元吉：大吉。④反：同“返”。⑤初：这里指初九爻。

【译】

《复》卦初九爻辞说：“出外不远就返，没有大的过失，大吉大利。”程颐《易传》说：“阳爻是君子之道的体现，因此《复》卦的含义即返回善。初九一阳爻，是《复》卦的第一爻，是离开不远而能复返之象。失去然后才能有所谓回复，没有失就无复得可言。只有离失善不远而能回复到善，才不至于受害，才能保全善，从而大吉大利。颜回没有明显的过失，因此孔子说他差不多是道德楷模了，达到这种高度，自然无大过失。过失还没有表现出来就知道改正，就无害可言。人不能达到不用勉强就能符合‘诚’，不能做到任何念头不越出规矩，就是有过。然而只要人能明白事理，刚正果决，就能一发现不善的行为，就能够知道，一旦知道，就能够立刻改正，就不至于受到损害。这就是所谓的离失善不远而能回复到善。学问没有什么特别的方法，唯一的要求只是一旦知道不善，就立刻改正，从而使自己向善从善。”

【背景故事】

克己复礼

儒家约束自己，使每件事都归于“礼”为西周之礼。“克己复礼”是达到仁的境界的修养方法。出自《论语·颜渊》：“颜渊问仁。子曰：‘克己复礼为仁。一日克己复礼，天下归仁焉！为仁由己，而由人乎哉？’”孔子在早年的政治追求中，一直以恢复周礼为己任，并把克己复礼称之为仁。颜渊向孔子询问什么是仁以及如何才能做到仁，孔子做出了这种解释。因此，可以把克己复礼视为孔子早年对仁的定义。

【原文】

《晋》之上九：“晋其角①，维用伐邑②，厉③吉，无咎，贞吝④。”传曰：人之自治，刚极则守道愈固，进极则迁善愈速。如上九者，以之自治，则虽伤于厉，而吉且无咎也。严厉非安和之道，而于自治则有功也。虽自治有功，然非中和之德，故于贞正之道为可吝也。

——《程氏易传·晋传》

【注】

①晋其角：晋，进。角，动物之脚。②维用伐邑：维，考虑。伐邑，讨伐本邑内的叛乱者，用以比喻人的内治，即自身修养。③厉：严厉。④吝：难。

【译】

《晋》卦上九爻辞说：“这一爻象卦的角，只有用来讨伐不服的城邑，犹如人以坚强意志，约束自己，虽严厉却吉利，因此没有灾难。但前进的道路并非一帆风顺，因此占问的结果是：如此行事十分困难。”程颐《易传》说：“人在道德上自我约束，愈刚正则守持仁道愈稳固，愈积极奋进则从善愈迅速。如《晋》卦上九爻辞所说的自我约束，虽然过于严厉，但却吉利无咎。

严厉不实安和之道，但对于自我约束则是有作用的。但应该看到，虽然严厉对于自我约束有作用，但不是中和之德的表现。因此，欲依赖严厉的自我克制来达到纯正的仁道境界，是困难的。”

【原文】

损者，损过而就中，损浮末[①]而就本实也。天下之害，无不由末之胜也。峻宇雕墙，本于宫室；酒池肉林，本于饮食；淫[②]酷残忍，本于刑罚；穷兵黩武，本于征讨。凡人欲之过者，皆本于奉养。其流之远，则为害矣。先王制其本者，天理也；后人流于末者，人欲也。《损》之义，损人欲以复天理而已。

——《程氏易传·晋传》

【注】

①浮末：虚浮的无价值的东西。②淫：极端，过甚。

【译】

程颐说：“《损》卦的基本含义，就是减少过失而趋向中正，减少虚浮无价值的东西以成就根本实在的价值。天下之害，都是由于虚浮无价值的东西泛滥造成的。宫室苑楼上的峻宇雕墙，饮食娱乐上的琼色奢靡，刑罚惩戒上的残酷狠毒，军事征战上的穷兵黩武，皆是例证。大凡人欲超越限制，都是由贪婪无度的享受欲望造成的，这种流弊影响深远，危害极大。先王确立天理为人安身立命的根本，后人舍本逐末，故流于人欲横流。《损》卦的基本指向，即是减少人欲以恢复天理。”

【原文】

夫人心正意诚，乃能极中正之道，而充实光辉。若心有所比，以义之不可而决之，虽行于外不失其中正之义，可以无咎，然于中道未得为光大也。盖人心一有所欲，则离道矣。故《夬》之九五曰：“苋陆夬夬，中行无咎。”而《象》曰：“中行无咎，中未光也。”夫子于此，示人之意深矣。

——《程氏易传·夬传》

【译】

人心灵纯正，意念真诚，就能把中正之道推到完满的高度，从而使它的充实与辉煌得到普遍显现。如若人心不够纯正，心中有私比，不可蛮干的事也要坚决去干，如此行事，虽然仍可能不失中正之义，可以无咎，但却不能发扬光大中正之道。人心中只要有私欲存在，离天道就遥远了。因此《夬》卦九五爻辞说：“细角山羊在道路中间蹦跳，乃自由驰骋之象，筮遇此爻，无咎。”《象》说：“行中正之道，仅仅止于无咎，原因大概是没有把中正之道推广施行。”孔子在这个问题上告诫人们，其意义是十分深远的。

【原文】

方说而止，节之义也。

——《程氏易传·节传》

【译】

说话有所节制，该停止就停止，就是《节》卦的要义所在。

【原文】

《节》之九二，不正之节也。以刚中正为节，如惩忿窒欲，损过抑有余是也。不正之节，如啬节于用，懦节于行是也。

——《程氏易传·节传》

【译】

《节》卦九二爻辞上说的‘节制自己，杜门不出’，是不正当的节制。正当的节制应当体现刚毅中正，如制止忿怒，杜塞贪欲，减少过失，抑制有余即是。不正当的节制不可取，如过分保守，过分怯懦即是。

【原文】

人而无克、伐、怨、欲，惟仁者能之。有之而能制其情不行焉，则亦难能也，谓之仁则未可也。此原宪[①]之问，夫子答以知其难，而不知其为仁。此圣人开示[②]之深也。

——《程氏易传·论语解》

【注】

①原宪：字子思，又叫原思，孔子学生。②开示：启示，启发。

【译】

谁能做到没有好胜、自夸、怨恨、贪欲四种毛病？只有仁者能做得到。如若人有这四种毛病却能通过克制功夫抑制它们，就很难能可贵了。但即使达到这样的程度，也不能说此人就达到了仁的境界。以上所述，《论语·宪问》有记载。正是基于原宪所问，孔子才说能够克制好胜、自夸、怨恨、贪欲四种毛病是难能可贵的。但是否据此就达到了仁，却无法判断。由此可见，

圣人给我们的启发多么深远啊！

【原文】

明道先生曰：义理与客气[①]常相胜，只看消长分数多少，为君子小人之别。义理所得渐多，则自然知得，客气消散得渐少，消尽者是大贤。

——《二程遗书》卷一

【注】

①客气：中医用语，指侵害人体的邪气。

【译】

程颐说："义理于私欲常常互争高下，彼此消长，只有看一看义理私欲的多寡，就能判定君子小人之别。义理积累渐多，自然私欲就会逐渐减少消散，私欲全部消尽的人，就是大贤人。"

【原文】

或谓：人莫不知和柔宽缓，然临事反至于暴厉[①]。曰：只是志不胜气，气反动其心也。

——《二程遗书》卷十七

【注】

①暴厉：凶暴乖戾。

【译】

有人问："人都知道为人应该平和、温柔、宽厚、从容，但一遇到事情却变得暴躁，这是为什么呢？"程颐说："这是因为意志不能控制情绪，本心反被情绪控制造成的。"

【原文】

人不能祛[①]思虑，只是吝[②]。吝故无浩然之气。

——《二程遗书》卷十五

【注】

①祛：除去，消除。②吝：小气。

【译】

人之所以不能消除种种杂念，无非是气量狭小，气量狭小的人，当然无浩然之气可言。

【背景故事】

不勉而中

出自《中庸》：诚实是天道的法则；做到诚实是人道的法则。天生诚实的人，不必勉强为人处世合理，不必思索言语行动得当。从容不迫地达到中庸之道，这种人就是圣人。做到诚实的人，就必须选择至善的美德，并且要坚定不渝地实行它才行。

入平仲学

【原文】

治怒为难，治惧亦难。克己可以治怒，明理可以治惧。

——《二程遗书》卷一

【译】

消除愤怒很难，消除恐惧也很难。克己可以消除愤怒，明理可以消除恐惧。

【原文】

尧夫[①]解“他山之石可以攻玉”[②]：玉者温润之物，若将两块玉来相磨，必磨不成，须是得他个粗砺底物，方磨得出。譬如君子与小人处，为小人侵陵，则修省畏避，动心忍性[③]，增益预防，如此便道理出来。

——《二程遗书》卷二上

【注】

①尧夫：即邵雍，字尧夫，北宋哲学家。②他山之石可以攻玉：粗粝的

石头可以磨玉，使之更加晶莹。③动心忍性：动，高扬，震撼。忍，磨炼。

【译】

邵雍对“它山之石，可以攻玉”的解释为：玉的质地温润，如果拿两块玉彼此磨，必磨不成，必须拿一块粗糙的石头来磨，才能把玉磨得光亮晶莹。这就如同君子与小人相处，考虑到小人放肆轻狂，必为侵犯扰乱之害，于是谨慎地修省自己，避免过失，挺立意志，磨炼性格，增加自己的才能，预防祸患，这样，一个堂堂正正的君子便真正成长起来了。

【原文】

目畏尖物。此事不得放过，便与克下[①]。室中率[②]置尖物，须以理胜他；尖必不刺人也，何畏之有？

——《二程遗书》卷二下

【注】

①克下：克服掉。②率：明显。

【译】

眼睛畏惧尖锐的东西，因为它可以刺人，但这种心理不能回避，必须克服它。遇到室内放置的尖锐之物，应该心泰神定，以理性的态度看待它，它必定不会刺人，既然如此，又有什么可害怕的呢？

【原文】

明道先生曰：责上责下而中恕己，岂可任职分？

——《二程遗书》卷五

【译】

程颐说：“不是责怪上司，就是责备下属，唯独宽恕自己，这样的人，怎么能承担职责呢？”

【原文】

“舍己从人”，最为难事。“己”者我之所有，虽痛舍之，犹惧守己者固，而从人者轻也。

——《二程遗书》卷九

【译】

人最难做的，是舍己从人。所谓‘己’，即是一切与小我有关的东西，虽然有的人表面上能痛舍自己的东西，但仍难免神情不安。真正能牢固守持自己本心的人，凡事出于公心，就可以安然无私地舍己从人。

【原文】

九德最好。

——《二程遗书》卷七

【译】

《尚书·皋陶谟》上所说的九种德行是人最好的德行。

【原文】

饥食渴饮，冬裘夏葛[①]。若致些私吝心在，便是废天职。

——《二程遗书》卷六

【注】

①葛：以葛为原料制成的衣服。

【译】

饿了吃饭，渴了喝水，冬天穿棉衣，夏天穿单衣，本是人间常理。如若贪吝之心泛滥，意欲奢华挥霍，便是背离常理，废弃了人之为人的当然本分。

【原文】

猎，自谓今无此好。周茂叔曰："何言之易也？但此心潜隐未发，一日萌动，复如前矣。"后十二年，因见，果知未。

——《二程遗书》卷七

【译】

我年轻时喜欢打猎，随后自认为已没有这种嗜好。周敦颐说："你怎么可以如此轻易下结论呢？你的嗜好无非是潜伏下来罢了，一朝心意萌动，又会和过去一样。"十二年后我看见别人打猎，不禁喜上心头，由此可见，我喜欢打猎之心果然没有彻底根除。

【原文】

伊川先生曰：大抵人有身便有自私之理，宜其与道难一。

——《二程遗书》卷三

【译】

程颐说："大抵人有身体器官，便有私欲，难怪人很难与'道'合一。"

【原文】

罪己责躬[1]不可无，然亦不当长留在心胸为悔。

——《二程遗书》卷三

【注】

①罪己责躬：引咎自责，反躬自省。

【译】

人有过失，应该自责，不可不自责，但也不要总是想到过失，悔恨不已。

【原文】

所欲不必沉溺，只有所向便是欲。

——《二程遗书》卷十五

【译】

人自然有欲求的东西，但不必沉溺其中，一旦有所偏向，固执不化，即是私欲作怪。

【背景故事】

酒池肉林

商纣王是中国有名的暴君，他大兴土木，建造了许多华丽的宫室。为了供自己玩乐，纣王还建造了宏伟的鹿台，耗费了大量的人力物力财力。纣王的生活越来越糜烂，他还下令在沙丘平台用酒装满池子，把各种动物的肉割成一大块一大块挂在树林里，这就是所谓的“酒池肉林”。酒池肉林，指荒淫腐化、极端奢侈的生活。

【原文】

明道先生曰：子路[1]亦百世之师。

——《二程遗书》卷三

【注】

①子路：鲁国人，名由，字季路，孔子的学生。

【译】

程颐说："子路也是我们永远学习的榜样。"

【原文】

人语言紧急，莫是气不定否？曰：此亦当习，习到言语自然缓时，便是气质变也。学至气质变，方是有功。

——《二程遗书》卷十八

【译】

人说话急促，不正是心气不稳定吗？这就需要培养了，培养到说话自然和缓时，气质便发生了变化。能够通过学习导致气质变化，才能说学有成效。

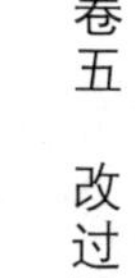

【原文】

问：不迁怒，不贰过，何也？《语录》有怒甲不移于乙之说，是否？伊川先生曰：是。曰：若此则甚易，何待颜子而后能？曰：只被说得粗了，诸君便道易，此莫是最难，须是理会得因何不迁怒。如舜之诛四凶，怒在四凶，舜何与焉？盖因是人有可怒之事而怒之，圣人之心本怒也。譬如明镜，好物来时便见[①]是好，恶物来时便见是恶，镜何尝有好恶也？世之人固有怒于室而色于市。且如怒一人，对那一人说话，能无怒色否？有能怒一人而不怒别人者，能忍得如此，已是煞知义理。若圣人因物而未尝有怒，此莫是甚难。君子役物，小人役于物[②]。今见有可喜可怒之事，自家著一分陪奉他，此亦劳矣。圣人之心如止水。

——《二程遗书》卷十八

【注】

①见：同"现"。②役于物：为外物役使。

【译】

有人问："不迁怒，不贰过，这句话怎样理解？《语录》上把'不迁怒'解释为对甲生气，不拿乙出气，这样解释对还是不对？"程颐说："对。"又问："如若这样解释是对的，那么'不迁怒'很容易做到，为什么孔子唯独就此赞扬颜回呢？"程颐说："《语录》上的解释比较粗浅，大家不要看简单了，其实最难做到的。诸位应该仔细体会的是：'不迁怒'的原因是什么？例如，舜惩处共工、驩兜、三苗、鲧四位罪人，是因为舜对他们的罪恶愤怒无比，舜何尝有丝毫私念掺杂其间？因此，舜无非是因为存在可怒之事才感到愤怒。

圣人之心，本无喜怒。就如同明镜一样，美好的东西照出来就美好，丑恶的东西照出来就丑恶、镜子何尝有好恶感呢？世界上，因为在家里生气，却在公共场所宣泄出来者，不乏其人。更何况对一个人生气，与他说话时能做到面无怒色吗？对一个人生气，却不把怒色强加于他人，能在他人面前控制自己，这样的人，大概可以算知晓义理了。而圣人之怒，只因事情该怒才怒，没有丝毫个人主观的情感好恶掺杂其间，这难道不是非常难以做到的吗？君子控制外在事物，小人被外在事物控制。看见可喜或可怒的事情，就忍不住要把自己的意志、情感掺入进去，这样就太劳累了。圣人完全不是这样，因为圣人之心无比宁静，湛然犹如止水一般。

【原文】

明道先生曰：人之视最先，非礼而视，则所谓开目便错了。次听、次言、次动，有先后之序。人能克己，则心广体胖[①]，仰不愧，俯不怍[②]，其乐可知。有息则馁[③]矣。

——《二程外书》卷三

【注】

①心广体胖：心中坦然，身体舒泰，有德者的气象。②怍：惭愧。③馁：本义为饥饿，这里指气欠而不足。

【译】

程颐说："视听言动四者中，首先表现出来的是'视'。如若不符合礼的事也要看，那么，一看就已经错了。接着'视'的依次是听言动，四者构成先后顺序。人如若能克己，才能胸襟宽广，体貌安详，自然有仰不愧于天，俯不怍于人之感。达到这样的境界，其欢乐可想而知。如若克己工夫稍有一息间断，那人就不可能充实坦然了。"

【原文】

圣人责己感也处多，责人应也处少。

——《二程外书》卷七

【译】

圣人责备自己的时候多，责备别人的时候少。

【原文】

谢子[①]与伊川先生别一年，往见之，伊川曰：相别一年，做得甚工夫？

谢曰：也只去个矜[2]字，曰：何故？曰：子细[3]检点得来，病痛尽在这里。若按伏得这个罪过，方有向进处。伊川点头，因语在座同志曰：此人为学，切问近思者也。

——《二程外书》卷十二

【注】

①谢子：谢良佐，程门弟子。②矜：自夸。③子细：仔细。

【译】

谢显道与程颐分别一年后，谢显道去拜见程颐。程颐问："相别一年来，你学问上的工夫做得如何？"谢显道说："只是戒除了骄矜。"程颐问："为什么呢？"谢显道说："我仔细反省检讨自己，发现我的毛病，其根源是骄矜，如若能克服这一罪过，学问才能不断进步。"程颐点头表示赞同，并对在座的同道们说："谢显道做学问，能恳切地提问题，能思考具体的需要解决的问题。"

【原文】

思叔诟詈[1]仆夫，伊川曰："何不动心忍性？"思叔惭谢。

——《二程外书》卷十二

【注】

①诟詈：辱骂。

【译】

张思叔辱骂仆妇。程颐说："你为什么不磨炼你的意志，磨炼你的性格呢？"张思叔十分惭愧，并表示认错。

【原文】

"见贤便思齐"，有为者亦若是；"见不贤而内自省"，盖莫不在己。

——《二程外书》卷二

【译】

看见贤人便希望向他看齐，像贤人那样行动也就能成为贤人；看见不贤的人便检查自己，所谓检查自己，无非是以别人的过失为鉴，从而严格要求自己，警醒自己罢了。

【原文】

横渠先生曰："湛一[①]，气之本；攻取，气之欲。口腹于饮食，鼻舌于臭[②]味，皆攻取之性也。知德者属厌而已[③]，不以嗜欲累其心，不以小害大，末丧本焉尔。

——张载《正蒙·诚明》

【注】

①湛一：指太和之气的清静纯一。②臭：气味。③属厌而已：适可而止，无贪心。属，足；厌，饱。

【译】

纯一不杂是气的本原性质，攻取占有是气的欲望表现。口腹之于饮食，鼻口之于气味，都是气质之性占有感、满足感的表现形式。有德行的人没有贪婪的欲望，他们往往会适可而止，不会因嗜欲满足而牵累本心，换言之，不会以小害大，以末害本。

【原文】

纤恶必除，善斯成性矣；察恶未尽，量善必粗矣。

——张载《正蒙·诚明》

【译】

再小的恶也必须彻底根除，除去恶，才能成就善，从而最终恢复人原初的善性。如若不能详尽地察觉自己身上的恶，那么，即使要为善，也必然显得粗疏。

【原文】

恶不仁，是不善未尝不知。徒好仁而不恶不仁，则习不察，行不著，是故徒善未必尽义，徒是未必尽仁。好仁而恶不仁，然后尽仁义之道。

——张载《正蒙·中正》

【译】

人憎恶不仁，就不会不知不善。如若人只爱好仁，而不憎恶不仁，就会自以为是，自己所习之理所行之事，就不能明白其所以然，就不能显露其所当然。因此，只讲善未必能尽义，只做正确的事未必能尽仁。只有既爱好仁又憎恶不仁，才可以尽仁义之道。

【原文】

责己者，当知无天下国家皆非之理，故学至于不尤[1]人，学之至也。

——张载《正蒙·中正》

【注】

①尤：责怪。

【译】

能够自责的人，只会从自身寻找过失的原因，因为他知道天下国家断无皆错之理。为学能达到不责备他人，是为学的最高境界。

【原文】

有潜心于道，忽忽[1]焉他虑引去者，此气也。旧习缠绕，未能脱洒[2]，毕竟无益，但乐于旧习耳。古人欲得朋友，与琴瑟简编，常使心在于此。惟圣人知朋友之取益为多，故乐得朋友之来。

——张载《论语说》

【注】

①忽忽：飘忽不定貌。②脱洒：即洒脱，摆托习熟缠绕后的超脱自在。

【译】

有的人似乎有一种立志于潜心追求仁道的样子，然而内心却飘忽不定，时常被种种闲思杂念牵引，这是志向不够坚定，意气用事的结果。这种人，旧习缠绕在身，不能洒脱自如，本来希望求道，最终反而无益，带来的无非依旧是沉溺于旧习惯而已。古人如若希望得到朋友的砥砺，音乐的陶冶，书籍的指导，他们的心就会专注在这些东西上面，决不会三心二意。只有圣人知道从朋友身上能获得诸多益处，因此，朋友自远方来，方感到无比快乐。

【背景故事】

切问近思

恳切的提问，多考虑当前的事情。出自《论语》：子夏曰："博学而笃志，切问而近思，仁在其中矣。"既要多问问题，又不要好高骛远，不切实际地空想，而要多想当前的事情，与自己的实际情况密切相关的事情，这就叫

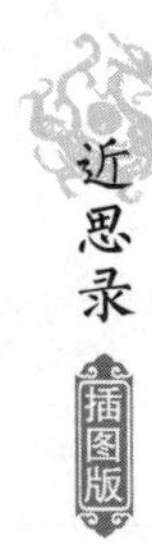

“切问而近思”。

【原文】

矫轻警惰。

——张载《横渠语录》

【译】

人应该矫正轻浮，警惕懒惰。

【原文】

仁之难成久矣，人人失其所好，盖人人有利欲之心，与学正相背驰。故学者要寡欲。

——张载《经学理窟·学大原上》

【译】

人很难全面做到仁，已经是长久以来的普遍现象了。人人都迷失了自己的方向，追求不该追求的东西。之所以如此，乃是因为人人有欲利之心，而欲利之心，正好与学道求仁背道而驰。因此，要学道求仁，唯一的选择是不断减少自己的私欲，以至最终达到毫无任何一点私欲。

【原文】

君子不必避他人之言，以为太柔太弱，至于瞻视亦有节，视有上下，视高则气高，视下则心柔，故视国君者不离绅带①之中。学者先须去其客气②，其为人刚行③，终不肯进。“堂堂乎张也④，难与并为仁矣。”盖目者人之所常用，且心常托之视之上下。且试之，己之敬傲，必见于视。所以欲下其视者，欲柔其心也。柔其心，则听、言敬且信。

人之有朋友，不为燕安⑤，所以辅佐其仁。今之朋友，择其善柔⑥以相与，拍肩执袂⑦以为气合，一言不合，怒气相加。朋友之际，欲其相下不倦。故于朋友之间，主于敬者日相亲与，得效最速。仲尼尝曰：“吾见其居于位也，与先生并行也，非求益者，欲速成者。”则学者先须温柔，温柔则可以进学。《诗》曰：“温温恭人，惟德之基。”盖其所益多。

——张载《经学理窟·气质》

【注】

①绅带：古代士大夫官吏束在衣外的大带。泛指官吏。②客气：与义理

相对，所谓形气、血气。③刚行：刚强。④堂堂乎张：堂堂，形容其容貌壮伟，神气高昂。⑤燕安：安适逸乐。燕，通“宴”，安宁，安逸。⑥善柔：无节操，变化无常。⑦拍肩执袂：吹捧逢迎。袂，袖子。

【译】

君子不必在意别人说什么，一切守持常理。如若认为自己的表现过于柔弱，就用刚毅矫正之，以使自己的视听言动符合节度。人的眼神有高傲谦卑之分。眼神高扬，必然气盛高傲；眼神谦卑，自然心细柔顺。因此，在国君面前，官吏的眼神应该符合官吏的身份。读书人首先应该戒除轻傲之气，为人刚愎自用，学问最终也不会进步。曾子说：“子张一副高傲的样子，别人难以和他一起追求仁。”眼睛是人最为常用的感觉器官，人的心神常常寄托在眼睛上。眼睛可以检验人的心理气质，人的恭敬或傲慢，必然通过眼神表现出来。因此，要使自己的眼神谦和，就先要使自己的内心平和，能够使内心平和，就能够以恭敬诚实的态度倾听他人的意见。

人之所以需要朋友，不是为了在一起消磨时光，而是为了辅佐仁道。然而，总有人喜欢与口是心非的无节操的人朋比为伍，他们相互吹捧，沆瀣一气；但是，只要稍有一言龃龉，便反目成仇。朋友往来，应该做到谦卑而不厌倦。因此，朋友之间如能彼此做到相互敬重，情感就会不断加深，也就能最快地产生相互帮助、相互促进的效果。孔子说：“我看见这个童子坐在成

周文王请姜子牙

年人的位子上，又看见他与年长的人并行，这不是个要求上进的人，是个急于求成的人。”读书人首先应该温和柔顺，就可以促进学习进步。《诗经》说：“性情和顺的人们，根基要以德为重。”做到这一点，就会不断地得到更多的益处。

【原文】

世学不讲，男女从幼便骄惰坏了，到长益凶狠。只为未尝为弟子之事，则于其亲[①]已有物我，不肯屈下，病根常在。又随所居而长，至死只依旧。为弟子，则不能安洒扫应对；在朋友，则不能下[②]朋友；有官长，则不能下官长；为宰相，则不能下天下之贤。甚则至于徇私意，义理都丧。也只为病根不去，随所居所接而长。人须一事事消了病。则义理常胜。

——张载《横渠语录》

【注】

①亲：一体之亲，即天地万物。②下：敬重。

【译】

近世不注重儿童的道德教言，以致他们从小便被娇惯坏了。他们长大后，变得更加恣肆凶狠。这并非他们天性使然，而是源于他们从小就未受到良好的启蒙与教诲，由此他们必然执着于物我亲疏得失之分，不肯以谦卑敬重的态度对待他人。他们骄惰暴戾的病根已经缠绕在身，并且不断滋长，因此，他们至死也仍旧是与从小惯坏的样子毫无二致，一言一行、一举一动之间，皆与做人的本分背道而驰。与朋友交往，自大骄横不已；在官长面前，蔑视礼法规矩；身为宰相，却嫉贤妒能；更有甚者，一味徇私，致使义理丧失殆尽。这一切，原因在于没有根除骄惰这一病根，致使它可以随时随地表现出来。因此，人应该在实践中点点滴滴地磨炼自己，能够最终消除了病根，义理自然就会无往而不胜。

卷六　齐家之道

【原文】

伊川先生曰：弟子之职，力有余则学文。不修其职而学文，非为己之学也①。

——《程氏经说·论语解》

【注】

①为己之学：学者的目的是以提高自身修养，而不是做给别人看的。

【译】

程颐说："为人弟子，应该躬行孝悌仁信之本职，这样做以后还有剩余的力量，再去学习《诗经》《尚书》等历史文献。如果不修养自己的道德本分，汲汲于辞章记览之学，这种学，不是儒家的'为己之学。'"

【原文】

孟子曰："事亲若曾子可也。"未尝以曾子之孝为有余也。盖子之身所能为者，皆所当为也。

——《程氏易传·师传》

【译】

程颐说："孟子说：'侍养父母能够像曾子那样，就够可以了。'但孟子并未说曾子尽孝已达到完善无缺的程度，可以有余力从事其他事情。人能够做的事情，都是首先应该做的事。"

【原文】

"干母之蛊，不可贞。"① 子之于母，当以柔巽② 辅导之，使得于义。不顺而致败蛊，则子之罪也。从容将顺，岂无道乎？若伸己刚阳之道，遽然矫拂③ 则伤恩，所害大矣，亦安能入乎？在乎屈己下意，巽顺相承，使之身正事治而已。刚阳之臣事柔弱之君，义亦相近。

——《二程易传·蛊传》

【注】

①干母之蛊，不可贞：干母之蛊，以强干的儿子辅助柔顺的母亲。蛊，毒虫，比喻小人。贞，刚正。②巽（xùn）：顺。③遽然矫拂：遽然，急躁貌。矫拂，违背，纠正。如果急躁地去纠正母亲的过错，有伤母子之恩，有害无益。

【译】

程颐说："《易经·蛊》九二爻辞说：'欲除去母亲周围的小人，卜问结果是：此事不可为。'儿子对于母亲的行为，应当以柔顺的态度辅导她，使之符合'义'。如果不以孝顺为本，执意挫败小人，是当儿子的罪过。儿子从容柔顺，难道是无道的表现吗？如若一味只顾伸张自己的刚阳正气，遽然使事态得到矫正，却违背了母亲的意图，结果必然伤害母子之间的恩情，这样，造成的损害就大了。儿子如此处理问题，母亲怎么能安然接受呢？在母亲面前，儿子应该抑屈自己的欲望，降低自己的要求，时时柔顺承奉，以孝顺之心使母亲得到感悟，最终使母亲身心端正，使事情得到合理解决。刚阳正直的臣僚，侍奉柔弱昏暗的君主，其道理与儿子侍奉母亲大致相近。"

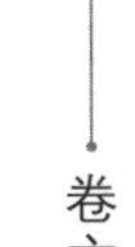

【原文】

《蛊》之九三，以阳处刚而不中，刚之过也，故小有悔。然在《巽》体，不为无顺。顺，事亲之本也。又居得正，故无大咎，然有小悔。已非善事亲也。

——《程氏易传·蛊传》

【译】

程颐说："《蛊卦》九三爻，作为阳爻处于刚位，但却不处于中位，这表现为过于阳刚，因此稍有过失。然而九三爻又位于巽卦之中，不能说没有恭顺之意。恭顺是侍奉父母的根本，并且以阳爻居刚位，得其正位，因此不会出大问题。然而却有小小的过错，已不能算善于侍奉父母之列。"

【背景故事】

江革负母

东汉的江革，很小就失去了父亲，和母亲相依为命。当时战乱纷扰，江革带着母亲四处逃难。母亲年迈，行动不方便，江革整天背着母亲奔波。长途跋涉后，江革常常累得满头大汗。母亲很心疼儿子，要下来自己走，江革却说："孩儿背着母亲，就像回到了小时候一样。孩儿心里很欢喜自己可以随时侍奉母亲，所以越走越有力气。"当盗匪要杀掉江革的时候，他泪流满面地哀求："不要杀我。如果你们杀了我，我年迈的老母亲就没人奉养了，她该如何度过余生啊！"盗匪见他如此孝顺，便动了恻隐之心，放了他。

江革负母

【原文】

正伦理①，笃恩义，《家人》之道也。

——《程氏易传·家人传》

【注】

①伦理：人际关系之常理。

【译】

程颐说："恪守家庭中尊卑长幼的等级次序，各安其分，同时又把恩义推及于家庭一切成员之中，这就是齐家之道。"

【原文】

人之处家，在骨肉父子之间，大率以情胜礼，以恩夺义，惟刚立之人，则能不以私爱失其正理，故《家人》卦大要以刚为善。

——《程氏易传·家人传》

【译】

程颐说："人在家庭生活中，朝夕相处的无非是亲生骨肉。因此，在处理家庭问题上，人往往会表现为情感压倒礼法，恩爱压倒义理。只有刚方卓立的人，才不会因为偏爱而丧失正理。因此《家人》一卦的根本要义是以刚阳为善。"

【原文】

《家人》上九爻辞，谓治家当有威严，而夫子又复戒云，当先严其身也。威严不先行于己，则人怨而不服。

——《程氏易传·家人传》

【译】

程颐说："《家人》上九爻辞说，治家应当体现威严。孔子又进一步告诫说，治家首先应该严格要求自己。自己不能首先做到威严身正，必然导致一家人抱怨不已，不能让一家人心悦诚服。"

【原文】

《归妹》九二，守其幽贞[①]，未失夫妇常正之道。世人以媟狎[②]为常，故以贞静为变常，不知乃常久之道也。

——《程氏易传·归妹传》

【注】

①幽贞：指女子幽静贞正的节操。②媟狎：指夫妻间亲昵的关系。

【译】

程颐说："《归妹》九二爻辞的含义是：只要恪守幽闲贞静之德，就不会丧失夫妇常正之道。世人认为媟亵玩押是常态，因此认为贞洁宁静是变态。因此，他们不知贞静才是夫妇常久不易之道。"

【原文】

世人多慎于择婿，而忽于择妇。其实婿易见，妇难知，所系甚重，岂可忽哉！

——《二程遗书》卷一

【译】

程颐说："世人对于选择女婿往往很慎重，然而对于选择媳妇却常常流于轻率。其实，男子容易了解，女子则难以知晓。娶媳妇事关重大，岂能轻率了事！"

【原文】

人无父母，生日当倍悲痛，更安忍置酒张乐[①]以为乐？若具庆[②]者可矣。

——《二程遗书》卷六

【注】

①张乐：奏乐。②具庆：父母俱存。

【译】

程颐说："父母离开了人世，在自己生日这一天，应该倍加悲痛，怎么能够忍心以设宴奏乐这种方式来获取欢乐呢？如若父母俱在，这样做倒是可以的。"

【原文】

问：《行状》[①]云："尽性至命[②]，必本于孝弟。"不识孝弟何以能尽性至命也？曰：后人便将性命别作一般事说了。性命孝弟，只是一统底事，就孝弟中便可尽性至命。如洒扫应对[③]与尽性至命，亦是一统底事，无有本末，无有精粗，却被后来人言性命者，别作一般高远说。故举孝弟，是于人切近者言之。然今时非无孝弟之人，而不能尽性至命者，由之而不知也。

——《二程遗书》卷十八

【注】

①《行状》：程颐所作《明道先生行状》，明道即程颢。行状乃文体名。亦称"状""行述"。是记述死者世系、籍贯、生卒年月和生平概略的文章，通常由死者门生故吏或亲友撰述。②尽性至命：即充分而彻底地发扬自己先天的善性，就能体现出天命。③洒扫应对：为弟子之事。

【译】

有人问程颐："你在《行状》中说：'尽性至命，必须以孝悌为本。'不知孝悌何以能够尽性至命？"程颐说："后人不知性命与孝悌的内在本质联系，因此把性命看得太高太深，解释得玄乎其玄。其实，性命孝悌归根到底是一回事。在孝悌中，就可以尽性至命。例如日常生活中的洒扫应对，与尽性至命本来也是一回事，两者并无本末、精粗之分。但后世之人却把生命说得高深莫测，让人无法理解。因此，我这里之所以要从人最切近的孝悌说起，无非是证明孝悌性命一源，以破除人们对性命的误解。可是，今天并非没有孝悌之人，然而却不能自谓尽性至命，怎样解释呢？原因在于：他们履行孝悌，自然而然，并没有意识到这就是尽性至命。"

【背景故事】

二程兄弟

程颢字伯淳，世称明道先生；程颐字正叔，世称伊川先生。程颢程颐为同胞兄弟，合称“二程”，因居住洛阳，讲学洛阳，故他们创立的学派称为“洛学”。“洛学”是宋明理学的奠基学派。程颢、程颐理学思想的形成，既受社会条件的制约，又受二程家庭环境和师友的影响。两人人生道路有同有异，这使得他们的理学思想路向也有同有异，并最终成为宋明理学体系中陆王心学和程朱理学两大学派的先驱。

【原文】

问：第五伦①视其子之疾与视兄子之疾不同，自谓之私，如何？曰：不待安寝与不安寝，只不起与十起，便自私也。父子之爱本是公，才著些心做，便是私也。又问：视己之子与兄之子有间否？曰：圣人立法。曰：“兄弟之子犹子也。”是欲视之犹子也。又问：天性自有轻重，宜若有间然。曰：只为今人以私心看了。孔子曰：“父子之道，天性也。”此只就孝上说，故言父子天性，若君臣、兄弟、宾主、朋友之类，亦岂不是天性？只为今人小看，却不推其本所由来故尔。己之子与兄之子，所争几何②？是同出于父者也。只为兄弟异形，故以兄弟为手足。人多以异形故，亲己之子，异于兄弟之子，甚不是也。又问：孔子以公冶长不及南容，故以兄之子妻南容③，以己之子妻公冶长④，何也？曰：此亦以己之私心看圣人也。凡人避嫌者，皆内不足也。圣人自至公，何更避嫌？凡嫁女，各量其才而求配，或兄之子不甚美，必择其相称者为之配；己之子美，必择其才美者为之配。岂更避嫌耶？若孔子事，或是年不相若，或时有先后，皆不可知。以孔子为避嫌，则大不是。如避嫌事，贤者且不为，况圣人乎？

——《二程遗书》卷十八

【注】

①第五伦：复姓第五，名伦，字伯鱼，汉京兆人。②所争几何：相差多少。③南容：名南宫适，字子容，是孔子的学生。④公冶长：齐人，姓公冶，

是孔子弟子。

【译】

有人问："第五伦对自己儿子的病和自己兄长的儿子的病采取不同的态度，第五伦本人认为是私心的表现。对此你怎么看？"程颐说："用不着说第五伦这样做后是否能安寝，只就他有意做事——侄儿生病十次起床探视，但回来后能安稳地睡觉，儿子生病一次也不起床看望，却通宵不眠，这就已经有私心了。父子之爱本出于公道，只要有心做事，即是私心的表现。"又问："对待自己的儿子与兄长的儿子有区别吗？"程颐说："圣人立法曰：兄弟的儿子如同自己的儿子。"又问："天性的显现自然有轻重亲疏之别，因此，对待儿子与侄子似乎应该是有区别的？"程颐说："这样说，无非是今人出于私心的看法。孔子说：父子之道是天性的显现。这只是从'孝'的层面上说的，因此说父子之道体现了天性。但是，像君臣、兄弟、宾主、朋友之类的关系，不也是天性的显现吗？只因为今人无廓然大公之心，才狭隘地看待这些伦理关系，当然就不能推导出它们之所以产生的终极本原。自己的儿子与兄弟的儿子，相去几何？同是源于自己的父亲。只因为兄弟不能不以各自的形体分开，因此说兄弟为手足。人们往往认为兄弟既是两人，就爱自己的儿子甚于兄弟的儿子，这是很不对的。"又问："孔子因为公冶长比不上南容，因此就把兄长的女儿嫁给南容，把自己的女儿嫁给公冶长。为什么呢？"程颐说："这也是以自己的私心看待圣人。凡人避嫌，皆源于内在信心不足。圣人廓然大公，何必还须避嫌？凡嫁女儿，各自量其才貌而求其相配的对象。或者因为兄长的女儿形象不够美好，因此必须选择其形象相当的男子作为配偶；或者因为自己的女儿形象美好，因此必须选择才华出众、形象端正的男子作为配偶。怎么说得上避嫌不避嫌呢？就孔子处理这两件事来说，或者是因为年龄不相配，或者是因为时间有先后，如此等等，我们都不能知晓了。如果认为孔子在嫁女儿嫁侄女这两件事上有避嫌之疑，就大错特错了。就所谓避嫌而言，贤人都不会放在心上，更何况圣人？"

【原文】

今人多不知兄弟之爱。且如闾阎[①]小人，得一食必先以食父母，夫何故？以父母之口，重于己之口也。得一衣必先衣父母，夫何故？以父母之体重于己之体也。至于犬马亦然，待父母之犬马，必异乎己之犬马也。独爱父母之子，却轻于己之子，甚者至若仇敌。举世皆如此，惑之甚矣[①]。

——《二程遗书》卷二十二下

【注】

①闾阎：里巷内外的门，后多借指里巷。由于为平民所居，又借指平民。

【译】

程颐说："今人往往不知道兄弟之间应该相亲相爱。例如里巷的普通百姓，有吃的东西，必先让父母吃。原因何在？在于认为父母的饮食需要，高于自己的饮食需要。有穿的东西，必先让父母穿。原因何在？在于认为父母的穿衣需要，高于自己的穿衣需要。乃至于对待犬马也是如此。对待父母所畜养的犬马，也看得比自己的犬马重要。但他们对于父母之子——自己的兄弟的情与爱，却看得比自己的子女轻，甚至把兄弟看成仇敌。如若举世都是这样看待兄弟的关系，那人间的迷惑就令人发指了。"

【原文】

病卧于床，委之庸医，比之不慈不孝。事亲者亦不可不知医。

——《二程外书》卷十二

【译】

程颐说："亲人病卧在床，却让庸医来治病，同样属于不慈不孝的表现。要更好地侍奉父母，养育子女，就不能不懂一些医学上的知识。"

【原文】

程子葬父，使周恭叔[①]主客[②]。客欲酒，恭叔以告，先生曰：勿陷人于恶。

——《二程外书》卷七

【注】

①周恭叔：名行己，号浮沚，字恭叔，浙江永嘉人，程门弟子。②主客：主持接待宾客之事。

【译】

程颐殡葬父亲，让周恭叔接待宾客。有一位客人想饮酒，周恭叔就此禀告程颐，程颐说："不要陷害他人为恶。"

【原文】

买乳婢[①]，多不得已。或不能自乳，必使人。然食己子而杀人之子，非

道。必不得已，用二乳食三子，足备他虞②，或乳母病且死，则不为害，又不为己子杀人之子，但有所费③。若不幸致误其子，害孰大焉？

——《二程外书》卷十

【注】

①乳婢：乳母，俗称奶妈。②他虞：意料之外的事。虞，患害。③但有所费：只是花费多些。

【译】

程颐说："买乳娘来养育自己的孩子，大多属于不得已。自己没有奶喂孩子，定然要让他人代养。然而让乳娘专门喂养自己的孩子，而使乳娘本人的孩子得不到喂养而夭折，完全是非人道的。因此，在不得已的情况下，可以买两个乳娘，让两个人的奶喂三个孩子。这样就足以避免意外的事发生。即或乳娘生病危在旦夕，也不会造成损害，同时又不会因喂养自己的孩子而导致乳娘本人的孩子夭折。但这种事情很麻烦，如若不幸因为乳娘喂养自己的孩子而导致乳娘本人的孩子死亡，那么，出于对自己的孩子考虑而损害了人道，哪种害处更大呢？"

【原文】

先公太中讳①珦，字伯温。前后五得任子②，以均诸父子孙。嫁遣孤女，必尽其力。所得俸钱，分赡亲戚之贫者。伯母刘氏寡居，公奉养甚至。其女之夫死，公迎从女兄以归，教养其子，均于子侄。既而女兄之女又寡，公惧女兄之悲思，又取甥女以归嫁之。时小官禄薄，克己为义③，人以为难。公慈恕而刚断，平居与幼贱处，惟恐有伤其意。至于犯义理，则不假④也。左右使令之人，无日不察其饥饱寒燠⑤。娶侯氏。侯夫人事舅姑⑥以孝谨称，与先公相待如宾客，先公赖其内助，礼敬尤至，而夫人谦顺自牧⑦，虽小事未尝专，必禀而后行⑧。仁恕宽厚，抚爱诸庶，不异己出。从叔⑨幼孤，夫人存视⑩，常均己子⑪。治家有法，不严而整。不喜笞朴⑫奴婢。视小臧获⑬如儿女，诸子或加呵责，必戒之曰："贵贱虽殊，人则一也。汝如是大时，能为此事否？"先公凡有所怒，必为之宽解，唯诸儿有过，则不掩也，常曰："子之所以不肖者，由母蔽其过而父不知也。"夫人男子六人⑭，所存惟二，其慈爱可谓至矣，然于教之之道，不少假也。才数岁，行而或踣，家人走前扶抱，恐其惊啼，夫人示尝不呵责曰："汝若安徐，宁至踣乎！⑮"饮食常置之坐侧。尝食絮羹[16]，皆叱止之，曰："幼求称欲，长当如何？"虽使令辈，不得以恶言骂之，故颐兄弟平生于饮食衣服无所择，不能恶言骂人，非性然也，教之使然也。与人争忿，虽直不右，曰："患其不能屈，不患其不能伸。"及稍长，常使从善师友游。虽居贫，或欲延客，则喜而为之具。夫人七八岁时诵古诗曰："女子不夜出，夜出秉明烛。"自是日暮则不复出房阁。既长好文，而不为辞章，见世之妇女以文章笔札传于人者，则深以为非。

——《二程文集》卷八

【注】

①太中讳：太中，即太中大夫，后改谏议大夫。②前后五得任子：任子，因父兄的功绩，得保任授予官职的人。③克己为义：减损自己的生活费用，拿出钱来做行义。④不假：不宽恕。假，宽容，宽恕。⑤寒燠（yù）：冷热。燠，暖，热。⑥舅姑：俗称公婆。⑦自牧：自我修养。⑧必禀而后行：一定要请示了丈夫然后才去做。⑨从叔：丈夫的堂兄弟。⑩存视：问候看望，这里实为关照、照顾。⑪常均己子：常和自己的孩子一样同等对待。⑫笞朴：拷打，责打。笞，用鞭、杖或竹板子打。朴，通"扑"，去打。⑬臧获：奴婢。⑭男子六人：除程颢、程颐长大成人外，长子应昌，次子天锡，五子韩奴，六子蛮奴，俱夭折。⑮汝若安徐，宁至踣乎：你要是安安稳稳地慢走，哪至于跌倒。⑯尝食絮羹：尝食，挑食。絮，调拌。絮羹，嫌羹无味再加调味品调和。

【译】

先父大中，名珦，字伯温。先后五次获得任子资格，全部让给叔父伯父的子孙；把叔伯的孤女嫁给他人，总是极尽自己的全部力量；所得到的俸钱，往往分别拿来接济贫穷的亲戚。伯母刘氏寡居，先父悉心奉养，无微不至。刘氏女儿的丈夫死后，先父亲自把她接回娘家。先父教养子女，与侄儿侄女一视同仁。后来我的堂姐的女儿又死了丈夫，先父担心堂姐悲思苦痛，又亲自把她的女儿接送回来，随后另嫁他人。当时先父只是个小官，俸禄微薄，但先父始终以克己行义为本，人们对此都认为十分难能可贵。先父为人，既仁慈宽容，又刚毅果断。先父平常与小辈或地位低下的人相处时，总是小心谨慎，唯恐伤害他们的自尊心，但只要发现他们有背离义理的行为，就毫不姑息地批评他们。对于身边的侍从或下属，先父无时无刻不关心他们的饥饱寒暖等日常生活状况。先父娶候氏（我母亲）为妻，先母事奉公婆，以孝谨著

称，与先父相处，相敬如宾。先父由于得到先母鼎力相助，对先母更是礼敬备至；而先母始终以谦和、柔顺自律，即使是小事也从不自作主张，总是先禀告先父，然后才行事。先母为人仁恕宽厚，抚爱庶出的兄弟姐妹，就如同抚爱自己亲生的子女，没有丝毫偏心。堂叔幼年丧父，先母总是把他看成自己的孩子，细心关怀。先母治家有方，不显威严而家庭秩序井然。先母不打奴婢，把小奴婢视为自己的儿女。子女呵责奴婢时，先母总是告诫说："身份虽然有贵贱之分，但都是人，你们这样大时，能像他们这样做事吗？"先父生气动怒时，先母总是劝先父应该尽量放宽心，但是，只要子女们确实有过错时，先母就决不会庇护姑息。先母常说："子女之所以不肖，往往是由于母亲掩盖他们的过错，而父亲又被蒙在鼓里造成的。"先母生了六个男孩，但只养活了我们兄弟两人，对我们慈爱之深之厚可想而知。但是，先母总是在教育上严格要求我们。我很小时因走路跌倒，家人跑上来把我抱起，唯恐我因惊吓而哭泣，先母呵责说："你如果慢慢走，怎么会跌倒？"吃饭时，先母只让我们坐在侧旁，我们如果调拌羹汤，先母立刻就会叱责说："从小就讲究吃喝，长大会成什么样？即使指唤仆从，也不能用恶言骂人。"因此，我们兄弟在吃穿方面从不在意，从不用恶言骂人，这并非我们天性如此，而是教育的结果。我们与人争辩，直率而不偏激，先母说："人担心的是不能屈，不担心不能伸。"我们逐渐长大后，先母就要我们与良善的师友们交往，虽然我们家并不富裕，但只要接待客人，先母总是乐意为我们操劳。先母七八岁时曾诵古诗曰："女子不夜出，夜出秉明烛。"从那时起，先母晚上就再也没有走出过房门。先母长大后，喜欢读书但不为辞章之学，看到有的妇女拿自己的文章笔札给他人传阅，总是表示异议，认为这不是妇女应该做的事。

【原文】

横渠先生曰：事亲奉祭，岂可使人为之①？

——《横渠文集》卷十五吕大临《横渠先生行状》

【注】

①事亲奉祭：事亲就父母生前言，奉祭就父母死后言，都是尽孝的事。

【译】

张载说："侍奉父母，祭祀祖先，岂可让他人替代？"

【原文】

舜之事亲有不悦者，为父顽母嚚[①]，不近人情。若中人之情，其爱恶略无害理，姑必顺之。亲之故旧，所喜者须极力招致，以悦其心。凡于父母宾客之奉，必极力营办，亦不计家之有无，然为养又须使不知其勉强劳苦，苟使见其为而不易，则亦不安矣。

——张载《礼记说》

【注】

①嚚（yín）：暴虐，愚顽。

【译】

张载说："舜侍奉父母，极尽孝顺，但舜的父母还是不满意。这只能归结于他们顽固、愚蠢、凶狠，完全不近人情。若就普通人的性情来说，只要他们的爱恶倾向不至于过分背离义理，做子女的就应该尽量顺从他们。对于与父母友善相好的故交旧友，子女应该尽力时常把他们请到家里来和父母交谈，以让父母高兴。凡奉父母之命在家里接待客人，子女应该尽全力款待，不管家里的经济状况如何，都应慷慨待客，但又必须不让父母有勉强辛劳之感。倘若父母感到子女勉为其难，他们内心也会不安的。"

【原文】

《斯干》诗言："兄及弟矣，式相好矣，无相犹矣。"言兄弟宜相好，不要相学。犹，似也。人情大抵患在施之不见报则辍，故恩不能终。不要相学，己施之而已。

——张载《诗说》

【译】

张载说："《斯干》上说：'兄弟相互友好，但不彼此相同。'意思是说：兄弟应该相互友好，但不要盲目效仿。所谓'犹'，即是相似相同。就人情而言，其弱点大抵在于，给予别人恩惠而得不到回报时，就不再给予。因此，人施恩往往不能做到善始善终。不要看见别人怎样做就跟着做，而是依照义理行事，应该怎么做就怎么做。"

【原文】

"人不为《周南》、《召南》，其犹正墙面而立。"尝深思此言，诚是。不从

此行，甚隔著事，向前推不去。盖至亲至近，莫甚于此，故须从此始。

——张载《诗说》

【译】

张载说："孔子说：'人假如不研究《周南》和《召南》，那会像正面对着墙壁而站着吧。'我常常潜心思考孔子这句话，说得极好。人若缺少存诚主敬的实用功夫，做事就会受到阻隔，往往停滞不前。在父子夫妇至亲至近的人性关系中，最重要的莫过于存诚主敬，因此，一切都必须从存诚主敬出发。"

【原文】

婢仆始至者，本怀勉勉① 敬心。若到所提掇② 更谨则加谨，慢则弃其本心，便习以性成。故仕者入治朝则德日进，入乱朝则德日退，只观在上者有可学无可学尔。

——张载《经学理窟·学大原上》

【注】

①勉勉：力行不倦的样子。②提掇：提醒。

【译】

张载说："婢仆初到主人家时，本是怀着诚敬勤勉之心来为主人服务的。如若主人要求严厉，就更加忠于职守，谨慎小心，若主人管理松懈放纵，他们就会背弃了自己的初衷，从而习惯成自然。做官亦然。在治朝做官，德行会日益长进；在乱朝做官，德行会日益退堕。在朝仕人的德行如何，往往决定于在上位者的德行好坏。"

卷七　出处进退辞受之义

【原文】

伊川先生曰：贤者在下，岂可自进以求于君？苟自求之，必无能信用之理。古人之所以必待人君致敬尽礼而后往者，非欲自为尊大，盖其尊德乐道之心不如是，不足与有为也。

——《程氏易传·蒙传》

【译】

程颐说："贤人在野，难道可以自我推荐从而让君主用自己吗？如果自己求官做，必定得不到任用。古人之所以必须等到君主对自己致敬尽礼之后，才出来做官，这样做，并非出于自我尊大。君主对贤人致敬尽礼，源于尊德乐道之心，君主不对贤人致敬尽礼，是缺乏尊德乐道之心的表现，这样的君主，不能有所为。"

【原文】

君子之需[①]时也，安静自守。志虽有须，而恬然若将终身焉，乃能用常也。虽不进而志动者，不能安其常也。

——《程氏易传·需传》

【注】

①需：等待。

【译】

程颐说："君子等待时机，安静自守。志向的实现虽然有待于机会，但在缺少机会的时候仍然能够始终恬然虚静，即是体悟把握了长久之道的本质。在不能有所作为的情况下，心志先躁动起来，就是不能安于常道的表现。"

【原文】

"比[①]：吉，原筮[②]，元、永、贞[③]，无咎[④]。传曰：人相亲比[⑤]，必有其道。苟非其道，则有悔咎。故必推原占决[⑥]，其可比者而比之，所比得元、永、贞，则无咎。元谓有君长之道，永谓可以常久，贞谓得正道。上之比下，必有此三者；下之从上，必求此三者，则无咎也。

——《程氏易传·比传》

【注】

①比：卦名，辅佐。②原筮：原，探究，察究。筮，用蓍草占卦。

③元、永、贞：元，大。永贞，永远贞正。④无咎：没有灾祸。⑤亲比：亲近依附。⑥占决：以占卜推断事情，这里是判断、推断之义。

【译】

告子

《易经·比·彖》说："比卦吉利。推究卜筮的结果：大吉大利，永久贞正，没有灾害。"程颐《易传》说："人无论辅助谁，都必须有辅助的道理，如果没有道理，就会带来悔咎。因此，必须推究占卜的结论，可以辅助者就辅助，唯有如此，辅助的结果才会大吉大利、永久贞正、没有灾害。所谓'元'，指君长之道，所谓'永'，指可以常久，所谓'贞'，指处于中正之道。在上者辅助在下者，必须以'元永贞'三者为根据，在下者顺从在上者，必须以'元永贞'三者为目标，就自然无灾害。"

【背景故事】

"洗儿"典礼

朱熹出生后第三天，按习俗举行"洗儿"典礼。朱熹的父亲朱松特作《洗儿诗》二首，其一云："行年已合识头颅，旧学屠龙意转疏。有子添丁助征戍，肯令辛苦更冠儒？"他竟然想到要让儿子去从戎，而不是像自己一样读书。这固然只是戏言，但英年早逝的朱松不会想到儿子正是沿着他所走过的道路走了下去，朱熹完成了父亲所未竟的事业，并远远超越了他和他所崇拜的先贤，成为一代儒学宗师。

【原文】

《履》之初九曰："素履往，无咎。"[①]传曰：夫人不能自安于贫贱之素，则其进也，乃贪躁而动，求去其贫贱耳，非欲有为也。既得其进，骄溢必矣，故往则有咎。贤者则安履其素，其处也乐，其进也将有为也。故得其进，则有为而无不善。若欲贵之心与行道之心交战于中，岂能安履其素乎？

——《程氏易传·履传》

【注】

①素履往，无咎：穿着洁净的鞋子走出去，比喻其志行纯洁，无灾祸。素，白色无纹彩，质朴的本色。履，鞋。

【译】

《易经·履》初九爻辞说："以质朴的本真态度处世，没有灾害。"程颐《易传》说："人如若不能安然面对贫贱，那么，他就会因贪欲的驱使，一举一动都显得焦躁不安，他企求的无非是摆脱贫贱，并非真正有所作为。如果他得到施展自己才能的机会，他必然会骄傲自满，因此，他注定将遭遇灾祸。贤人则不然，他对自己的本然境遇泰然处之。退隐在野，他怡然自得；出仕做官，他有所作为。因此，一旦他做官，他一定会有所作为，无往而不吉祥顺利。如若一个人既想欲求富贵，又想奉行仁道，而两者有时会互相冲突的，在这种冲突中，怎么能够安于自己的本然境遇呢？"

【原文】

大人于否之时，守其正节，不杂乱于小人之群类，身虽否而道之亨也，故曰："大人否[①]，亨[②]。"不以道而身亨，乃道否也。

——《程氏易传·否传》

【注】

①否：坏、恶、闭塞不通的意思。②亨：通达。

【译】

程颐说："君子出于困厄闭塞之时，奉守正道，恪守节操，不与小人为伍，混杂其间。因此，君子虽然身处阻隔困厄之中，但君子所奉行的仁道依然光明通畅。因此《易经·否》六二爻辞说：'君子身处逆境，但君子之道却无比光明。'不以仁道牵引，却竭力使自己的境遇亨通，必然导致仁道阻闭。"

【原文】

人之所随，得正则远邪，从非则失是，无两从之理。《随》之六二，苟系于初则失五矣，故《象》曰："弗兼与也。"所以戒人从正道专一也。

——《程氏易传·随传》

【译】

程颐说："人的行为趋向，得到正就远离邪，屈从非就背离是，决无两种可能。《易经·随》六二爻辞的意思是说：如果得到初九，就丧失了九五。因此六二爻的《象辞》说：‘两者不能兼得。’这句话是为了告诫人们：人应当专一地遵从正道。”

【原文】

君子所贵，世俗所羞；世俗所贵，君子所贱。故曰：“贲其趾[1]，舍车而徒。”

——《程氏易传·贲传》

【注】

①贲其趾：脚穿花鞋。贲，纹饰。趾，脚。

【译】

程颐说：“君子所看重的东西，往往是世俗之人感到羞耻的东西；而俗人们引以为荣的东西，往往是君子轻蔑的东西。因此《易经·贲》初九爻辞说：‘即使脚穿花鞋，有车可乘，也没什么可荣耀的，依然可以舍车不坐，徒步而行。’”

【原文】

《蛊》之上九曰：“不事王侯[1]，高尚其事。”《象》曰：“不事王侯，志可则[2]也。”传曰：士之自高尚，亦非一道；有怀抱其德，不偶于时[3]，而高洁自守者；有知止足道，退而自保者；有量能度分，安于不求知者；有清介自守，不屑天下之事，独洁其身者。所处虽有得失小大之殊，皆自高尚其事者也。《象》所谓“志可则”者，进退合道者也。

——《程氏易传·蛊传》

【注】

①不事王侯：不去做官。事，侍奉。②志可则：其志趣可作法则，值得人们效法。③不偶于时：不合于时。偶，遇、值。

【译】

《易经·蛊》上九说：“不为王侯效力，是因为品德高尚独立。”《象》说：“不为王侯效力，这种志趣可以效法。”程颐《易传》说：“世人品节的高尚，并非有一个整齐划一的模式。本于道德，却与时势不合，因而保持高洁，自我守持，是高尚。知止知足，功成身退，明哲保身，是高尚。了解自己的才能，明白自己的身份，安于贫贱，不求闻达，是高尚。清介自守，不屑于天下事，唯独洁身自好，是高尚。上述种种选择，虽然有得失大小之分，然而

都是高尚独立的表现。《象》所说的‘这种志趣可以效法’，意思是说无论是出仕还是隐退，都应该合于道。”

人无远虑必有近忧

【原文】

《遯》[①]者阴之始长，君子知微，故当深戒。而圣人之意未便遽已也，故有“与时行，小利贞”之教。圣贤之于天下，虽知道之将废，岂肯坐视其乱而不救？必区区[②]致力于未极之间，强此[③]之衰，艰彼[④]之进，图其暂安。苟得为之，孔、孟之所屑为也，王允、谢安之于汉、晋是也。

——《程氏易传·遯传》

【注】

①遯：隐遁之意。②区区：恳切专一。③此：阳。④彼：阴。

【译】

程颐说：“所谓《遁》卦，显示为阴开始滋生，且有蔓延之势。君子了解这种微妙的迹象，为避免小人之害，因此应该时刻警戒自己，以谨慎为是。但圣人并不主张在这种情况下立刻停止活动，因此圣人教导说：‘与时消息，小有利之占问’。圣贤面对天下，虽然知道天道处于衰微之中，但其能坐视天道昏暗天下混乱而不拯救？圣贤必定会以勇往直前的意志力挽狂澜于既倒，张扬衰落中的争议力量，抑制泛滥的邪恶势力，以图达到天下平安——哪怕只是一时的平安。只要国家有拯救的可能，孔子、孟子都会做出神圣的选择。东汉末的王允、东晋的谢安，正是孔子、孟子之后在危难之中匡护社稷的杰出代表。”

【原文】

《明夷》[①]初九，事[②]未显而处甚艰，非见几之明[③]不能也，如是则世俗孰不疑怪？然君子不以世俗之见怪而迟疑其行也。若俟[④]众人尽识，则伤已及而不能去已。

——《程氏易传·明夷传》

【注】

①明夷：象征贤德被伤害，邪恶残害正义。夷，痍，创伤。②事：危险，伤害。③见几之明：见微知著的明智。④俟：等待。

【译】

程颐说：“《明夷》卦初九爻辞的意思是说，灾害虽未降临，但已处于岌岌可危的境地之中。没有洞察灾害先兆的眼光就不能及早抽身。君子的明智选择，必然不会为世俗人所理解。但君子绝不会因为世俗之人的非议而迟疑不决，改变自己退避的选择。如若等到世人都明白时，灾害已经降临，抽身就为时已晚了。”

【背景故事】

见微知著

一天，箕子向纣王汇报工作，偶然看到纣王的生活出现了一点小变化，这个细节在表面上看起来完全没有什么大不了。箕子看到纣王用了一双象牙的筷子，那无疑是很奢侈的，纣王早期是非常朴素的，现在却用如此奢侈的筷子，这让箕子大惊失色，他于是断言“商朝要灭了”。后来果不其然如箕子所料，朝歌出现了“酒池肉林”“炮烙之刑”。如此的昏庸残暴，难怪最后会被西周所灭。

【原文】

《晋》之初六，在下而始进，岂遽[①]能深见信于上？苟上未见信。则当安中自守，雍容宽裕[②]，无急于求上之信也。苟欲信之心切，非汲汲以失其守，则悻悻以伤于义[③]矣，故曰：“晋如，摧如，贞吉，罔孚，裕无咎。”然圣人

又恐后之人不达宽裕之义，居位者废职失守以为裕，故特云初六“裕无咎”者，始进“未受命”当职任故也。若有官守，不信于上而失其职，一日不可居[④]也。然事非一概，久速唯时，亦容有为之兆者。

——《程氏易传·晋传》

【注】

①遽：急速，很快。②宽裕：从容。③非汲汲以失其守，则悻悻以伤于义：急急切切的求进而失去操守，愤愤不平而伤于义理。悻悻，怨恨。④一日不可居：一天也挨不过去。

【译】

《晋》卦初六爻辞的意思是说，地位低下的人出仕之始，怎么就能够立即得到上司的信任呢？如果没有得到信任，就应当安于自守，处之泰然，始终保持从容的心态，丝毫不可有急于获得上司信任的动机。如果急切地企望得到上司信任，那么结果不是汲汲于功名从而丧失了自己的操守，就是悻悻于人事从而伤害道义。因此初六爻辞说：‘出仕做官，卜问得吉兆。如果得不到信任，就应该从容超然对待之，不会有过失。’然而圣人还是担心后人不理解从容超然的含义，担心为官者不理职而去追求所谓的从容超然。因此圣人特别强调指出，初六爻辞所说的‘从容超然，不会有过失’，是针对那些将要出仕为官然而还没有受命任职的人而言的。对于那些有官职的人来说，既得不到上司的信任又失职，这样的官是一天也不可以做的。然而事情又不可以一概而论，留任还是迅速离去只能依据时势而定，而实势的兴衰，却是有征兆的。

【原文】

不正而合，未有久而不离者也；合以正道，自无终睽[①]之理。故贤者顺理而安行，智者知几而固守。

——《程氏易传·睽传》

【注】

①睽：分离。

【译】

不依据正道而勉强凑合在一起，不会持久，最终要分离。而依据正道结合在一起，最终也不会分离。因此贤人顺理而行，安然无事；智者见机而动，固守正道。

【原文】

君子当困穷之时，既尽其防虑之道而不得免，则命也。当推致其命以遂其志。知命之当然也，则穷塞[①]祸患不以动其心，行吾义而已。苟不知命，则恐惧于险难，陨获[②]于穷厄[③]，所守亡矣，安能遂其为善之志乎？

——《程氏易传·困传》

【注】

①穷塞：困顿不达。②陨获：丧失志气。③厄：险要，受困。

【译】

君子处于穷困艰难境遇之时，如果用尽全部力量也不能摆脱这种境遇，那只能是命运如此了。君子此时应当正视命运，勇往直前，以成就自己的志向。知道命运有其必然性，那么，一切外在的穷困患难就不能动摇自己的志向，就能够一如既往地依据道义行动。倘若不了解命运的必然性，在艰难险阻面前就会恐惧，在困厄穷苦面前就会灰心，这样，应该守持的本心已不复存在，怎么谈得上成就自己为善的志向呢？

【原文】

寒士之妻，弱国之臣，各安其正而已。苟择势而从，则恶之大者，不容于世矣。

——《程氏易传·困传》

【译】

无论是寒士之妻还是弱国之臣，都应该恪守正道，安于本分。如果贪图虚荣，视富贵权势而转移，就是大恶，不容于世。

【原文】

《井》之九三，渫[①]治而不见食，乃人有才智而不见用，以不得行为忧恻也。盖刚而不中，故切于施为[②]，异乎“用之则行，舍之则藏”者矣。

——《程氏易传·井传》

【注】

①渫：去除秽浊之清洁。②切于施为：迫切的要有所作为。

【译】

《井》卦九三爻辞说，井水清洁而人不饮，犹如人有才智而得不到任用，

由于不能展现自己的才华，因此忧伤不已。九三爻虽属刚阳，但却不处于中位，因此表现为过于急切地渴望有所作为。这种心态，与圣贤所主张的得到任用就忠于职守，得不到任用就退隐自守相去甚远。

【原文】

《革》之六二，中正则无偏蔽，文明则尽事理，应上则得权势，体顺则无违悖，时可矣，位得矣，才足矣，处革之至善者也。必待上下之信，故“巳日[①]乃革之也。”如二之才德，当进行其道，则吉而无咎也。不进则失可为之时，为有咎也。

——《程氏易传·革传》

【注】

①巳日：祭祀之日。

【译】

程颐说：“《革》卦六二爻辞含义是：六二一爻处于中正之位，无偏蔽之病；平和明达，使事物之理得到充分展现；得到九五一爻的接应，因此拥有权势之柄；顺应法则，因此无违悖之嫌。君子得六二一爻，即获得适当的时机，有权力做保证，才华可以得到施展，处于变革的最佳状态。但还必须得到上下一致的信任，等到祭祀之日才能进行变革。六二一爻显示的才德，要求勇往直前，推行君子之道，如此才吉利无咎；如果停滞不前，就丧失了成就崇高事业的机会，就是莫大的过失。”

【背景故事】

《易程传》

宋哲宗元符二年（1099年），程颐在涪州受到管制的境况下，仍然潜心学问，著书立说。在该年元月间，程颐终于写成《周易程氏传》，实现了多年的心愿。《易程传》凝结了“二程”特别是程颐毕生研究《周易》的成果，既展现了程颐丰富深刻的理性主义思辨哲学，又充实了宋代初期义理之学的学术规模。

【原文】

鼎之有实[①]，乃人之有才业也，慎所趋向。不慎所往，则亦陷于非义，故曰："鼎有实，慎所之也。"

——《程氏易传·鼎传》

【注】

①鼎之有实：鼎，烹饪之器。实，食物。

【译】

程颐说："鼎中有食物，犹如人有才能与事业。对于人生的道路与追求，人应该持慎重态度，不谨慎地对待自己的追求，也可以使自己陷入非议之中。因此《易经·鼎·象》说：'家里有饭吃，家境优裕，就更应该重其身家，慎其出处。'"

【原文】

士之处高位，则有拯而无随；在下位，则有当拯，有当随，有拯之不得而后随[①]。

——《程氏易传·艮传》

【注】

①拯之不得而后随：拯救上司的弊病未能奏效而后随之。

【译】

程颐说："士人如果官高位尊，就应该拯救世道，不能随从世俗。士人如果地位卑下，在职权范围内，可以拯救就应当拯救，在职权范围外，无法拯救就应当随顺世俗。此外，在拯救没有效果的情况下，也应当随顺世俗。"

【原文】

"君子思不出其位[①]。"位者，所处之分也。万事各有其所，得其所则止而安。若当行而止，当速而久，或过或不及，皆出其位也，况逾分非据[②]乎？

——《程氏易传·艮传》

【注】

①位：范围。②逾分非据：超越职分居于不应居之处。

【译】

程颐说："君子思考问题不越出自己的本位。所谓本位，即处所的范围。万事万物各有其所；各得其所，各止其所则平安无事。倘若应当有所行动时却停止不动，应当迅速离去时却继续留任，不是'过'就是'不及'，都属于越出了本位。更何况逾越本分没有根据的行为呢？"

【原文】

人之止难于久终，故节或移于晚，守或失于终，事或废于久，人之所同患也。《艮》之上九，敦厚于终，止道之至善也。故曰："敦艮[①]，吉。"

——《程氏易传·艮传》

【注】

①敦艮：敦，敦厚。艮，止。

【译】

程颐说："人的品行难以保持始终如一。因此会出现品节最终改变、操守最终丧失、事功最终荒废等种种可能的结果。这种种恶果都是人们普遍忧虑的。《易经·艮》上九的意思是：自始至终保持敦厚，就达到了至善之'道'。因此《易经·艮》上九说：'止于敦厚，自然吉利。'"

【原文】

《中孚[①]》之初九曰："虞吉。"《象》曰："志未变也。"传曰：当信之始，志未有所从[②]，而虞度所信，则得其正，是以吉也。志有所从，则是变动，虞[③]之不得其正矣。

——《程氏易传·中孚传》

【注】

①孚：诚信。②从：随从。③虞：推算。

【译】

《中孚》初九说："在心志纯正状态下思考问题，自然吉利。"《象》说："这是因为心志没有变化。"程颐《易传》说："在开始确定某种东西是否可信时，由于心志未受到外物影响，无所偏离，由此所思考推导出可信者，必然是纯正的，所以吉利。心志受到外物影响，心神变动不一，所推测出来的东西，必然是不正的。"

【原文】

贤者惟知行义而已，命在其中。中人以下，乃以命处义。如言“求之有道。得之有命。是求无异于得。”知命之不可求，故自处以不求。若贤者则求之以道，得之以义，不必言命。

——《二程遗书》卷一

【译】

程颐说：“贤人只是知晓‘义’，把握‘义’而已，‘命’即包含在尽‘义’之中。中等以下才智的人，就应该安‘命’处‘义’。如果说‘求之有道，得之有命’是针对中等以下的人说的，那么，追求的目标没有实现，即是命中注定不能求得。因此，就应该安于命运，不可强求。贤人则不然，贤人的准则是‘求之有道，得之以义’。因此，贤人不必言命。”

【原文】

人之于患难，只有一个处置。尽人谋之后，却须泰然处之。有人一遇事，则心心念念不肯舍，毕竟何益？若不会处置了放下，便是无义无命也。

——《二程遗书》卷二上

【译】

程颐说：“人若处在患难之中时，只应该有一种态度：尽了个人的全部努力之后，就必须泰然处之。如果一个人遇到了不顺心的事，一味耿耿于怀，不肯放下，最终有什么好处呢？在遭遇困厄时，人如果不知道在尽了努力之

在川观水

后放下，即是不知义不知命。”

【原文】

门人有居太学[①]而欲归应乡举者，问其故，曰：“蔡人[②]鲜习《戴记》[③]，决科[④]之利也。”先生曰：汝之是心，已不可入于尧舜之道矣。夫子贡[⑤]之高识，曷尝规规[⑥]于货利哉？特于丰约[⑦]之间，不能无留情耳。且贫富有命，彼乃留情于其间，多见其不信道也，故圣人谓之“不受命”。有志于道者，要当去此心而后可语也。

——《二程遗书》卷四

【注】

①太学：古代传授儒家经典的最高学府。②蔡人：谢良佐，字显道。③《戴记》：《大戴礼记》《小戴礼记》的简称。④决科：本谓参加射策，决定科第，后指参加科举考试。⑤子贡：姓端木，名赐，孔子弟子。⑥规规：着意于经营之义。⑦丰约：指财之丰约，即贫富。

【译】

程颐有个学生在太学读书，准备回故里参加乡试。程颐问他：“这是为什么？”这个学生回答说：“蔡州地方的人很少读《戴记》，这对于我应试有利。”程颐说：“你这样重视功名，已于尧舜之道相去甚远。子贡的见识应该说够高远的了，可为什么依然执着于追求商业上的利润呢？无非是他感情上不能超越贫富。贫富是命中注定的，而子贡却摆脱不掉贫富的限制，由此可见他缺少对‘道’的真诚信奉。因此圣人说子贡不能做到坦然接受命运。有志于以追求‘道’为毕生使命的人，就应该戒除私念，这样才配谈‘道’求‘道’。”

【原文】

人苟有“朝闻到，夕死可矣”之志，则不肯一日安于所不安也。何止一日，须臾不能。如曾子易箦，须要如此乃安。人不能若此者，只为不见实理。实理者，实见得是，实见得非。凡实理得之于心自别[①]。若耳闻口道者，心实不见。若见得，必不肯安于所不安。人之一身，尽有所不肯为，及至他事又不然。若士者，虽杀之，使为穿窬[②]必不为，其他事未必然。至如执卷者，莫不知说礼义。又如王公大人，皆能言轩冕外物[③]，及其临利害，则不知就义理，却就富贵。如此者只是说得，不实见。及其蹈水火，则人皆避之，是实见得。须是有“见不善如探汤”之心，则自然别。昔曾经伤于虎者，他人语虎，则虽三尺童子皆知虎之可畏，终不似曾经伤者神色慑惧，至诚畏之，是实见得也。得之于心，是谓有德，不待勉强。然学者则须勉强。古人有损躯陨命者，若不实见得，则乌能如此？须是实见得生不重于义，生不安于死也。故有杀身成仁，只是成就一个“是”而已。

——《二程遗书》卷十五

【注】

①自别：自有非同凡响之举。②穿窬：挖墙洞、爬墙头，指偷窃行为。窬，通“逾”，翻越。③轩冕外物：富贵为身外之物。轩冕，大夫以上官员的车程和冕服，借指官位爵禄，引申指富贵。

【译】

程颐说：“人如果有‘朝闻道夕死可矣’之志，那么，他哪怕一天也不会安然于背离义理、令人心里不安的事情上，何止一天不得安宁，甚至片刻也不会安宁。曾参在病危时，仍然要求把不该他享受的华美竹席换掉，他必须这样做才能心安。常人之所以不能与曾参比，只是因为他们没有体证实理。所谓实理，就是实实在在显现的是非的界线。凡是实理在心中得到彰显的人，自然就会展现光明磊落的气象。如果只是听到实理，言说实理，那么，这样的实理无非是道听途说，并没有真正在内心得到显现。倘若实理在内心得到显现，必然就不会安然于令人不安的事。有的事，人无论如何也不会做，但在其他事上却不然。例如士人，即使你以杀身来威胁他要他当爬墙而过的盗贼，他也不会做，但遇到其他事又未必如此。又如读书人，人人都把礼义挂在嘴上，王公大人，人人都说高官厚禄是身外之物，一旦碰到利害冲突，往往不会成就义理，只会追慕富贵。这样的人，只是说说而已，内心并没有体悟实理。人们遇到水火的侵害，唯恐避之而不及，因为人们知道水火无情。但只有看见不好的事情便急忙躲开，好像把手伸到开水里一样，就自然凸出了崇高的德性。老虎可怕，这是即使一个孩童也知道的，但对于一个曾经受到老虎伤害的人来说，谈起老虎的可怕性时，却别有一番恐惧的神色。他确实恐惧老虎，因为他有亲身体验。求道而有所心得，即是有‘德’。有‘德’之人，无须勉强，然而普通学者却必须尽心努力。古人可以慷慨捐躯，如果他们不能体现实理，怎么会这样做呢？必须有真实的体悟，知道道义重于生命，生不安而死能安，因此才能做到杀身成仁。这一切，归根到底，只是成

就‘道’而已。”

【背景故事】

察举制

察举制是中国古代选拔官吏的一种制度，它的确立是从汉武帝元光元年(公元前134年)开始的。察举制不同于以前先秦时期的世袭制和从隋唐时建立的科举制，它的主要特征是由地方长官在辖区内随时考察、选取人才并推荐给上级，经过试用考核再任命官职。

【原文】

孟子辩舜、跖之分，只在义利之间。言“间”者，谓相去不甚远，所争毫末尔。义与利只是个公与私也，才出义便以利言也。只那计较便是为有利害，若无利害，何用计较？利害者，天下之常情也。人皆知趋利而避害，圣人则更不论利害，惟看义当为不当为，便是命在其中矣。

——《二程遗书》卷十七

【译】

程颐说：“孟子认为圣人舜与大盗柳下跖的区别，只在于义与利的差异。所谓差异，意思是说相差不很远，只在毫厘之间。义与利的区别，无非只是公与私的区别。一涉及义，便用利来解说，那就是计较，就是有利害掺杂其间。如果无利害，何必计较？利与害是天下的常情，人都知道趋利避害。圣人则根本不考虑利害，唯一考虑的是从道义的立场上看，这件事应当做还是不应当做。而所谓命，也就包括在义之中了。”

【原文】

大凡儒者未敢望深造于道，且只得所存正，分别善恶，识廉耻，如此等人，多亦须渐好。

——《二程遗书》卷十七

【译】

大凡儒生不敢奢望此生可以把握‘道’，所要做的无非是端正自己，区分善恶，识别廉耻，在此基础上恪守修养功夫，日积月累，必定就会渐渐趋近‘道’。

【原文】

赵景平[①]问："子罕言利"，所谓利者何利？曰：不独财利之利，凡有利心，便不可。如做一事，须寻自家稳便处，皆利心也。圣人以义为利，义安处便为利。如释氏之学，皆本于利，故便不是。

——《二程遗书》卷十六

【注】

①赵景平：程颐的学生。

【译】

赵景平问程颐说："孔子不轻易说利，所谓利，是什么样的利呢？"程颐说："所谓利，不只是钱财之利的利，凡有利己之心作怪。圣人以义为利，义的牵引便是利之所在。佛教主张一切以利为本，因此，佛教的观念是错误的。"

【原文】

问：邢七[①]久从先生，想都无知识[②]，后来极狼狈。先生曰：谓之全无知识则不可，只是义理不胜利欲之心，便至如此也。

——《二程遗书》卷十九

【注】

①邢七：邢恕，郑州阳武人，曾从二程学。②都无知识：什么也没学到。

【译】

有人问程颐："邢恕长期追随先生，想来他根本没有学到任何东西，以至于后来变为小人，狼狈不堪。你说是吗？"程颐说："不能说他一点东西都没学到，只是因为义理没有压倒他的利欲之心，才导致他后来种种可耻的表现。"

【原文】

谢湜[①]自蜀之京师，过洛[②]而见程子，子曰：尔将何之？曰：将试教官。子弗答。湜曰：何如？子曰：吾尝买婢，欲试之，其母怒而弗许，曰："吾女非可试者也。"今尔求为人师而试之，必为此媪[③]笑也。湜遂不行。

——《二程遗书》卷二十一上

【注】

①谢湜：程颐的学生。②洛：洛阳。③媪：老妇人。

【译】

谢湜从四川到京城去，路过洛阳时，拜见了程颐。程颐问：“你将到什么地方去？”谢湜说：“将到京城试聘教师。”程颐不回答。谢湜问：“你怎么看？”程颐说：“我曾买一个婢女，准备试用一下。她的母亲不同意，愤怒地说：‘我的女儿不容试用。’今天你请求当老师，并且要别人试用一段时间。你这样做，必定会遭到那个老妇人的嘲笑。”于是，谢湜打消了试聘教师的念头。

【原文】

先生在讲筵[①]，不曾请俸[②]，诸公遂牒户部[③]，问不支俸钱。户部索前任历子[④]，先生云：“某起自草莱[⑤]，无前任历子。”遂令户部自为出券历。又不为妻求封[⑥]，范纯甫[⑦]问其故，先生曰：“某当时起自草莱，三辞然后受命，岂有今日乃为妻求封之理。”问：“今人陈乞恩例，义当然否？人皆以为本分，不为害。”先生曰：“只为而今士大夫道得个‘乞’字惯，却动不动又是‘乞’也。”因问陈乞封父祖如何，先生曰：“此事体又别。”再三请益，但云：“其说甚长，待别时说。”

——《二程遗书》卷二十一上

【注】

①讲筵：讲席。②请俸：一般指支取薪俸。③户部：掌管全国土地、户籍、赋税、财政收支等事物。④历子：是指料粮院所给料钱历，据此文状上所开受官日月到户部领取俸钱。⑤草莱：布衣，平民。⑥封：封典。皇帝给予官员本人及其妻室、父母、祖先的荣典。⑦范纯甫：程颐的学生。

【译】

程颐在京都任讲席时，对自己的俸钱不曾提及。于是程颐的同事起草公文给户部，问为什么不支付程颐的俸钱。户部派人向程颐要过去任官的履历表。程颐说：“我过去未曾出仕，没有任官履历表。”于是户部只得给程颐颁发一张履历表。程颐又不曾向皇帝请求给妻室封典，范纯甫问程颐个中缘由。程颐说：“我过去从未出仕，曾三次推辞出仕，最后才受命做官，岂有今日向皇帝请求给妻室封典之理？”范纯甫又问：“如今人们向皇帝乞求恩典，是惯例。难道不是当然之义吗？人们这样做，都认为符合本分，并没有不对的地方。”程颐说：“这是因为今天士大夫们说‘乞’字已成习惯，动不动就是‘乞’。”范纯甫接着问：“向皇帝乞求给自己的父母、祖先封典，可以吗？”程颐说：“这又另当别论。”范纯甫再三请程颐解释，程颐只是说：“这件事说来话长，一时难以说清楚，还是等有机会再说吧。”

【原文】

汉策① 贤良，犹是人举之。如公孙弘② 者，犹强起之乃就对。至如后世贤良，乃自求举尔。若果有曰：“我心只望廷对③，欲直言天下事。”则亦可尚④ 矣。若志富贵，则得志便骄纵，失志便放旷与悲愁而已。

——《二程遗书》卷一

【注】

①策：策问。②公孙弘：汉武帝时期的人。汉武帝初即位，招贤良文学之士。③对：对策。④可尚：值得推重。

【译】

程颐说：“汉代实行以策问四方贤良文学之士的制度来选拔人才，但应试者仍旧是由他人推举。例如公孙弘，就是在他人强求之下参加应对的。而后世的贤良之士，却是主动自我推举。如果有人说，我只希望在朝廷当众对答，直言天下事，那么，其志犹可嘉；如果一心企望富贵，那么，得志必然骄奢纵恣，一旦失意，自然就只有放旷悲愁了。”

【原文】

伊川先生曰：人多说某不教人习举业，某何尝不教人习举业也？人若不习举业而忘及第，却是责天理而不修人事。但举业既可以及第即已，若更去上面尽力求必得之道，是惑也。

——《二程遗书》卷十八

【译】

程颐说：“人们常常说我不教弟子学习科举应试的诗文典籍，我何尝如此？人如果不学习诗文典籍却希望及第，无非是把责任归于天理而不反省自己的道德学问修养。对于诗文典籍，只要能够达到及第水平就够了，如果一定要竭尽全力，非及第不可，那就是迷惑了人生的价值与意义。”

【原文】

问：家贫亲老，应举求仕，不免有得失之累，何修可以免此？伊川先生曰：此只是志不胜气。若志胜，自无此累。家贫亲老，须用禄仕，然得之不得为有命。曰：在己固可，为亲奈何？曰：为己为亲，也只是一事。若不得，其如命何？孔子曰："不知命，无以为君子。"人苟不知命，见患难必避，遇得丧必动，见利必趋，其何以为君子？

——《二程遗书》卷十八

【译】

有人问："我家境贫寒，父母老迈，如果应试科举，出仕做官，却难免得失考虑之累，要怎样修养自己，才可以免除这样的忧虑呢？"程颐说："你之所以忧虑，只是因为志不胜气，如果志压倒气，自然不会忧虑。家境贫寒，父母老迈，应该说并不影响科举应试，但是否考中，却是命运的安排。"又问："我自己固然可以应试，但又怎么能侍奉父母呢？"程颐说："修养自己和侍奉父母，没有区别，只是一件事，如果不能中举做官，对命运又有什么影响呢？孔子说：'不知命，无以为君子。'人如果不知道命运，那么，遇到患难必然逃避，看见的是必然心动，碰见利益必然贪求，这样做怎么能够算得上君子呢？"

【原文】

或谓科举事业，夺人之功①。是不然。且一月之中，十日为举业，馀日足可为学。然人不志此，必志于彼。故科举之事，不患妨功，惟患夺志②。

——《二程外书》卷十一

【注】

①夺人之功：侵占人学道的时间。②夺志：改变其志向。

【译】

程颐说："有人说科举考试摧毁了人的功业，这样说是不对的。因为一月之中，十天可以用来研习科举应试的诗文典籍，其余的时间足够可以修身学道。人的志向不定位在道德人格上，必然定位在功名利禄上。因此，对于参加科举应试的人来说，令人担心的不在于应试会妨碍人的功业，而在于褫夺人的志向。"

【原文】

横渠先生曰：世禄[①]之荣，王者所以录有功，尊有德，爱之厚之，示恩遇之不穷也。为人后者，所宜乐职[②]劝功[③]，以服勤[④]事任[⑤]，长廉远利[⑥]，以似述世风[⑦]。而近代公卿子孙，方且下比布衣，工声病，售有司[⑧]，不知求仕非义，而反羞循理为无能。不知荫袭为荣，而反以虚名为善继，诚何心哉！

——张载《横渠文集·策问第五》

子 思

【注】

①世禄：功臣显贵之家世代享有的禄仕，由上古世禄制沿袭而来。②乐职：乐于职守。③劝功：努力建功立业。④服勤：勤勉地扶持其职事。⑤事任：担当其职事。⑥长廉远利：培育清廉而远避利欲。⑦似述世风：比似于其上世，继述于其家风。⑧工声病，售有司：以诗赋而应科举而为有司录用。工声病，擅长诗赋之学。有司，指官吏或官府。

【译】

张载说："世代享受朝廷俸禄，是一种光荣。它体现了帝王奖励有功之臣，尊重有德之人，爱护他们，厚待他们，并表示他们子孙后代永久受到朝廷恩惠的用心。因此，他们的后人，应该乐于职守，努力向上，勤奋不怠，始终保持廉洁，远离私利，以保持世家的风范。然而，如今的公卿子孙们，与下层布衣平民一样，一心玩弄诗赋之学，以此博取官府青睐。他们不但不知道求官做是一种不义的行为，反而认为安分循理是无能的表现；不但不知道承继祖先的风范是光荣的职责，反而认为获取虚名是对门楣真正的发扬光大。这是怎样一种心态呢？"

【原文】

不资其力而利其有，则能忘人之势。

——张载《孟子说》

【译】

张载说："不借助别人的权力，不利用别人的财富，人就能够消除一切外

在价值的种种考虑。”

【原文】

人多言安于贫贱，其实只是计穷力屈才短，不能营画[①]耳。若稍动得，恐未肯安之。须是诚知义理之乐于利欲也，乃能。

——张载《经学理窟·气质》

【注】

①营画：营度谋划。

【译】

人们往往说人应该安于贫贱，其实，这往往是人们才能有限、力量不够，没有办法改变自己贫贱的命运时才这样说的。只要稍有点机会，有点能力，恐怕没有人能对贫贱安然处之，只有真正知道义理带来的快乐大于利欲之乐的人，才能安于贫贱。

【原文】

天下事大患只是畏人非笑，不养车马，食粗，衣恶，居贫，皆恐人非笑。不知当生则生，当死则死，今日万钟[①]，明日弃之，今日富贵，明日饥饿，亦不恤[②]，惟义所在。

——张载《经学理窟·自道》

【注】

①万钟：优厚的俸禄。钟，古计量单位。②不恤：不顾及。

【译】

世间种种事情中，人最担心的是害怕遭到别人的非议嘲笑。没有华丽的马车坐，吃得粗糙，穿得简陋，生存境遇贫贱，如此等等，都怕被人非议嘲笑。这些人不知道，死生有命，该生则生，该死则死。如果懂得人生无常的道理，那么，今天拥有万钟粟，富贵显赫无比，明天即令荡然无存，备受饥饿，也会毫不在意，就能做到一切以“义”为转移。

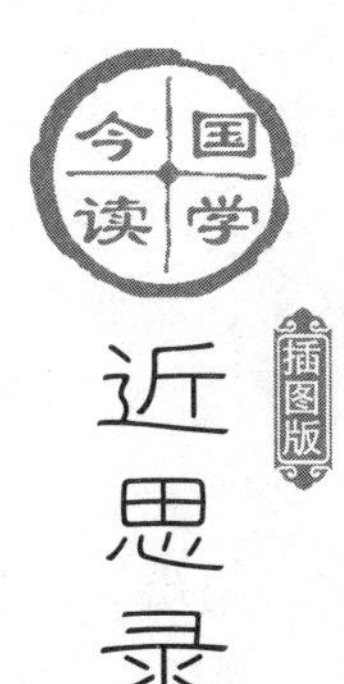

卷八 治国平天下之道

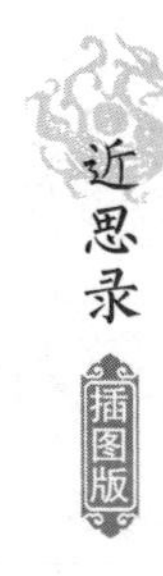

【原文】

濂溪先生曰：治天下有本，身之谓也；治天下有则[①]，家[②]之谓也。本必端。端本，诚心而已矣；则必善，善则，和亲而已矣。家难而天下易，家亲而天下疏也。家人离，必起自妇人，故《睽》次《家人》，以“二女同居而志不同行”也。尧所以釐[③]降二女[④]于妫[⑤]汭[⑥]，舜可禅乎？吾兹试矣[⑦]，是治天下观于家，治家观身而已矣。身端，心诚之谓也；诚心，复其不善之动而已矣。不善之动，妄也；妄复，则无妄矣；无妄，则诚矣。故《无妄》次《复》，而曰：“先王以茂对时[⑧]育万物”，深哉！

——周敦颐《通书·家人睽复无妄》

【注】

①则：楷模，准则。②家：家法。③釐：通“禧”。④二女：指娥皇、女英。⑤妫：水名，今湖南省境内，湘江支流。⑥汭：河流会合或弯曲的地方。⑦吾兹试矣：我用这个办法来验证。⑧对时：顺应时令。

【译】

周敦颐说：“治理天下有其根本，这个根本就是人之身；治理天下有其法则，这个法则就是家法。身必须端正，要端正身，其前提在于诚其心；家法必须完善，完善家法，家庭就能和谐。齐家难而治天下易，之所以如此，在于家亲近而天下疏远。家庭分裂，一定是因为妇人作祟。因此《易经》卦的排列次序，《家人》卦之后即是《睽》卦。《易经·睽·彖》说：‘二女同居共事一夫，志不相投，其势必相嫉妒。’尧之所以在沩水之滨把两个女儿娥皇、女英下嫁给舜，就是为了在把帝位禅让舜之前，先对他进行考验。因此，一个人是否能治天下，首先要看他是否能齐家，而是否能齐家，又要先看他是否能修身。所谓身端正心诚敬，无非是说，能够诚其心，使一切不善之念返回到善而已。任何不善的一举一动，都属于虚妄之列。虚妄得到恢复，即是无妄，无妄就是诚。因此《易经》卦的排列次序，《复》卦之后即是《无妄》，并且《易经·无妄·象》说：‘先王奋勉努力，顺应时令，保育万物。’这句话，说得多么深刻啊！”

【原文】

明道先生尝言于神宗曰：得天理之正，极人伦之至者，尧舜之道也；用其私心，依仁义之偏者，霸者之事也。王道如砥[①]，本乎人情，出乎礼义，若履大路而行，无复回曲[②]；霸者崎岖，反侧于曲径之中，而卒不可与入尧舜之道。故诚心而王则王矣，假之而霸则霸矣。二者其道不同，在审其初而已，《易》所谓"差之毫厘，谬以千里"者，其初不可不审也。惟陛下稽先圣之言，察人事之理，知舜之道备于己，反身而诚之，推之以及四海，则万世幸甚。

——《二程文集》卷一《论王霸札子》

【注】

①如砥：平坦易行。砥，磨刀石。②回曲：曲折。

【译】

程颢曾对宋神宗说："恪守公正的天理，使人伦秩序尽善尽美，是尧舜王道的原则；滥用私心，背离仁义，是霸道的必然表现。王道像大道一样平坦，它本于人性，源于礼义。遵循王道，就如同在大路上行走，毫无崎岖小路之累；而盲从霸道，就好像在曲窄蜿蜒的小道上爬行，总是惴惴不安。霸道在终极意义上与尧舜之道格格不入。因此，诚心遵循王道就能拥有天下，假借王道而争霸无非是霸占天下。王道与霸道的区别，在于最初出发点的不同。《易经》说：'差之毫厘，谬以千里'，由此可知，最初的志向不能不深刻审视。只要陛下考查先圣的教言，洞察人事的道理，就可以知道尧舜的精神尽在自己心中，反躬自问，心悦诚服，然后再把这种精神推及四海，那么，千秋万代都会吉祥幸福。"

【原文】

伊川先生曰：当世之务，所尤先者三：一曰立志，二曰责任，三曰求贤。今虽纳嘉谋，陈善算[①]，非君志先立，其能听而用之乎？君欲用之，非责任宰辅，其孰承而行之乎？君相协心，非贤者任职，其能施于天下乎？此三者本也，制于事者用也。三者之中，复以立志为本。所谓立志者，至诚一心，心道自任，以圣人之训为可必信，先王之治为可必行，不狃滞于近规，不迁惑于众口[②]，必期致天下如三代之世也。

——《二程文集》卷五《为家君应诏上英宗皇帝书》

【注】

①善算：好的谋划。②不狃滞于近规，不迁惑于众口：不被近世的规则习俗束缚，不被众说纷纭所迷惑。狃与滞是拘泥、局限的意思。

【译】

程颐说："当今的国家事务中，最重要的有三件：一是立志，二是责任，三是求贤。如果君主没有远大理想，即使下面提出合理的政策，可行的计划，他能够听得进去吗？能够采用吗？如果宰相不负责任，即使君主要采用这些政策、计划，谁来承担？谁来执行呢？如果贤人纷纷在野，即使君主宰相同心协力，这样的政策、计划怎么能在天下得到贯彻实施呢？立志、责任、求贤这三样东西是本，本落实在实际事务中即是用。而这三者中，又以立志为本。所谓立志，就是恪守内心之'诚'，纯正无私，以履行'道'为自己的使命，绝对信奉圣人的教训，忠实执行先王的治国方略，不拘泥于眼下的规矩，不受众人议论的迷惑，这样，就必然可以使整个天下像尧、舜、禹时代一样美好。"

【原文】

《比》之九五曰："显比，王用三驱，失前禽。[①]"传曰：人君比天下之道，当显明其比道而已。如诚意以待物，恕己以及人，发政施仁，使天下蒙其惠泽，是人君亲比天下之道也。如是，天下孰不亲比于上？若乃暴[②]其小仁，违道干[③]誉，欲以求下之比，其道亦已狭矣，其能得天下之比乎？王者显明其比道，天下自然来比。来者抚之，固不煦煦[④]然求比于物，若田之三驱，禽之去者从而不追，来者则取之也。此王道之大，所以其民皞皞[⑤]，而莫知其为者也。非惟人君比天下之道如此，大率人之相比莫不然。以臣于君言之，竭其忠诚，致其才力，乃显其比君之道也。用之与否，在君而已，不可阿谀逢迎[⑥]，求其比己也。在朋友亦然，修身诚意以待之，亲己与否，在人而已，不可"巧言令色"，曲从苟合，以求人之比己也。于乡党亲戚，于众人，莫不皆然，"三驱失前禽"之义也。

——《程氏易传·比传》

【注】

①显比，王用三驱，失前禽：三面包围的方法狩猎，网开一面，有意放走逃奔的野兽。显，光明。比，辅佐。②暴：表露。③干：求。④煦煦：和乐的样子。⑤皞皞：广大自得、心情舒畅的样子。⑥阿谀逢迎：谄媚迎合奉承。

【译】

《易经·比》九五爻辞说："光明磊落地辅佐天道。君王采用三面包围的方法狩猎，网开一面，任意让野兽逃逸。"程颐的《易传》说："君主辅佐天道，就应该显明其辅佐的准则。如以诚实之心对待万事万物，把恕己之心推及他人，治理国家皆出于仁道，使整个天下获受仁道的惠泽，这就是君主辅佐天道的准则。如果君主能依据这些准则行事，那么，谁又不会辅佐君主呢？如果君主只是在一时一事上做一点表面文章，背离天道，沽名钓誉，却奢望得到人们的支持，他的境界已经十分狭隘，怎么能够得到天下人的支持呢？君主光明磊落地彰显辅佐天道的准则，天下人自然就会纷纷辅佐君主。对于来辅佐的人，爱抚他们，因此不必做出和善的样子请求人们来辅助。如《易经·比》所说的君主采用三面包围的方法狩猎，网开一面，任凭野兽逃走而不追赶，只是对于自投罗网者才捕捉。这正是王道博大精神的体现。因此老百姓欢乐和睦，然而却不知道是谁造就了这样美好和谐的秩序。并非只有君主辅佐天道如此，大凡人们之间相互辅助皆如此。就臣对君而言，臣应该对君主忠诚不已，充分发挥自己的才能为国家服务，这是臣辅佐君的准则。至于自己是否得到信用，任由君主决定，绝对不可以阿谀逢迎的手段，乞求君主扶助自己。朋友关系亦然。自己首先以端正真诚的态度对待朋友，至于自己是否得到友善的回报，则决定于别人。绝对不可以巧言令色、曲从苟合的手段，乞求别人亲近自己。推而广之，乡党亲戚之间，众人之间的关系皆然，这就是《易经·比》九五爻辞所说的'三驱，失前禽'的真正含义所在。"

【原文】

古之时，公卿大夫而下，位各称其德，终身居之，得其分也；位未称其德，则君举而进之。士修其学，学至而君求之。皆非有预于己也。农工商贾，勤其事而所享有限[①]。故皆有定志，而天下之心可一。后世自庶士至于公卿，日志于尊荣；农工商贾，日志于富侈。亿兆之心交骛[②]于利，天下纷然，如之何其可一也？欲其不乱，难矣！

——《程氏易传·履传》

【注】

①限：限制，决定于。②交骛：交，交往；骛，追求。

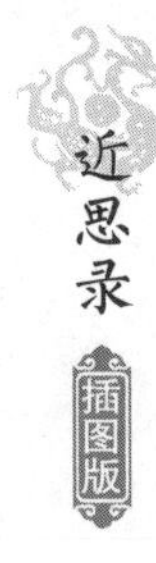

【译】

古时候，从公卿大夫到普通士人，他们的社会地位都各自与其德行相称，即使终身处在一定的位置上，也能做到安分守己，毫无非分的欲求。如若他们的职位与德行不相称，他们就会在君主的推举下得到晋升。而士人则可以通过修养自己的德行，达到一定完满的程度后，君主就会通过访求从而把他们安排在适当的位置上。而这一切，都不是出于利己的动机。农工商贾勤奋劳作，所获得的利益决定于他们的勤奋程度。因此社会上各种身份地位的人都有各自确定的志向，天下人心都归于纯正。而后世则不然，从普通士人到公卿大夫，追求的是显赫虚荣；而农工商贾，追求的是财富金钱。人人都以追求私利为急务，天下纷扰不堪，怎么能够使人心达到纯一状态呢？在私欲驱使下，要使整个社会井然和谐，不至于混乱无序，几乎是不可能的。

【原文】

《泰》之九二曰："包荒，用冯河。[①]"传曰：人情安肆[②]，则政舒缓，而法度废弛，庶事无节[③]。治之之道，必有包荒含秽之量，则其施为，宽裕详密，弊革事理，而人安之。若无含弘之度，有忿疾之心；则无深远之虑，有暴扰之患。深弊未去，而近患已生矣。故在包荒也。自古泰治之世，必渐至于衰替，盖由狃习安逸，因循而然。自非刚断之君，英烈之辅，不能挺特奋发以革其弊也，故曰："用冯河。"或疑上云包荒，则是包含宽容，此云"用冯河"，则是奋发改革，似相反也。不知以含容之量，施刚果之用，乃圣贤之为也。

——《程氏易传·泰传》

【注】

①包荒，用冯河：包荒，包含荒秽，意为人应该有包容之量。包，包容。用冯河，即"暴虎冯河"之冯河，徒步涉过河去，意为人有决断之气。②安肆：安乐放纵。③庶事无节：正事混乱。庶事，各种政务，事务。无节，没有法度，没有节制。

【译】

《易经·泰》九二爻辞说："圣贤气量宏大，可以容纳污秽，以横渡江河。"程颐《易传》说："人的行为如若放肆不拘，就会导致政纪松散，从而出现法度废弛、庶事无节等等弊端。要根治这些弊端，最根本的是必须有恢宏的气量，开阔的视野，能够容纳得下污垢秽浊。如此，其行政措施就自然会宽裕而详密，而无褊狭疏略之虞，弊端就会得到革除，人事的运行就会符合义理，人们就会依据义理法度行事。如若无宏大的气度，动辄忧心如焚，忿怒不已，是缺少深谋远虑的表现，必然带来暴扰之患。如此，积弊没有得到根除，而新的危机已经产生。因此《易经》才说，最重要的是有恢宏的气量。自古以来，太平盛世之所以渐渐趋向衰落，都是由于人们耽于安逸、因循相袭造成的。不是刚毅果断的君主、英杰威烈的宰辅，就不能挺身奋发地消除弊端。因此《易》才说，要奋力横越江河。也许有人会感到费解：《易经·泰》九二爻辞上一句说的'包荒'，意思是说开阔宽容，而下一句'用冯河'，意思是说奋发改革，两者似乎是矛盾的。这样提问的人浅陋了，他们不知道以包容污秽的气量，实行刚健果断的改革，正是圣贤之为圣贤的必然选择。"

【原文】

"观，盥而不荐[①]，有孚颙若[②]。"伊川《易传》曰："君子居上，为天下之表仪[③]，必极其庄敬[④]，如始盥之初，勿使诚意少散，如既荐之后，则天下莫不尽其孚诚，颙然瞻仰之矣。"

——《程氏易传·观传》

【注】

①盥而不荐：盥是祭祀前洗手。荐是奉献祭品。②有孚颙若：有孚，被人信仰。颙若，尊敬仰慕的样子。③表仪：表率，仪范。④庄敬：庄严恭敬。

【译】

《易经·观·彖》说："《观》卦：在还未奉酒食以祭神之前，把手洗干净，态度真诚而严肃。"程颐《易传》说："君子身居高位，若要成为天下人的模范，就必须时时把自己的庄重之表与诚敬之心推到极致，如同在祭神之前，以虔诚而严肃的态度洗手一样；同时，任何时候任何情况下也不能让自己内在的诚敬稍有涣散，即使在祭神礼完毕之后，也不能有丝毫涣散。君子若能诚敬如此，那么，天下人没有谁会不推尽诚敬，都会以恭敬的态度仰慕君子的人格。"

【原文】

凡天下至于一国一家，至于万事，所以不和合者，皆由有间也。无间则合矣。以至天地之生，万物之成，皆合而后能遂。凡未合者，皆为间也。若

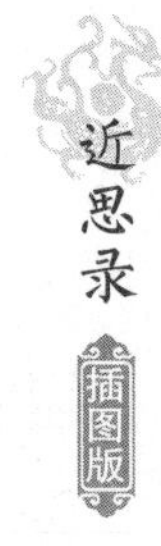

君臣、父子、亲戚、朋友之间，有离贰怨隙者，盖谗邪间于其间也。去其间隔而合之，则无不合且洽矣。《噬嗑》者，治天下之大用也。

——《程式易传·噬嗑传》

【译】

从一个国家、一个家庭，乃至人间一切事务，之所以产生不融洽，都是由于间隔造成的。若无离间之扰，自然融洽。以至于天地之生，万物之成，都是因为阴阳二气融合的结果。但凡不融合，皆源于离间之故。君臣、父子、亲戚、朋友之间，之所以出现离异怨隙，考其原委，无非是谗言邪说离间的结果。根除离间之患，上述种种关系自然融洽，其结果是普遍和谐、秩序井然。由此可以说：《易经·噬嗑》一卦，是治理天下的根本法则。

【背景故事】

釜底抽薪

南北朝的时候，东魏大将军侯景举兵反叛，遭到朝廷军队的攻打。侯景于是投奔江南的梁武帝萧衍，请萧衍前来增援，结果又被慕容绍宗指挥的东魏军队打败。侯景最后只得带着剩下的几百人投降梁朝。东魏的魏收为这事写了篇奏章，他指出对侯景这样反复无常的人，必须抽薪止沸，剪草除根。然而梁武帝没有接受这一劝告。后来侯景果然又叛变了梁朝。

萧衍

【原文】

《大畜》之六五曰："豮豕[1]之牙，吉。"《程氏易传》曰：物有总摄[2]，事有机会[3]。圣人操得其要，则视亿兆之心犹一心。道之斯行，止之则戢[4]，故不劳而治，其用若"豮豕之牙"也。豕，刚躁之物。若强制其牙，则用力劳而不能止。若豮去其势[5]，则牙虽存而刚躁自止。君子法豮豕之义，知天下之恶不可以力制也，则察其机，持其要，塞绝其本原[6]，故不假弄法严峻，则恶自止也。且如止盗，民有欲心，见利则动。苟不知教，而迫于饥寒，虽刑杀日施，其能胜亿兆利欲之心乎？圣人则知所以止之之道，不尚威刑，而修政教，使之有农桑之业，知廉耻之道，虽赏之不窃也。

——《程氏易传·大畜传》

【注】

①豮豕：阉割过的猪。②总摄：总领处。③机会：关键。④道之斯行，止之则戢：引导他就前行，阻止他就停止。戢，收敛，停止。⑤势：雄性的生殖器。⑥察其机，持其要，塞绝其本原：寻察其机枢，把握其机要，塞绝其本源。从罪恶发生的源头即动机处着手。

【译】

《易经·大畜》六五爻辞说："抑制猪锋利牙齿的进攻趋势，吉利。"程颐《易传》说："事物可以在总体上进行把握，同时又有各自的趋向与目标。圣人体察事物的本旨，因此化多为一，把一切人心归结于一心，教导人们怎样做人们就怎样做，禁止人们不做人们就不做，因此不须劳形苦求就能达到天下大治，这就如同'豮豕之牙'的功用所产生的结果。猪是一种刚躁的动物，如若试图靠强力制服它，不但耗费了力量，而且也达不到目的。如若能够驯服它，消解其攻击性，那么，虽然猪锋利的牙齿犹在，但它的刚躁之性已自然辍止，不足为害。君子取法六五爻象之义，知道天下之恶不能用暴力压服，由此观察恶的动机，把握恶的要素，塞绝恶的本原，因此不须适用严刑峻法，恶自然就会抑止。例如制止偷盗。人有食欲之心，见利而动，如果平日缺少礼义的教诲，又迫于饥寒之苦，就很难不沦为盗贼。即令大肆运用刑法镇压，怎么能消除千百万人的利欲之心呢？圣人知道抑止偷盗的方法，不在严刑峻法，而在政教清廉。老百姓安居乐业，有廉耻之心，即令偷盗可以得到奖赏，也不会干偷窃之事。"

【原文】

"解：利西南[①]，无所往，其来复吉，有攸往，夙[②]吉。"传曰：西南，坤方，坤之体广大平易。当天下之难方解，人始离艰苦，不可复以烦苛[③]严急治之，当济以宽大简易，乃其宜也。既解难而安平无事矣，是"无所往"也，则当修复治之道，正纪纲，明法度，复先代明王之治，是"来复"也，谓反正理也。自古圣王救难定乱，其始未暇遽为也，既安定，则为可久可继之治。自汉以下，乱既除，则不复有为，姑随时维持而已，故不可能成善治，

盖不知“来复”之义也。“有攸往，夙吉。”谓尚有当解之事，则早为之乃吉也。当解而未尽者，不早去，则将复盛。事之复生者，不早为，则将渐大。故“夙则吉”也。

——《程氏易传·解传》

【注】

①西南：西南为坤，坤象征平易宽厚的大地。②夙：早。③烦苛：指法令的繁杂苛刻严厉。

【译】

解卦：“利于西南行。但是，若没有确定的目标，则不如返回，返回吉利。如果有确定的目标，则宜早行，早行吉利。”程颐《易传》说：“西南方位属坤阴，坤之体广大平易。当天下的苦难刚解除，人民才开始脱离艰厄困苦时，不可再用种种非常苛刻的威严手段治理国家，而应以宽大简易的心胸补救它，才是适宜的。既然苦难已经解救，天下平安无事，这正是与民休息的吉兆。应当修复治道，正纲纪、明法度，进而重现先代明君的太平景象。所谓‘来复’，就是返回到正理天道。自古以来，圣王救难定乱，开始时无暇立刻就能达到正纲纪、明法度的效果，这是因为天下还未安定的缘故。一旦天下安定，圣王就可以制订长治久安且可为后世效法继承的治国方略。自汉以来，即令动乱已经消除，但统治者却不能有所作为，他们无非是随时采取补救措施，消极地维持一下统治秩序而已，因此终不能在祸乱之后造就太平盛世。究其原委，是这些统治者不懂‘来复’的真谛。《易经·解》说：‘有攸往，夙吉。’意思是说：如果还有需要解决的事情，尽早去做，才是吉利的。应当解决还未完全解决的事情，如若不早解决，不早彻底清除，它就会日益滋盛起来。事物是可以再生的，如果不尽早消除，它就能够渐渐强大起来，因此，尽早地消除一切后患，是吉利的。”

【原文】

夫有物必有则，父止于慈，子止于孝，君止于仁，臣止于敬。万物庶事，莫不各有其所。得其所则安，失其所则悖。圣人所以能使天下顺治，非能为物作则也，惟止之各于其所而已。

——《程氏易传·艮传》

【译】

程颐说："任何事物都有定则。作为父亲，要达到'慈'，作为子女，要达到'孝'，作为国君，要达到'仁'，作为属臣，要达到'敬'。天下万事万物，莫不各有其所，得其所则安，失其所则悖。圣人之所以能使天下和谐，并非圣人为天地万物确立了定则，而是让天地万物各得其所而已。"

【原文】

《兑》，说而能贞[①]，是以上顺天理，下应人心，说道之至正至善者也。若夫"违道以干百姓之誉"者，苟[②]说之道，违道不顺天，干誉非应人，苟取一时之说耳。非君子之正道。君子之道，其说于民如天地之施，感之于心而说服无斁[③]。

——《程氏易传·兑传》

【注】

①说而能贞：以正道取悦他人。说，悦。②苟：不循礼法姑且行事。③无斁：没有满足和厌倦。

【译】

兑卦：君子取悦于民，又能坚持正道，因此能够顺乎天理而合乎人心，体现了君子对至正至善之道心悦诚服的境界。如若背离天道，着意获取百姓的赞誉，无非是短见的沽名钓誉而已。违背正道，必然背离天意；沽名钓誉，必然不合人心，虽然苟且一时可以取悦于民，但与君子安身立命之道相去甚远。君子以正道取悦于民，如同天地之布施，百姓感怀于心，无比心悦诚服而无丝毫厌弃之意。

【原文】

天下之事，不进则退，无一定之理。济之终，不进而止矣，无常止也，衰乱至矣。盖其道已穷极也。圣人至此奈何？曰：唯圣人为能通其变于未穷，不使至于极也，尧、舜是也，故有终而无乱。

——《程氏易传·既济传》

【译】

天下一切事情，不进则退，没有固定不变的道理。《既济》意味终结完满，趋于不再演进而静止的状态。但任何东西都不可能固止不变。世道衰乱，正是无常的表现之一，乃事物发展到终极所致。若问，圣人处在此种

境地，有何办法？可以回答说，只有圣人能够在事情还未趋向穷竭的情况下通过变通挽救衰败，不至于使事情发展到极端状态，尧舜就是这样的圣人。因此，只有依据圣人的思路，防患于未然，方能始终保持社会长治久安而无衰乱。

【原文】

为民立君，所以养之也。养民之道，在爱其力。民力足，则生养遂，生养遂[①]，则教化行而风俗美，故为政以民力为重也。《春秋》凡用民力必书。其所兴作，不时害义[②]，固为罪也。虽时且义必书，见劳民为重事也。后之人君知此义，则知慎重于用民力矣。然有用民力之大而不书者，为教之意深矣。僖公[③]修泮宫[④]，复閟宫[⑤]，非不用民力也，然而不书。二者复古兴废之大事，为国之先务，如是而用民力，乃所当用也。人君知此义，知为政之先后轻重矣。

——《程氏经说·春秋传》

【注】

①生养遂：实现生息养育的目的。②不时害义：兴建事项违背农时而害于道义。③僖公：鲁僖公，春秋鲁国国君。④泮宫：古代的学校。⑤閟宫：祭祀祖先的地方。

【译】

上天为人民确立君主，是为了使人民得到养育。而养民的根本原则，是爱护民力。民力足，生养的原则就可以实现，生养的原则得以实现，教化就可以得到实施，社会风俗就美好自然。因此，处理政治事务，爱护民力极为重要。春秋时期，大凡鲁国征用民力，《春秋》都要把征用民力的前因后果记录下来。不依据时令，损害道义而滥用民力，理所当然是罪恶，必须记录下来；即令征用符合时令，符合道义，也必须记录下来。目的是让人们明白征用民力是一件重要的事。后世国君了解《春秋》的价值立场，就知道在征用民力上应该慎重。然而，当时鲁国也有征用大量民力的事，而《春秋》却不记录，这其中，自然有深刻的教育意义。鲁僖公先修泮宫，后修閟宫，并非不征用民力，《春秋》之所以不记录涉及国家兴衰治乱的两件大事，乃是因为鲁僖公征用民力，是出于国家利益这一首要目标的考虑，在这一先决条件下征用民力，完全是正当的。后世国君明白这个道理，也就明白了处理国家政治事务的先后轻重了。”

【原文】

治身齐家以至平天下者，治之道也；建立治纲，分正百职[1]，顺天时以制事[2]，至于创制立度尽天下之事者，治之法也。圣人治天下之道，惟此二端而已。”

——《程氏经说·书解》

【注】

①分正百职：明确确定百官的职位和事务。②制事：处理事务。

【译】

儒家主张的从修身齐家一直到治国平天下，是治理天下的根本原则。而建立统治纲领，确立国家官吏的各种职权范围，依据天时管理种种人间事务，以至于创立各种人文制度，使天下的一切事情尽善尽美，是治理天下的具体法规。圣人治理天下的依据，只是治道与治法而已。

【原文】

明道先生曰：先王之世以道治天下，后世只是以法把持天下。

——《二程遗书》卷一

【译】

程颐说：“尧舜禹三代以天道治理天下，而后世背弃天道，只能用法令把持天下。”

【背景故事】

铸造九鼎

为表示敬意，各方诸侯常来阳城献金（即青铜），后来，九州所贡之铜年年增多，大禹想起从前黄帝轩辕氏功成铸鼎，为了纪念涂山大会，就准备将各方诸侯进献的金，铸造成几个大鼎。后九鼎（即冀州鼎、兖州鼎、青州鼎、徐州鼎、扬州鼎、荆州鼎、豫州鼎、梁州鼎、雍州鼎）铸成，鼎上铸着各州的山川名物、珍禽异兽。九鼎集中到夏王朝都城阳城，借以显示夏王大禹成

了九州之主，天下从此一统。九鼎继而成为“天命”之所在，是王权至高无上、国家统一昌盛的象征。

【原文】

为政须要有纪纲文章①，先有司②、乡官③读法④、平价、谨权量⑤，皆不可阙也。人各亲其亲，然后能不独亲其亲。仲弓⑥曰：“焉知贤才而举之？”子曰：“举尔所知。尔所不知，人其舍诸？”便见仲弓与圣人用心之大小。推此义，则一心可以丧邦，一心可以兴邦，只在公私之间尔。

——《二程遗书》卷十一

九鼎

【注】

①纪纲文章：纪纲，网罟的钢绳，引申为纲领。文章，礼乐制度。②有司：官吏。③乡官：治理一乡事务的官吏。④读法：周制州长、党正，于正月之吉，及岁时祭祀，集合民众宣读一年之政令，及司徒之十二教法，称读法。⑤权量：权与量，测定物体大小、轻重的器具。⑥仲弓：春秋鲁国人。冉氏，名雍。孔子的学生。

【译】

管理政治事务必须依据纲纪礼法制度。首先要以身作则，其次诸如处理乡间事务，宣读政令，平定物价，慎重解决民间商业贸易关系等等，皆不可或缺。人自然倾向于亲近自己的亲人，一旦有了统一的法度之后，就会不只亲近自己的亲人。仲弓说：“怎么识别有德的人，并把他们推举出来呢？”孔子说：“推举你所知道的，那些你所不知道的，别人难道会把他们埋没吗？”仲弓与圣人心胸之大小，一目了然。从这个意义上我们可推理说：一心可以丧邦，一心可以兴邦，区别只在于公心与私心之间而已。

【原文】

治道亦有从本而言，亦有从事而言。从本而言，惟是格①君心之非，正心以正朝廷，正朝廷以正百官。若从事而言，不救则已，若须救之，必须变。大变则大益，小变则小益。

——《二程遗书》卷十五

【注】

①格：正。

【译】

治理国家的途径有两种，一是着眼于根本原则，一是者眼于具体事务。从根本原则上说，唯一的前提是格除君主的私心，君主正心，就可以正朝廷，正朝廷，就可以正百官。从具体事务上说，如果事情不可补救也就罢了，如果必须挽救，就必须采取改革变更的方法，大变革，就有大收益；小变革，就有小收益。

【原文】

唐有天下，虽号治平。然亦有夷狄之风。三纲[①]不正，无君臣、父子、夫妇，其原始于太宗也。故其后世子弟皆不可使，君不君，臣不臣，故藩镇不宾[②]，权臣跋扈，陵夷[③]有五代之乱。汉之治过于唐。汉大纲正，唐万目[④]举。本朝[⑤]大纲正，万目亦未尽举。

——《二程遗书》卷十八

【注】

①纲：提网的总绳，比喻居于主要或支配地位。②宾：服从，归顺。③陵夷：迤逦渐平，由盛而渐衰。④万目：泛指礼乐政刑制度。⑤本朝：指宋代。

【译】

唐统一天下，号称太平盛世。然而唐朝三纲不正，不讲君臣、父子、夫妇伦理秩序，这一现象，起因于唐太宗。因此后世子弟都不听指挥，君主不像君主，臣子不像臣子，藩镇不服从朝廷，权臣专横跋扈，以致国势衰颓，最终导致天下大乱。汉朝社会政治秩序超过唐朝，汉朝三纲严正，唐朝各种行政制度完备，宋朝三纲严正，但种种行政制度不尽完备。

吕大临

【原文】

教人者，养其善心而恶自消；治民者，导之敬让而争自息。

——《二程外书》卷十一

【译】

教育人民，只要教育他们修养自己的善心，邪恶自然就会消匿；统治老百姓，只要引导他们恭敬谦让，纷争自然就会停息。

【解】

我们在培养德行时，要一心向善，修养自己的善心，渐渐地，即使心中存有私心也会被善所占据。

【原文】

明道先生曰：必有《关雎》、《麟趾》之意，然后可行周官之法度[①]。

——《二程外书》卷十二

【注】

①法度：礼乐制度。

【译】

程颢说："必须首先具有《关雎》和《麟趾》中体现出来的仁爱淳厚的精神，然后方可以推行周官的礼乐政法制度。"

【原文】

"君仁莫不仁，君义莫不义。"天下之治乱，系乎人君仁不仁耳。离是而非则生于其心，必害于其政，岂待乎作之于外哉？昔者孟子三见齐王[①]而不言事，门人疑之，孟子曰："我先攻其邪心。"心既正，然后天下之事可从而理也。夫政事之失，用人之非，知者能更之，直者能谏之[②]。然非心[③]存焉，则一事之失，救而正之，后之失者，将不胜救矣。格其非心，使无不正，非大人[④]其孰能之？

——《二程外书》卷六

【注】

①齐王：齐宣王。②知者能更之，直者能谏之：聪明的人能加以纠正，正直的人能加以谏阻。知，通"智"。③非心：不正之心。④大人：圣人。

【译】

孟子说："君主仁，就无人不仁；君主义，就无人不义。"天下的兴衰治乱，决定于君主仁还是不仁。君主背离仁，那么，不仁就会在心中滋长，由此必然导致对政治的危害，不待君主治理政事的表现如何。过去孟子三见齐宣王，却闭口不谈政事，他的学生感到十分疑惑。孟子说："我先批判他的邪心。"只要他克服邪心达到心正，天下的事情都可以得到妥善治理。政事失误，用人不当，智慧者可以改变它，正直者可以谏阻它。但如果君心不正，一事失误，尚可以补救、改正；但随后不断的失误呢？必将不胜补救。纠正君主的不正之心，使之达到端正，若不是大人，谁能做得到呢？

【原文】

横渠先生曰：道[①]千乘之国[②]，不及礼乐刑政，而云"节用而爱人，使民以时"。言能如是则法行，不能如是则法不徒行。礼乐刑政，亦制数而已[③]。

——张载《正蒙·有司》

【注】

①道：引导，治理。②千乘之国：有千辆兵车的国家。战国时诸侯国，小者称千乘，大者称万乘。乘，表示兵车的量词，古代四匹马拉一辆兵车，称作"乘"。③制数而已：不能实行的礼乐刑法政令，那只不过是写成的条款而已。制数，制和数均指刑法、法制。

【译】

张载说："孔子讲怎样治理拥有一千辆兵车的国家时，不提礼乐刑政制度，而说要节约开支，要爱护官吏，要在农闲时征用民力。孔子的意思是说，只有以仁爱为本，法律制度才能发生作用；反之，法律制度只是空洞的东西，没有实际作用。因此，说到底，礼乐刑政只能是外在的东西而已。"

【原文】

法立而能守，则德可久，业可大。郑声佞人[①]，能使为邦者丧其所守，故放、远之。

——张载《正蒙·三十》

【注】

①郑声佞人：郑声，淫靡的音乐。佞人，花言巧语、阿谀奉承的人。

【译】

建构礼法，恪守礼法，德行就可以持久，事业就可以宏大。淫靡的乐曲，谗谀的小人，其危害在于能够让治理国家的人背离法纪，因此应该禁绝淫靡的乐曲，远离谗谀的小人。”

【原文】

横渠先生答范巽之[①]书曰：朝廷以道学、政术为二事，此正自古之可忧者。巽之谓孔孟可作，将推其所得而施诸天下邪？将以其所不为而强施之于天下欤？大都君相以父母天下为王道[②]，不能推父母之心于百姓，谓之王道可乎？所谓父母之心，非徒见于言，必须视四海之民如己之子。设使四海之内皆为己之子，则讲治之术，必不为秦汉之少恩，必不为五伯[③]之假名。巽之为朝廷言，“人不足与适[④]，政不足与间[⑤]”。能使吾君爱天下之人如赤子，则治德必日新，人之进者必良士。帝王之道，不必改途而成。学与政不殊心而得矣。

——张载《横渠文集·答巽之书》

【注】

①范巽之：张载门中人。②大都君相以父母天下为王道：君相们总把像父母一样对待天下之民称为王道。③五伯：春秋五霸。齐桓、宋襄、晋文、秦穆、吴夫差。④适：同谪，指责，谴责。⑤间：非议。

【译】

张载答范巽之来信说：“朝廷把道学与政术分割开来，这正是自古以来就让人担忧的。巽之兄想想，如果孔子孟子再生，他们是把他们的思想学问推导出来从而施行于天下呢？还是把他们所不赞同所反对的东西强加于天下呢？我们大概可以说，君臣应该以父母心、天下心为王道的标准。如若不能把父母心推及百姓，难道可以说体现了王道吗？所谓父母心，不是空洞地体现在言辞上，必须在心灵深处视四海百姓如同自己的子女。如若能够真正做到把天下百姓看作自己的子女，那么，关于治理国家的种种手段，就绝不会像秦汉时期那样强调严刑峻法，也不会像春秋五霸那样假借仁义之名行霸道之实。因此，你如果要站在国家立场上考虑问题的话，就不必考虑人才是否得到适当的选用，也无须考虑政治事务是否井然有序，只要以王道开导皇上，使皇上爱民如子，那么，社会秩序就会一天比一天好，选拔出来的人才一定都是贤良之士。因此，三皇五帝之道，不必改途易辙，就可以得以实现；道学与政术的关系，无须劳形苦求，就可以统一起来。”

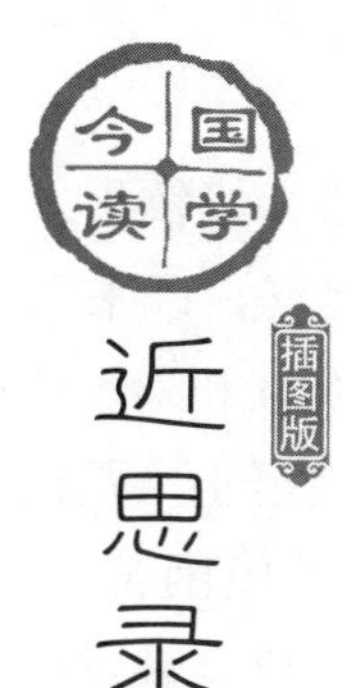

卷九 制度

【原文】

濂溪先生曰：古圣王制礼法，修教化，三纲[①]正，九畴叙[②]，百姓太和，万物咸若[③]，乃作乐以宣八风之气，以平天下之情。故乐声淡而不伤，和而不流，入其耳，感其心，莫不淡且和焉。淡则欲心平，和则躁心释。优柔平中，德之盛也；天下化中，治之至也。是谓道配天地，古之极也。后世礼法不修，政刑苛紊，纵欲败度，下民困苦。谓古乐不足听也，代变新声，妖淫愁怨，导欲增悲，不能自止。故有贼君弃父，轻生败伦，不可禁者矣。呜呼！乐者古以平心，今以助欲；古以宣化[⑤]，今以长怨。不复古礼，不变今乐，而欲致治者，远哉！

——周敦颐《通书·乐上》

【注】

①三纲：君为臣纲，父为子纲，夫为妻纲。②九畴叙：九畴本是九类大法，这里代表伦理。叙，排好次序。③百姓太和，万物咸若：百姓无不合和，万物全都和顺。

【译】

周敦颐说："古时候圣王制定礼法，修治教化。因此三纲严正不紊，九畴井然有序，百姓和睦相处，万物和谐共生。于是圣王作《乐》目的在于宣通八方之风气，使天下万物的性情都得到实现。因此音乐之声淡雅而不哀伤，婉和而不淫糜。人们听到这样的音乐，感受这样的音乐，恬淡平和之情油然而起。人心境恬淡，欲念自然消解；人心情平和，浮躁情结自然消逝。音乐能够使人活泼自如，心境平和，可见圣人作《乐》，功德盛大无比；音乐能够使天下人得到感化，归于中道，从而使圣人之治达到完美无缺的高度。圣人作《乐》的意义，与天地之德相媲美，代表了古代文化的顶峰。后世不修礼法，政刑苛刻而紊乱，统治者放纵私欲，败坏法度，下层百姓困苦不堪。后世统治者认为古代的音乐不值得听，让一种新的音乐取而代之，这种音乐散发出一片妖淫愁怨之声，引导人们私欲横流，悲哀不已，欲罢不能。所以才有后代君主遗弃亲人，放弃性命，败坏伦常秩序等现象多次发生，以至于达到不可禁止的地步。呜呼！古代人们用音乐来达到心境平和，今天人们却用来增加私欲；古代音乐用来传布德化，而今天的音乐却用来助长哀怨。因此，不恢复古代礼法，不改变今天的音乐，而要实现国家长治久安，可以说，几乎是不可能的。

【原文】

明道先生言于朝曰：治天下以正风俗、得贤才为本。宜先礼命近侍贤儒及百执事，悉心推访，有德业充备、足为师表者。其次有笃志好学，材良行修者，延聘敦遣，萃[①]于京师，俾朝夕相与讲明正学。其道必本于人伦，明乎物理。其教自小学洒扫应对[②]以往，修其孝悌忠信，周旋礼乐。其所以诱掖激厉渐摩成就之道，皆有节序，其要在于择善修身，至于化成天下，自乡人[③]而可至于圣人之道。其学行皆中于是者为成德。取材识明达，可进于善者，使日受其业。择其学明德尊者，为太学之师，次以分教天下之学。择士入学，县升之州，州宾兴[④]于太学，太学聚而教之，岁论其贤者能者于朝。凡选士之法，皆以性行端洁，居家孝悌，有廉耻、礼逊、通明学业、晓达治道者。

——《二程文集》卷一《请修学校尊师儒取士札子》

【注】

①萃：聚集，汇集。②洒扫应对：弟子之事，属小学教育的内容。③乡人：普通的人。④宾兴：举荐之意。

【译】

程颢在朝廷上说："治理天下以理正风俗、招揽贤士为根本原则。基于此，陛下应该首先举行隆重的礼仪，命令周围辅佐的贤士以及地方百官，悉心寻访荐举贤才。凡德性端正，学业优秀，足以为人师表者；以及志向坚定，好学不厌，素质良好，潜心道德自我修养者，都应该以恭敬的态度、隆重的仪式把他们聘请出来，会集在京师，朝夕阐述圣贤正学。所讲之学，其原则必须以人伦为根本，明白事物之理；其教学内容应该从小学以及日常洒扫应对入手，循序渐进，进而修习孝悌之行、忠信之心，再进而研习礼乐，遵从礼乐。这一通过诱导扶植，相互激励，不断磨炼，最终成就理想人格的路径，整个过程都有特定的要求并蕴含有内在的次序，而最根本的是择善修身，在此基础上，达到天人合一的境界。一个乡下人，通过不断的道德修养与实践，可以臻于圣人人格。凡人，所学所行符合圣人之道，就是有得于己，就是实现了自己的道德人格。应该选择材识明敏通达并趋向善的人，让他们有接受学业的机会与条件；应该选择学问博大道德高尚的人任大学的老师；学问德行略欠一点的人，应该根据学问德行的高低分别承担天下各府州县的教师职

责。选择士子入学的程序，应该由县级学校升入州级学校，再由州级学校通过选拔，优秀者送入太学，统一进行教育。一年以后，选出其中德才兼备者为朝廷官吏。挑选士子的原则是：只能选择品行端正，在家躬行孝悌，有廉耻心，谦逊守礼，内通圣贤之学，外晓帝王治道之术的人。”

【原文】

明道先生论十事：一曰师傅，二曰六官[①]，三曰经界[②]，四曰乡党[③]，五曰贡士，六曰兵役，七曰民食，八曰四民，九曰山泽，十曰分数。其言曰：无古今，无[④]治乱，如生民之理有穷，则圣王之法可改。后世能尽其道则大治，或用其偏则小康。此历代彰灼著明之效也。苟或徒知泥古而不能施之于今，姑欲徇名而遂废其实，此则陋儒之见，何足以论治道哉！然倘谓今之人情，皆已异于古，先王之迹，不可复于今，趣便目前，不务高远，则亦恐非大有为之论，而未足以济当今之极弊也。

——《二程文集》卷一《论十事札子》

【注】

①六官：《周礼》以天官、地官、春官、夏官、秋官、冬官分掌邦政，称为六官。②经界：划定土地、井田的分界。③乡党：乡里。④无：无论。

【译】

程颢认为：“经国治民有十件大事。第一，依据儒家经典，在导师指导下进行道德修养与实践；第二，由吏、户、礼、兵、刑、工六部尚书分别管理国家政务；第三，划定土地、田产的界限；第四，使乡里秩序井然，百姓和谐相处；第五，依据考试制度，自下而上为国家选送优秀管理人才；第六，寓兵于民，建立有效的兵役制度，既保持国家军事力量的强大，又不至于耗匮国力；第七，发展经济，使人民丰衣足食；第八，士农工商四民各安其分，各尽其能；第九，保护自然资源；第十，遵守等级秩序，依据礼仪行事。以上所言，是圣人治国之法，不依古今时代变迁、社会兴衰治乱为转移。除非人类的天理消逝，否则，圣人之法就不可改易。后世统治者只要完全依据圣人之法行事，国家就太平兴旺；即使粗略地依据圣人之法行事，也可以补救种种弊端，不至于导致天下大乱。这一结论，是经过历代统治经验和社会面貌充分证明了的。但是，如果只是空疏地拘泥于古代圣人之法，而不能随时变通，使圣人之法作用于当今之世，或者只是为了追求圣人之法之名，而废弃圣人之法之实，都是陋儒浅薄之见的表现，怎么有资格谈论治理国家之道呢？然而，倘若认为今天人的思想、情感等已与古人不同，古代先王治国方略，已不能在今天得以再现，于是只考虑眼前利益，抛弃了追求天下大治的宏远目标，恐怕也不是有远大理想、大有作为的人的观点。这种人，当然就不能解决当今社会种种流弊了。”

【背景故事】

程颢经国治民的十项政策

程颢认为经国治民必须落实十项政策。第一依据儒家经典，在导师指导下进行道德修养与实践。第二由吏、户、礼、刑、兵、工六部尚书分别管理国家政务。第三划定土地、田产的界限。第四使乡里秩序井然，百姓和谐相处。第五，依据考试制度，自下而上为国家选送优秀管理人才。第六寓兵于民，建立有效的兵役制度，既保持国家军事力量的强大，又不至于耗匮国力。第七，发展经济，使人民丰衣足食。第八，士农工商四民各安其分，各尽其能。第九，保护自然资源。第十，遵守等级秩序，依据礼仪行事。

【原文】

伊川先生上疏曰：三代之时，人君必有师、傅、保之官。师，道之教训；傅，傅之德义；保，保其身体。后世作事无本，知求治而不知正君，知规过而不知养德；傅德义之道，固已疏矣；保身体之法，复无闻焉。臣以为，傅德义者，在乎防见闻之非，节嗜好之过；保身体者，在乎适起居之宜，存畏慎之心。今既不设保傅之官，则此责皆在经筵[①]，欲乞皇帝在宫中言动服食，皆使经筵官知之，有剪桐之戏，则随事箴规[②]；违持养之方，则应时谏止。

——《二程文集》卷六《论经筵第二札子》

【注】

①经筵：为帝王讲经说史而特开的御前讲席。②随事箴规：随事，随时随地。箴规，劝诫规谏。

【译】

程颐上疏说：“夏、商、周三代时，天子都设有太师、太傅、太保三公之

官职。太师协助天子教训仁道，大傅辅佐天子推行德义，太保保护天子的身心健康。后世人臣，做事缺少对本质问题的关注。他们只知道要寻求社会安定，却不知道问题的关键在于君主首先应该做到人格端正；只知道规劝君主的过失，却不知道报本要害在于君主培养德行。因此，所谓辅佐君主推行德义，就谈不上了，而保护君主的身心健康，同样也就说不上了。臣以为，所谓辅佐君主推行德义，关键在于匡助君主防止非礼的言行举止，节制过分的嗜欲好恶。所谓保护君主的身心健康，关键在于让君主饮食起居要有规律，同时使君主在这方面保持敬畏审慎之心。如今朝廷既然不再设太傅、太保之类的官职，那么，过去太傅、太保的责任就落在经筵官身上。臣乞请皇上在宫中的言行举止、饮食起居都应该让经筵官知道，如皇上有戏谑之举，经筵官应该随时进行劝告；如皇上的行为违背了持身养身之法，应该随时谏止。”

【原文】

伊川先生《看详①三学②条制》云：旧制，公私试补，盖无虚月。学校礼义相先之地，而月使之争，殊非教养之道。请改试为课③，有所未至，则学官召而教之，更不考定高下。制尊贤堂，以延天下道德之士，及置待宾吏师斋，立检察士人行检等法。又云：自元丰④后，设利诱之法，增国学解⑤额至五百人，来者奔凑，舍父母之养，忘骨肉之爱，往来道路，旅寓他土。人心日偷⑥，士风日薄。今欲量留一百人，余四百人，分在州郡解额窄处，自然士人各安乡土，养其孝爱之心，息其奔趋流浪之志，风俗亦当稍厚。又云：三舍⑦升补之法，皆案文责迹⑧。有司之事，非庠序育材论⑨秀之道。盖朝廷授法，必达乎下。长官守法而不得有为，是以事成于下，而下得以制其上。此后世所以不治也。或曰：“长贰⑩得人则善矣。或非其人，不若防闲⑪详密，可循守也。”殊不知先王制法，待人而行，未闻立不得人之法也。苟长贰非人，不知教育之道，徒守虚文密法，果足以成人才乎？

——《二程文集》卷七

【注】

①看详：审阅研究。②三学：太学、律学、武学。③课：考查，考核。④元丰：宋神宗年号。⑤解：举进士者皆由地方发送入试，称为解。⑥偷：浇薄，不厚道。⑦三舍：三学。⑧案文责迹：依照文卷考察人的成绩。⑨论：选拔。⑩长贰：长，官长。贰，佐贰，即作为副职的官员。⑪防闲：防，堤，

用以制水。闲，栏，用以制兽。引申为防备和禁阻。

【译】

程颐详细阅读三学条例后说："旧体制规定，无论公学私学，每月进行一次考试，并对成绩优秀者给予奖励。但学校是争相推崇礼义的地方，每月让学生在学习成绩上竞争名次，就完全背离了教育培养学生的原则。因此，应该把考试改为考查，如果学生成绩不够理想，学官就应该对他进行教育。改变以考试成绩界定学生高下优劣的做法；建立尊贤堂，以延聘天下有德之士。此外，设置待宾吏师二斋，以广纳教育人才；建立检察制度，以检查士人的道德行为规范。"又说："自从元丰以后，朝廷取士，以利禄诱惑士子，国学解士名额多达五百人，致使士人趋之若鹜，奔竞斗争。他们舍弃对父母的赡养，忘却对骨肉同胞的爱心，风尘仆仆于长途跋涉之中，寄居遥远的异乡。由于士人受到利禄的诱惑，结果导致人心不厚道，士风日下。基于此，国学解额五百人中，只留一百名，其余四百名，分散在解额较少的各州郡。这样，士人自然各安乡土，孝悌之心就可以得到养育；追名逐利，不惜奔波劳累的心态就会得到抑制；世风就会渐渐趋于朴厚。"又说："三舍生员升级补缺，依据的是辞章之学与行为表现，但这是官吏的事，而不是学校培养人才挑选人才的原则。朝廷取士，制定一定的法规，下达至各州县。地方长官只能依据法规行事，不得随意变通。于是依据法规取士便在各地成为铁律，人们便可以依据铁律胁制上司，这就是后世贤能匮乏、国家不安定的原因。有人说，官吏如果贤明，出于公心选拔人才，不是很好吗？如果官吏不贤明，反不如有法规作保证，使之具有防备与禁阻作用，详明而周密，让不贤明的官吏也不得不依据法规行事？这种说法站不住脚。殊不知先王制定法规，是要人来执行的，从来就没有听说过先王制定过不要人来执行的法规。官吏如果不贤明，不懂教育之道，那么，就只能徒然固守空虚的条文与详密的法规，怎么能够培养人才，造就人才呢？"

【原文】

《明道先生行状》云：先生为泽州晋城令，民以事至邑者，必告之以孝悌忠信，入所以事父兄，出所以事长上。度[①]乡村远近为伍保[②]，使之力役相劝，患难相恤，而奸伪无所容。凡孤茕[③]残废者，责之亲戚乡党，使无失所。行旅出其途者，疾病皆有所养。诸乡皆有校，暇时亲至，召父老与之语。儿

童所读书，亲为正句读④；教者不善，则为易置；择子悌之秀者，聚而教之。乡民为社会，为立科条⑤，旌别⑥善恶，使有劝有耻。

——《二程文集》卷十一

【注】

①度：估量。②伍保：五家为伍，五伍为保。③孤茕：孤独，无依无靠。④句读：断句。⑤科条：条例、章程。⑥旌别：区别，识别。

【译】

程颐撰写的《明道行状》说："程颢在泽州晋城当县令时，只要老百姓有事需要他解决，程颢总是告诫他们，在家必须尽孝悌之道，为人必须存忠信之心，在家要事奉父兄，在外要遵从师长。程颢依据村落的分布，以伍保形式就近把乡村家庭组织起来，使他们能够在需要人力物力时相互帮助，遇到患难时相互抚恤，从而让奸邪诈伪者无藏身之地。对于鳏寡孤独者、老弱病残者，程颢就找他们的亲戚或乡里邻居故旧赡济他们，使他们有所依靠。对于行旅在乡间不幸生病的人，则要乡民对他们进行照顾，使他们能得到调养。晋城县各乡都有学校，程颢有空总是到学校查看，并常与父老乡亲交谈。对于儿童读的书，程颢亲自为他们校正句读。对于不称职的教师，程颢则将他们更换，用称职者取代。对于优秀学生，程颢则把他们挑选出来，聚集在一起进行教育。乡民聚汇在一起构成社会，程颢为乡民社会制定乡规民约，以甄别善恶，使百姓努力向善，戒免邪恶。"

【原文】

《萃》①："王假有庙②。"《传》曰：群生至众也，而可一其归仰。人心莫知其乡③也，而能致其诚敬；鬼神之不可度④也，而能致其来格⑤。天下萃合人心、总摄众志之道非一，其至大莫过于宗庙，故王者萃天下之道，至于有庙，则萃之道至也。祭祀之报，本于人心，圣人制礼以成其德耳，故豺獭能祭，其性然也。

【注】

①萃：聚集。②王假有庙：王到宗庙里来祭祀。③乡：方向、趋向。④度：揣度。⑤来格：来临。

【译】

《萃》卦说："王到宗庙举行祭祀。"程颐《易传》说："立宗庙可以统一天下众生万民的信仰。人心飘浮不定，通过祭祀，就能让人心诚敬；鬼神不可测度，通过祭祀，能够让鬼神降临。天下聚合人心总摄众志的途径并非只有一种，而最根本最有效最有影响的途径莫过于宗庙祭祀。因此帝王才把天下聚集人心的种种途径汇聚在宗庙祭祀中，这样聚合人心，当然就能达到最完满的结果。通过祭祀报告神灵，本于人心的内在希望。圣人之所以制定祭祀礼仪，是为了让人恪守诚敬之心。并非只有人有祭祀愿望，动物亦有这种愿望。因此豺狼水獭都会祭祀，这是本性使然。”

【原文】

古者戍役，再期而还。今年春暮行，明年夏代者至，复留备秋①，至过十一月而归；又明年仲春遣次戍者。每秋与冬初，两番②戍者皆在疆圉③，乃今之防秋也。

——《程氏经说·诗解》

【注】

①备秋：秋天草丰马肥，为战事多发季节。②两番：番为轮番，轮流更替。③疆圉：边疆，边境。

【译】

程颐说：“古时候，边境戍卒任期两年，方可还乡。具体说，今年暮春三月戍卒起程，第二年夏天替换者速到边境，但被替换者还要留在边境，以留下来备秋，一直要到十一月过后，被替换者才可启程还乡。第三年仲春之际，又再派遣新的戍卒。这样，每年秋季与冬季，两批戍卒都在边境守防。今天的秋防，正是从古代继承下来的。”

【背景故事】

虞衡之职

古代掌山林川泽之官。《周礼·天官·太宰》：“以九职任万民，三曰虞衡。”郑玄注：“虞衡，掌山泽之官，主山泽之民者。”虞衡分职，周汉已然，魏晋以来，概称虞曹、虞部。隋代以后虞部属工部尚书。明改为虞衡司，清末始废。

【原文】

圣人无一事不顺天时，故至日[1]闭关。

——《二程外书》卷三

【注】

①至日：冬至。

【译】

圣人做任何一件事都依据天意，因此在冬至之日关闭城门。

【原文】

韩信多多益办[1]，只是分数明[2]。

——《二程遗书》卷七

【注】

①办：理。②分数明：法度分明，管理有方。

【译】

韩信带兵越多越能治理，其原因是每人的职分与限数都十分明确。

【原文】

伊川先生曰：管辖人亦须有法，徒严不济事。今帅千人，能使千人依时及节得饭吃，只如此者，亦能有几人？尝谓军中夜惊，亚夫坚卧不起，不起善矣，然犹夜惊何也？亦是未尽善。

——《二程遗书》卷六

【译】

程颐说："统管军人，必须有法度，仅仅依赖严酷的禁令，往往无济于事。一个统帅一千人的将领，能够使全军将士在规定的时间和要求内吃饭，就不容易。当今之世，能做到这一点者，能有几人？西汉七国反叛时，有一次，汉军营帐半夜一片惊慌，周亚夫却一直躺着不起床。周亚夫遇变不慌，镇静自如，值得称赞。然而为什么遇到敌军侵扰就导致一片混乱呢？这显然是周亚夫治军有不足之处造成的。"

【原文】

管摄天下人心，收宗族，厚风俗，使人不忘本，须是明谱系，收世族，立宗子法。

——《二程遗书》卷六

【译】

欲统摄天下人心，收拾宗族恩爱之情，使风俗朴厚，使人不忘本，就必须修明谱系，收聚世族，确立宗法制度。

【原文】

宗子法[①]坏，则人不自知来处，以至流转四方，往往亲未绝，不相识。今且试以一二巨公之家行之，其术要得拘守得，须是且如唐时立庙院[②]，仍不得割分了祖业，使一人主之。

——《二程遗书》卷十五

【注】

①宗子法：即宗法，古代以家族为中心，按血统嫡庶来组织、统治社会的法则。②庙院：家庙与斋院。

【译】

宗子制度一旦毁弃，那么，人就不可能知道自己家族宗派变迁由来，以至于流落他乡，即令遇到同宗的血缘亲戚，也只能视如路人。眼下只能以一二公卿世家来推行宗子制度，权且作为一种尝试。其方法是：如若要拘守宗子制度，就必须像唐朝惯例那样，建立世族宗庙，子孙不得分割祖上产业，选出宗族中有才能者主管其事。

【原文】

凡人家法，须月为一会以合族。古人有花树韦家宗会法，可取也。每有族人远来，亦一为之。吉凶嫁娶之类，更须相与为礼，使骨肉之意常相通。骨肉日疏者，只为不相见，情不相接尔。

——《二程遗书》卷一

【译】

大凡家法，应该每月让族人聚会一次。古人传说有花树韦家宗族聚会制度，十分可取。只要有族人远道而来，全体族人就要聚会一次。如若遇到吉凶嫁娶之类的大事，族人更应该依据礼仪表示祝贺或给予安慰，以达到亲骨肉之情相互沟通。亲情骨肉之间，之所以日益疏远，原因在于彼此不相往来，情感得不到交流。

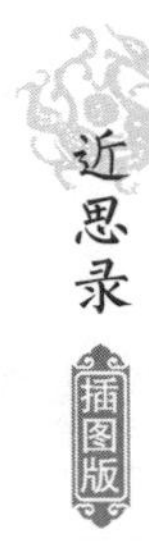

【原文】

冠[①]婚丧祭，礼之大者，今人都不理会。豺獭皆知报本，今士大夫家多忽此，厚于奉养而薄于先祖，甚不可也。某尝修六礼，大略：家必有庙，庙必有主[②]，月朔必荐新[③]，时祭[④]用仲月[⑤]，冬至祭始祖，立春祭先祖，季秋祭祢[⑥]，忌日迁主，祭于正寝[⑦]。凡事死之礼，当厚于奉生者。人家能存得此等事数件，虽幼者，可使渐知礼义。

——《二程遗书》卷十八

【注】

①冠：冠礼。古代男子成年时举行加冠的礼仪。②主：神主，用栗木制作的先人神位。③月朔必荐新：月朔，每月的初一。荐新，是以新熟的五谷或其他时新食物祭祀祖考。④时祭：四时之祭。⑤仲月：每季第二个月。⑥季秋祭祢：季秋，秋季第三个月，即农历九月。祢，父亲死后在宗庙中立主称为祢，这里指父亲。⑦正寝：居住之正室。

古代冠礼

【译】

冠礼、婚礼、丧礼、祭祀，是重大的礼仪活动，但如今人们都不理解这些礼仪的意义。豺狼水獭都知道以祭祀报本，如今士大夫之家却往往给忽略了。他们看重对活着的人的奉养，轻视对先祖的祭祀，是很不应该的。我曾撰有《六礼大略》一书，其要旨是：每家必须有宗庙，庙中必须有死者的牌位；每月朔日必须进献新的祭品；春夏秋冬每季仲月必须祭祀；冬至之日祭祀始祖；立春之日祭祀先祖；季秋之月祭祀父亲；忌日必祭，但必须把父母牌位迁入正室；凡有关死亡丧葬的礼仪，都应当举行得比敬奉活着的人的礼仪隆重。家庭只要能够诚敬地做好上述之事，那么，即使是家中幼小无知的孩童，也会使他们渐渐知晓礼义。

【原文】

卜其宅兆[1]，卜[2]其地之美恶也。地美则神灵安，其子孙盛。然则曷谓之地美者？土色之光润，草木之茂盛，乃其验也。而拘忌者，惑以择地之方位，决日[3]之吉凶，甚者不以奉先为计，而专以利后为虑，尤非孝子安措[4]之用心。惟五患者，不得不慎：须使异日不为道路，不为城郭，不为沟池，不为贵势所夺，不为耕犁所及。

——《二程文集》卷十《葬说》

【注】

①宅兆：宅即墓宅，墓。兆，即墓地的位置。②卜：选择，估量。③决日：选择葬日。④安措：即安厝，安葬。

【译】

所谓选择墓宅，即要鉴别土地的好坏。土地好，则神灵心安，子孙兴旺。然而怎样才能算土地好呢？土色光润，草木茂盛，就是土地好的证据。然而心态拘忌的人，由于受到世俗之见的诱惑，考虑的是选择墓地的方位坐向，占决日辰的吉凶，以决定舍取。更有甚者，他们考虑的不是怎样安奉先人的体魄，而是活者的利益。这确实不是孝子安葬先人应有的用心。选择墓宅，有五种隐患不得不慎重考虑。第一是墓地往后不会变成路，第二是不会为人修城郭之用，第三是不会为人开沟地之用，第四是不会被权贵豪门侵夺，第五是不会因犁田而受到损毁。

【原文】

正叔[1]云：某家治丧，不用浮图[2]。在洛，亦有一二人家化之[3]。

——《二程遗书》卷十

【注】

①正叔：程颐，字正叔。②浮图：又作浮屠，佛教语。旧时丧事用僧徒做法事超度亡灵。③化之：随之而化，因其影响而改变习俗。

【译】

程颐说："我家办理丧事，不要和尚念经。在洛阳乡村，也有一二人家办理丧事时，不要和尚念经。"

【背景故事】

翦桐之戏

出自《吕氏春秋》的典故，周成王和唐叔虞退朝而处，周成王摘了片梧桐叶当作圭授予唐叔虞，并对他说："我将对你进行分封。"唐叔虞很高兴，将此事告诉了周公旦，周公旦问周成王这回事，成王说，我只是和唐叔虞开玩笑，但周公旦却说了天子无戏言，于是成王将晋分封给了唐叔虞。

【原文】

今无宗子，故朝廷无世臣。若立宗子法，则人知尊祖重本①；人既重本，则朝廷之势自尊。古者子弟从父兄，今父兄从子弟，由不知本也。且如汉高祖欲下沛时，只是以帛书与沛②父老，其父兄便能率子弟从之。又如相如使蜀，亦移书责父老，然后子弟皆听其命而从之。只有一个尊卑上下之分，然后顺从而不乱也。若无法以联属之，安可？且立宗子法，亦是天理。譬如木，必有从根直上一干，亦必有旁枝。又如水，虽远必有正源，亦必有分派处，自然之势也。然又有旁枝达而为干者，故曰：古者天子建国，诸侯夺宗云。

——《二程遗书》卷十八

【注】

①尊祖重本：尊敬先祖，重视自己的本源。②沛：沛县，在今江苏省。

【译】

程颐说："当今之世，没有宗子，因此朝廷就没有世臣。如若建立宗子法，人就知道尊敬祖先敬重本根；人只要敬重本根，朝廷的权威自然崇高。古时候，子弟顺从父兄，如今则是父兄顺从子弟。如此错位，原因在于人不知道敬重本根。过去汉高祖准备攻取沛县时，只是写了一封书信给沛县乡亲父老，沛县父兄便率领子弟跟从汉高祖。司马相如出使蜀地时，也只是下书督责蜀中父老，随后蜀中子弟皆降心听命，归从朝廷。因此，只要有一个尊卑上下的秩序，就会人人遵从尊长，就不会导致混乱无序。如若无法度可依，怎么能保证社会的有序运转呢？因此，建立宗子法，是天理的必然要求。正如树木必有一枝从根直上的主干，也必有若干分枝；又如河水虽然流得很远，但必有源头，也必有分流，都是自然的发展趋势。当然，一棵树的小枝也可以长成枝干，但它依然是主干派生出来的。因此才可说：天子建立诸侯国，各诸侯分管封地，自然就各自为宗。

【原文】

邢和叔叙明道先生事云：尧、舜三代帝王之治，所以博大悠远，上下与天地同流者，先生固已默而识之。至于兴造礼乐、制度文为[①]，下至行师用兵战阵之法，无所不讲，皆造其极。外之夷狄情状，山川道路之险易，边鄙防戍城寨斥侯控带[②]之要，靡不究知。其吏事操决，文法簿书[③]，又皆精密详练。若先生，可谓通儒全才矣。

——《二程遗书》附录《门人朋友叙述并序》

【注】

①文为：文章所为。文章，具体的礼乐法度。②斥侯控带：斥侯，放哨。斥，远；侯，侦察。控，控制。带，引导。③文法簿书：文法，法制，法规。簿书，官署中的文书簿册。

【译】

邢和叔叙述程颢事迹时说："尧、舜、禹、商汤、文王的治法道法，博大悠远，与天地同流，程颢先生已经融合默契，牢记在心。以致上起礼乐制度法令条文，下至统领兵马，运用兵法，营划战阵之术，程颢无不精通，几乎都达到至极的高度。另外如各国的地理状况、山川道路的分布及地形的复杂性，以及境内边境的防戍、营寨的分布、哨所的作用、区域的控制等要害问题，程颢无不一一研究思考过。程颢为官，无论是吏治之事的裁决，还是法令条文的运用，官署文书的处理，都能做到精细、周密、谙练。像程颢先生这样的人，真可称得上通儒全才。"

【原文】

介甫[①]言律[②]是八分书[③]，是他见得。

——《二程外书》卷十

【注】

①介甫：王安石，字介甫。②律：刑律，刑书，这里指以八分书比喻刑律。③八分书又称八分，八书，相传为秦代上谷人王次仲所造。

【译】

王安石认为律书在道理上并不完满，还有几分欠缺，这种看法是很正确的。

【原文】

横渠先生曰：兵谋师律[①]，圣人不得已而用之。其术见三王方策，历代简书[②]。惟志士仁人，为能识其远者大者，素求预备而不敢忽忘。

——张载《横渠文集》

【注】

①师律：指军队的纪律。②历代简书：夏、商、周三代圣王的典籍，历朝历代的记事的书册。

【译】

张载说："运用兵法谋略，运用法令治军，对于圣人来说，都是出于不得已。这些权谋策略可以在夏禹、商汤、周文王、周武王的方策和历代简书中见到。只有志士仁人，才能认识到这些计谋法令的深远价值，因此，他们平时才会潜心探求这方面的学问，以预先戒备，不敢轻易忽视遗忘。"

【原文】

肉辟[①]，于今世死刑中取之，亦足于宽民之死，过此当念其散之之久。

——张载《横渠文集》

【注】

①肉辟：古代墨、劓、剕、宫、大辟等肉刑的总称。

【译】

用肉刑而不用死刑来惩罚犯有死罪的人，今天足以说是一种宽容的策略。但如若实行宽容的政策也不能改变人们普遍违法犯罪这一事实，那就只能归结于统治者教化无方、民心涣散已久这一原因。

【原文】

吕与叔撰《横渠先生行状》云：先生慨然有意三代之治[①]，论治人先务，未始不以经界为急，尝曰："仁政，必自经界始。贫富不均，教养无法，虽欲言治，皆苟而已。世之病难行者，未始不以亟夺富人之田为辞。然兹法之行，悦之者众，苟处之有术，期以数年，不刑一人而可复，所病者特上之未行耳。”乃言曰：纵不能行之天下，犹可验之一乡。方与学者议古之法，共买田一方，画为数井，上不失公家之赋役，退以其私正经界，分宅里，立敛法②，广储蓄，兴学校，成礼俗，救灾恤患，敦本抑末③，足以推先王之遗法，明当今之可行。此皆有志未就。

——《张子全书》卷十五吕大临《横渠先生行状》

【注】

①三代之治：儒家认为，夏、商、周三代，圣人在上，为古代理想之治。②敛法：税收之法。③敦本抑末：即加强农耕业，抑制工商业。

【译】

吕与叔撰写的《横渠行状》说：“张载慨然有复兴夏、商、周三代理想社会之志。张载认为，统治人民，首先要做的，未尝不以划定土地田沟的界线为关键所在。孟子曾说过：‘施行仁政，一定要从划定土地田沟的界线入手。’在贫富不均、教养无法的情况下，谈所谓的治理国家，无非是苟且说说而已。社会上有人责备说，井田制难以推行。其理由是：要推行井田制，势必要侵夺富人的田产，由此必然遭到富人的抗拒。然而结果并非如此。一旦推行井田制，拥护者必然居多数，如果有适当的手段处理推行过程中的种种问题，在数年之内，不用刑罚一人，便可让人们对井田制心悦诚服。因此，应该责备的只是那些上层官吏不愿推行井田制。张载坚信：纵然井田制不能推行于天下，也可以在乡村进行试验。基于此，张载和一些有识之士商议古代井田制的推行计划：共同出钱买一块田地，分为数井让数家耕种，首先不延误国家的赋税差役，其次划定各家田界，各自经营自己的田地，划分每家的住宅范围，建立收敛制度，扩大储备，兴办学校，建构礼俗文明，救助灾患，重本抑末，这样，就完全能够推行先王遗法。从而让人们明白，当今之世，实施井田制，是可行的。遗憾的是，张载虽然有复兴井田制的宏大志向，然而在未完成这一事业时，却怀抱着志愿死去了。”

【背景故事】

试补

宋代元丰以后，太学分三舍：上舍、内舍、外舍。初入学为外舍，外舍

生升内舍，内舍生升上舍。凡内舍行艺与所试之等俱优者升为上舍。上舍分三等，上等取旨命官，一优一平为中，以俟殿试，一优一否或俱平为下，以俟省试。置外舍生二千人，内舍生三百人，上舍生一百人。由外舍升补内舍，由内舍升补上舍，都通过考试，即为“试补”。

【原文】

横渠先生为云岩[①]令，政事大抵以敦本[②]善俗为先。每以月吉[③]，具酒食，召乡人高年会县庭，亲为劝酬[④]，使人知养老事长之义。因问民疾苦，及告所以训戒子弟之意。

——《张子全书》卷十五吕大临《横渠先生行状》

【注】

①云岩：县名，在今陕西宜川县西北。②本：指人伦之本，如孝悌之类。③月吉：月朔，初一。④劝酬：互相劝酒，敬酒。

【译】

张载在云岩县当县令时，对于政事的处理，首先考虑的往往是教育人民奉行孝悌，遵从传统礼俗。每月初一，张载接上酒食，邀请乡间老年人在县庭内聚会，亲自为他们敬酒，以使人们知道应该尊敬老人。张载还常常通过探问百姓疾苦，以此告诫年轻人，孝悌是立身之本，不可须臾松懈。

【原文】

横渠先生曰：古者“有东宫，有西宫，有南宫，有北宫，异宫而同财”。此礼亦可行。古人虑远，目下虽似相疏，其实如此乃能久相亲。盖数十百口之家，自是衣服饮食难为得一。又异宫乃容子得伸其私，所以避子之私也。子不私其父，则不成为子。古之人曲尽人情。必也同宫，有叔父伯父，则为子者何以独厚于其父？为父者又乌得而当之？父子异宫，为命士[①]以上，愈贵则愈严。故异宫犹今世有逐位，非如异居也。

——张载《乐说》

【注】

①命士：受朝命有官爵之士。

【译】

张载说：“古代大家族的居室，有东屋、西屋、南屋、北屋之分，而财产则不分。这种以礼为根据的布局和规定，在今天也可以推行。古人考虑问题，看得远。表面上看，似乎这种格局造成了各家的相互疏远，其实只有如此才能保证整个家庭长久相亲相爱、和睦相处。一个几十上百人的大家族，各家日常生活的具体安排，自然难以统一。再者，各家分屋而居，就为子女私自表达对父母的特有情感提供了可能并且也可以避免其他亲戚看见这私自的情感。子女不私自偏爱父母，就不成其为子女。古人分屋而居，巧妙地满足了人间亲情的内在要求。如若整个大家族都居住在一起，有伯父有叔父，子女怎么能只偏向自己的父亲呢？而作为父亲，又怎么能担当得起呢？儿子成为官吏以后，父子就要分屋而居，儿子的地位愈高，分屋而居的种种规定愈细愈严。因此，所谓分屋而居，就如同今天依据社会地位高低排列各家的房屋位置，并不是指在异地居住。”

【原文】

治天下不由井地，终无由得平。周道[①]止是均平。

——张载《经学理窟·周礼》

【注】

①周道：大道。

【译】

治理天下如若不实行井田制，最终将无法达到天下太平。周朝圣王的治国原则，只是要达到田产均平。

【原文】

井田卒归于封建[①]，乃定。

——张载《经学理窟·周礼》

【注】

①封建：即封侯建国的分封制。

【译】

要推行井田制，最终只有以封建制为根据，才有确定的保证。

卷十　处事之方

【原文】

伊川先生上疏曰：夫钟，怒而击之则武，悲而击之则哀，诚意之感而入也。告于人亦如是，古人所以斋戒[①]而告君也。臣前后两得进讲，未尝敢不宿斋预戒，潜思存诚，觊[②]感动于上心。若使营营[③]于职事，纷纷其思虑，待至上前，然后善其辞说，徒以颊舌感人，不亦浅乎？

——《二程文集》卷六《上太皇太后书》

【注】

①斋戒：举行重大仪式前沐浴更衣，以示虔诚。②觊：希望，企图。③营营：忙忙碌碌没有休止。

【译】

程颐上疏说："人怀着怒气击钟，钟就会发出洪亮之声；人怀着悲心击钟，钟就会发出哀惨之声。这是人的真诚实意之感影响了钟的缘故。对人说话，道理也一样。因此古人总是先进行斋戒，然后才禀告皇帝。我前后两次在陛下面前言说，从不敢不先进行斋戒，收敛思虑，守存诚敬之心，就希望能感动陛下。如若事前忙于处理各种政务，造成思绪纷乱，待到在陛下面前进言时，凸现的无非是能言善辩而已。这种只想以表面的形容言辞打动他人的伎俩，不是很浅陋吗？"

【原文】

伊川《答人示奏稿[①]书》云：观公之意，专以畏乱为主。颐欲公以爱民为先，力言百姓饥且死，丐朝廷哀怜，因惧将为寇乱可也。不惟告君之体当如是，事势亦宜尔。公方求财以活人，祈之以仁爱，则当轻财而重民；惧之以利害，则将恃财以自保。古之时，得丘民[②]则得天下，后世以兵制民，以财聚众。聚财者能守，保民者为迂。惟当以诚意感动，觊其有不忍之心而已。

——《二程文集》卷九《答人示奏草书》

【注】

①奏稿：奏牍。②丘民：如说乡民，国民，或众民。

【译】

一位同僚请程颐评价他写给皇帝的奏章。程颐于是给他回了一封信。信中说："看了你的信，知道你所主要关注的是，担心老百姓的饥馑状况会导致社会动乱不安。我认为，你考虑问题应该以爱民为出发点，首先尽力向皇帝呈述百姓饥馑困苦、朝不保夕的危急状态，请求朝廷同情百姓疾苦。然后你再说，百姓的疾苦得不到解决，就会导致社会动荡，盗贼蜂起。这样，你向皇帝禀告民情，不但基于仁义爱民之本，完全站得住脚，而且就事理情势而言，也考虑到了先后缓急，是合情合理的。你在奏章中请求朝廷散财以让百姓继续生活下去，不如祈请朝廷以仁爱为心。从仁爱出发，朝廷自然就会轻视钱财，重视民生。如若只是从害怕动乱这一利害关系考虑问题，那么朝廷必将恃财聚财，以图自保。古时候，得民心就可以得天下。后世则不然，往往以暴力压制人民，而要压制人民，就必须以钱财为资本，聚集军队。于是顺理成章的是，能够聚积钱财，就能守护天下；而所谓爱民保民，自然就成了迂腐之见。基于此，我们唯一所应当做的，是以真诚之心感动皇帝，希望皇帝能有不忍之心而已。”

【背景故事】

科举考试的科目

唐朝科举的科目有秀才、明经、进士、俊士、明法、明字、明算等五十多种。其中明法、明算、明字等科，不为人重视。俊士等科不经常举行，秀才一科，在唐初要求很高，后来渐废。所以，明经、进士两科便成为唐代常科的主要科目。明经、进士两科，最初都只是试策，考试的内容为经义或时务。后来两种考试的科目虽有变化，但基本精神是进士重诗赋，明经重帖经、墨义。

【原文】

明道为邑①，及民之事，多众人所谓法所拘者，然为之未尝大戾②于法，众亦不甚骇。谓之得伸其志则不可，求小补，则过今之为政者远矣③。人虽异之，不至指为狂也。至谓之狂，则大骇矣。尽诚为之，不容而后去，又何嫌④乎？

——《二程文集》卷九《答吕进伯简三》

【注】

①为邑：治理地方，即做地方官。②戾：乖违，违背。③过今之为政者

远矣：远远超过今天的执政者了。④嫌：疑，疑虑。

【译】

程颢当县令时，对民事的处理往往与众人拘泥的法度观念相左。但程颢依然自行其是，结果从未过分违背法度，众人也不感到有什么不一样。程颢如此果断，如若说他得以施展自己的抱负则不可；如若就他对国家的贡献而言，哪怕是稍许贡献，却是当今的官吏不可企及的。人们虽然也可能对程颢所作所为持有异议，但不至于认为他狂妄；如若认为他狂妄，那他肯定会惊讶不安的。为政只是竭尽真诚职责而已，如若不容于世，自当弃官而去，又何必怨恨呢？

唐代科举制

【原文】

明道先生曰：一命之士[①]，苟存心于爱物，于人必有所济[②]。

——《二程文集》卷十一《明道先生行状》

【注】

①一命之士：最低级的官员。②济：帮助救助。

【译】

程颢说：“为官者，官位再低，也必须守存善心，泛爱万物，济助民众。”

【原文】

伊川先生曰：君子观天水违行之象，知人情有争讼之道。故凡作事，必谋其始，绝讼端于事之始，则讼无由生矣。谋始之义广矣，若慎交结、明契券之类是也。

——《程氏易传·讼传》

【译】

程颐说："君子观望天水相背而行之象，就知道人与人之间存在着矛盾与冲突，必然引起争讼纷起，因此凡在做事时，必须首先慎重思考。因此，如若把争讼的端倪杜绝在事故开始的时候，争讼就无从产生。需要在事情开始时进行仔细思考的事无以数计，例如谨慎地交友、辨明契约内容等等即是。"

【原文】

《师》之九二，为师[①]之主。恃专则先为下[②]之道；不专，则无成功之理，故得中为吉。凡师之道，威和并至则吉也。

——《程氏易传·师传》

【注】

①师：即军队。②为下：主帅为君王之臣，故说"为下"。

【译】

程颐说："《易经·师》九二爻辞的含义是：作为军中的主帅，恃权专断，就背离了人臣卑逊的本分；不专断，就不能指挥部队取得胜利。因此，取中庸之道，才会吉利。大凡统领军队，威严与柔和并用，就能吉利。"

【原文】

世儒有论鲁祀周公以天子礼乐，以为周公能为人臣不能为之功，则可用人臣不得用之礼乐。是不知人臣之道也。夫居周公之位，则为周公之事。由其位而能为者，皆当为也。周公乃尽其职耳。

——《程氏易传·师传》

【译】

程颐说："关于鲁国以奉祀天子的礼乐奉祀周公一事，世儒认为，周公因为建立了人臣不能建立的功勋，因此周公可以享用人臣不得享用的礼乐。这种看法，是不懂人臣之道的谬见。在周公的位置上，就做周公这个位置做的事。由其位置决定所能做的事，都是应该做的事。周公无非是尽职尽责而已。

【原文】

《大有》之九三曰："公[①]用亨[②]于天子，小人弗克[③]。"《传》曰：三[④]当大有之时，居诸侯之位，有其富盛，必用亨[④]通于天子，谓以其有为天子之有也，乃人臣之常义也。若小人处之，则专其富有以为私，不知公己奉上

之道，故曰“小人弗克”也。

——《程氏易传·大有传》

【注】

①公：公侯。②亨：通“享”。③弗克：不能。克，能。④三：九三爻。

【译】

《易经·大有》九三爻辞说：“公侯把一切都奉献给天子，小人则做不到。”程颐《易传》说：“九三一爻正处于丰年之时，又居诸侯之位，富贵兴盛自不待言。纵然如此，诸侯必定会把自己的一切财富、荣誉奉献给天子，这意味者自己的一切所有都属于天子。只有如此，才是人臣的本分。如若小人处在贵宫显赫的位置上，小人必然只会把一切财富窃为已有；小人绝不会有公心，绝不可能做到恭己奉上。因此《易经·大有》九三爻辞才说：‘小人没有公心。’”

【原文】

人心所从，多所亲爱者也。常人之情，爱之则见其是，恶之则见其非。故妻孥[①]之言，虽失而多从；所憎之言，虽善为恶也。苟以亲爱而随之，则是私情所与，岂合正理？故《随》之初九：出门而交，则有功也。

——《程氏易传·随传》

【注】

①妻孥：妻子儿女。

【译】

程颐说：“人往往顺从自己亲爱的人。常人的情感倾向表现为：爱一个人就总是看见他好的地方，恨一个人则总是看见他不好的地方。因此，对自己妻子儿女说的话，即使说得不对，往往也会附和，而对自己所憎恶的人说的话，即使说得对，往往也会厌恶。如果只是因为对方是自己所爱的人，就无原则地顺从他，那种顺从，表达的无非是私情，岂能符合正理？因此《易经·随》初九爻辞说：“为人处世能够超越狭隘的好恶，就能获得成功。”

【原文】

《随》九五之《象》曰：“孚[①]于嘉[②]吉，位正中[③]也。”传曰：随以得中为善，随之所防者过也，盖心所说随，则不知其过矣。

——《程氏易传·随传》

【注】

①孚：诚信。②嘉：善。③位正中：依爻象、爻位之说，九五为阳爻，居上卦中位，是谓得位。

【译】

《易经·随》九五之《象》说："信守中正之道，诸事吉利。因为九五之爻居上卦中位，像人守中正之道。"程颐《易传》说："《随》卦的指向是：守持中正之道，即是善；《随》卦防止的是'过'。因此，人出于喜悦之情而附和顺从他人，自然就不知道自己的言行偏过不正。"

【背景故事】

视民如伤

程颢做县令的时候，凡住座之处都写有"视民如伤"四个字，这是为了时时告诫自己，为官责任重大，应克己职守，不可稍有疏忽，愧对百姓。

【原文】

《坎》之六四曰："樽酒、簋贰、用缶[①]，纳约[②]自牖[③]，终无咎。"《传》曰：此言人臣以忠信善道结于君心，必自其所明处乃能入也。人心有所蔽，有所通，通者，明处也，当就其明处而告之，求信则易也，故曰"纳约自牖。"能如是，则虽艰险之时，终得无咎也。且如君心蔽于荒乐，唯其蔽也，故尔，虽力诋其荒乐之非，如其不省何？必于所不蔽之处，推而及之，则能悟其心矣。自古能谏其君者，未有不因其所明者也。故讦直[④]强劲者，率多取忤；而温厚明辨者，其说多行。非唯告于君者如此，为教者亦然。夫教必就人之所长，所长者，心之所明也。从其心之所明而入，然后推及其余，孟子所谓"成德"、"达财"[⑤]是也。

——《程氏易传·坎传》

【注】

①樽酒、簋贰、用缶：樽是酒杯，簋是器皿，缶是瓦器。②约：指俭约的食品。③牖：窗户。④讦直：指抗直敢言。⑤达财：因其材而通达。财，通"材"。

【译】

《易经·坎》六四爻辞说："用瓦器盛酒，用瓦器盛饭，质朴之极。从别人明白的地方阐述忠信之道，最终不会有危险。"程颐《易传》说："此爻的意思是说，人臣如若要君主奉守忠信之道，就必须从君主明白的地方开导他，这样，君主才接受人臣的劝谏。人会被遮蔽，同样人也会开通。所谓"通"，即是明白的地方。因此，劝告君主，应当从君主明白的地方劝告他，这样君主就容易相信并接受劝告。《易经·坎》六四爻辞说'纳约自牖'，其道理正在这里。如若人臣依据这一原则行事，即令出现种种曲折凶险，最终也不会获罪。例如，君主受私欲蒙蔽，耽于荒乐；而耽于荒乐，正是私欲蒙蔽的结果。作为人臣，虽然应该尽力对君主的荒乐行为进行诋谏，但如果君主不知省悟，不如从君主未受到蒙蔽的事情上开导他，然后推己及来，指出追求快乐的种种恶果，这样就能使君主幡然悔悟。自古以来，凡是能够使君主接受自己的劝谏的，没有不是从君主明白的地方劝谏的。因此，强劲有力的诤诤直言，往往忤逆君主；而温柔深厚的明辨之言，则往往被君主接受。非但劝告君主应当如此，教诲他人亦然。教育人，必须从人的长处启发他。所谓长处，就是明白处。教育应该从人明白处入手，然后再推及到其他方方面面。孟子所说的'成就人的品德，培养人的才能'，正是这个意思。"

【原文】

《恒》之初六曰："浚恒[①]，贞凶。"《象》曰："浚恒之凶，始求深也。"《传》：初六居下，而四为正应。四以刚居高，又为二三所隔，应初之志，异乎常矣。而初乃求望之深，是知常而不知变也。世之责望故素[②]而至悔咎者，皆"浚恒"者也。

——《程氏易传·恒传》

【注】

①浚恒：浚，索取。恒，久。②故素：故交，老友。

【译】

《易经·恒》初六爻辞说："不断索取，卜问凶险。"《象》说："不断索取之所以凶险，就在于一味求索，不知禁止。"程颐《易传》说："初六一爻居下位，而九四一爻照理与之相应。但九四属刚性，又居于高位，难以接应初六；并且九二、九三两爻隔在中间。因此，九四接应初六的志趣已与常态不同，而初六仍不断地对九四寄予深厚的期望。这种求索，属于只知常理而不知权变之列。世人之所以责备那些对老朋友要求太高、期望太高的人，就是因为他们不断地向老朋友索求。”

【原文】

《遯》[①]之九三曰：“系遯[②]，有疾疠；畜臣妾[③]，吉。”《传》曰：系恋之私恩，怀小人女子之道也，故以畜养臣妾则吉。然君子之待小人，亦不如是也。

——《程氏易传·遯传》

【注】

①遯：通遁，隐退的意思。②系遯：被拖累而不能退隐。系，拘系，拖累。③臣妾：古称男奴隶为臣，女奴隶为妾。

【译】

《易经·通》九三爻辞说：“被拖累而不能隐退，如同身染重病，情形危险。在这种情况下，蓄养奴婢是吉利的。”程颐《易传》说：“以私恩为念，骨子里怀有的无非是小女子式的狭隘心态。因此，对于这样的人来说，蓄养奴婢或许是吉利的。但是，君子对待小人，则完全不以小恩小惠为念。”

【原文】

《睽》之《象》曰。“君子以同而异。”《传》曰：圣贤之处世，在人理之常，莫不大同。于世俗所同者，则有时而独异。不能大同者，乱常拂理之人也；不能独异者，随俗习非之人也。要在同而能异耳。

——《程氏易传·睽传》

【译】

《易经·瞬》之《象》说：“君子遵从‘道’的普遍法则，同时也保持自己独立的个性。”程颐《易传》说：“圣贤处世为人，遵奉伦常日用之理，一言一行莫不与天理一致；但在世俗的时尚面前，则保持独立不羁的品格，决不随波逐流。不能遵从普遍的天理，必然扰乱纲常，拂逆义理；不能特立独行，必然顺随流俗，听任谬误。因此，圣贤之道，关键在于既要遵从普遍法则，又要保持独立人格。”

【原文】

《睽》之初九[①]，当睽之时，虽同德者相与，然小人乖异者至众，若弃绝

之，不几尽天下以仇君子乎？如此，则失含弘之义，致凶咎之道也，又安能化不善而使之合乎？故必“见恶人，则无咎”也。古之圣王，所以能化奸凶为善良，革仇敌为臣民者，由弗绝也。”

——《程氏易传·睽传》

【注】

①初九：指初九爻辞。

【译】

程颐说：“《易经·瞬》初九爻辞的意思是：当冲突到来之时，虽然君子相互支持，团结一致，然而乖异小人人多势众，如若绝弃他们，不就是几乎让整个天下人都仇视君子吗？这样做，就丧失了君子宽宏的气量，必然导致小人加害于君子。又怎么能感化小人，使他们最终能合于正道呢？因此，君子必须以宽容的态度对待恶人，就不会有灾祸。古代圣王之所以能把奸凶者感化为善良的人，把仇敌改造成臣民，原因在于圣王没有绝弃他们。”

【原文】

《睽》之九二[①]：当睽之时，君心未合，贤臣在下，竭力尽诚，期使之信合而已。至诚以感动之，尽力以扶持之，明理义以致其知，杜蔽害以诚其意，如是婉转以求其合也。“遇”非枉道逢迎也，“巷”非邪僻由径也，故《象》曰：“遇主于巷，未失道[②]也。”

——《程氏易传·睽传》

【注】

①九二：指九二爻辞。②未失道：没有失去为臣之道。

【译】

程颐说：“《易经·睽》九二爻辞的意思是：当危机出现之时，君心不合仁德，身居下位的贤臣就应该竭其股肱之力，尽其忠敬之诚，从而使君主之心最终合于仁德。奉至诚之心以感动君主；尽勤敏之力以扶持君主；阐明义理，使君主一一能知晓；杜绝蔽惑，使君主恪守诚意；贤臣如能以上述之职婉转行事，可以期望君心合于仁德。所谓‘遇’，不是指枉道苟合，采取逢迎邪媚的手段；所谓‘巷’，亦不是指邪险偏私的机巧。因此《象》说：‘遇主于巷，未失道也。’”

【背景故事】

簿为佐令

宋代的时候，诸县设令、丞、簿、尉。县令为一县之长，宋时逐渐废除县令之名而代之以知县。县主簿总领县廷文书。县丞本为县令之副，但是宋代多不设置县丞，由主簿兼任。县尉则掌阅习兵弓，戢奸禁暴。故说："簿，佐令也。"

【原文】

《损》之九二曰："弗损益之。"《传》曰：不自损其刚贞，则能益其上，乃"益之"也。若失其刚贞而用柔说，适足以损之而已。世之愚者，有虽无邪心，而惟知竭力顺上为忠者，盖不知"弗损益之"之义也。

——《程氏易传·损传》

【译】

《易经·损》九二爻辞说："没有受到损伤，反而有益。"程颐《易传》说："人臣不肯自我贬损，保持自己刚毅、正直的品格，就能对君主有利。人臣不贬损自己，正是为了有益于君主。如若人臣丧失了刚毅、正直的人格，以谄媚君主为能事，那就只会对君主造成损害，有些愚蠢的人，虽不一定有什么邪念，但他们只知道一味盲目顺从君主，并认为这才是尽忠的表现。这样的人失之于不懂不贬损自己的人格，才能真正有益于君主这一道理。"

【原文】

《益》之初九曰："利用为大作①，元吉②，无咎。"《象》曰："元吉，无咎，下不厚事也。"《传》曰：在下者本不当处厚事。厚事③，重大之事也。以为在上所任，所以当大事，必能济大事而致元吉，乃为无咎。能致元吉，则在上者任之为知人，己当之为胜任。不然，则上下皆有咎也。

——《程氏易传·益传》

【注】

①大作：即大事。②元吉：大善。③厚事：大事。

【译】

《易经·益》初九爻辞说："有利于大有作为，大吉大利，无灾祸。"《象》说："大吉大利，无灾祸，因为地位低下的人不承担重大责任。"程颐《易传》说："地位低下的人本不应当承担重大责任。所谓'厚事'，即是责任重大的事，只能由地位高的人承担。因此能担当重大责任的人，必须能成就大事，把事情做得完满吉利，毫无任何指责可言；要把事情做得顺利完满，承担重大责任的人就必须有知人之明，而受命者应当胜任自己的职责。不然，无论上司或下属都要受到责备。'

【原文】

革而无甚益，犹可悔也，况反害乎？古人所以重改作也。

——《程氏易传·革传》

【译】

程颐说："改革没有带来多少益处，已经让人痛悔了，更何况改革反而带来灾害呢？因此，古人对改革持慎重态度。"

【原文】

《渐》之九三曰："利御寇。"《传》曰：君子之与小人比[①]也，自守以正。岂惟君子自完其己而已乎？亦使小人不得陷于非义。是以顺道相保，御止其恶也。

——《程氏易传·渐传》

【注】

①比：想从相处。

【译】

《易经·渐》九三爻辞说："利于抵御敌寇。"程颐《易传》说："君子与小人待在一起，君子自然恪守正道。君子这样做，难道仅仅是做到自我完善吗？不，君子同时还要以自己的道德人格影响小人，使小人不至于背弃义理，从而达到以义理之道相互保全，共同御止邪恶的目的。"

【原文】

《旅》之初六曰："旅琐琐[①]，斯其所取灾。"《传》曰：志卑之人，既处旅困，鄙猥琐细，无所不至，乃其所以致悔辱、取灾咎也。

——《程氏易传·旅传》

【注】

①琐琐：琐碎小器。

【译】

《易经·旅》初六爻辞说："旅人琐屑，这正是他自取灾祸的原因。"程颐《易传》说："志向卑微的人，一旦在旅途中遇到困境时，处处显得鄙猥琐细，而这正是导致他招致侮辱、自取灾祸的根源。"

【原文】

在旅而过刚自高，致困灾之道也。

——《程氏易传·旅传》

【译】

人在旅途中过于自负，就会招致困厄灾祸。

【原文】

《兑》之上六曰："引[①]兑。"《象》曰："未光也。"《传》曰：说既极矣，又引而长之，虽说之之心不已，而事理已过，实无所说。事之盛则有光辉，既极而强引之长，其无意味甚矣，岂有光也？

——《程氏易传·兑传》

【注】

①引：即牵、拉之意。

【译】

《易经·兑》上六爻辞说："引导他人喜悦。"《象》说："着意牵引，德行未必光明。"程颐《易传》说："喜悦之情已到极限，还要不断引申，不断增长。虽然对事物的喜悦之情不肯停止，但就事理而言，让人喜悦的事情已经过去，实在没有什么值得喜悦的。事情盛大时，光辉普现。而达到极限时，还要强勉引申，使之不断增长，这就太没有意味了，怎么可能还有光亮呢？"

【原文】

《中孚》之《象》曰："君子以议狱缓死。"《传》曰：君子之于议狱，尽其忠而已；于决死，极其恻而已。天下之事，无所不尽其忠，而议狱[①]缓死，最其大者也。

——《程氏易传·中孚传》

【注】

①议狱：断案。

【译】

《易经·中孚》之《象》说："君子审议讼狱，不轻易用死刑。"程颐《易传》说："君子审议讼狱，只是尽职尽忠而已；君子裁决死罪，只是竭尽恻隐之心而已。天下一切事情，无不要求尽职尽忠；而关于讼狱的审议，死刑的裁决，尤其如此。"

【原文】

事之时而当过，所以从宜，然岂可甚过也？如过恭、过哀、过俭，大过则不可。所以小过为顺乎宜也。能顺乎宜，所以大吉。

——《程氏易传·小过传》

【译】

事情有时候有所过头，因此应该权宜为之。然而难道可以太过头吗？如过于恭谦，过于哀伤，过于节俭，都是小过，大过则不可。因此，对于小过，只要顺从时宜即可。能顺从时宜，就能大吉大利。"

【原文】

防小人之道，正己为先。

——《程氏易传·小过传》

【译】

要防止小人的侵害，首要的是端正自己。

【原文】

周公至公不私，进退以道，无利欲之蔽。其处己也，夔夔①然存恭畏之心；其存诚也，荡荡②焉无顾虑之意。所以虽在危疑之地，而不失其圣也。《诗》曰："公孙硕肤③，赤舄④几几⑤。"

——《程氏经说·诗解》

【注】

①夔夔：敬谨恐惧之貌。②荡荡：宽广平易之意。③公孙硕肤：公，指周公。孙，逊，谦逊顺和。硕，大。肤，美。④赤舄：红色的鞋子，双层底下边又装木板上干蜡不怕泥的鞋子称舄，舄有赤、白、黑三色，赤舄配衮衣，或说天子礼服，此处赤舄两字即表现了一个人的雍容大度和高贵气派。⑤几

几：步履安重之貌。

【译】

程颢说："周公大公无私，无论进退，都以'道'为依归，毫无任何私欲之蔽。周公处世为人恭顺谨慎；周公心志真诚，坦然自如，毫无任何顾虑之心。因此，他虽然处在危险的境地，却依然不失圣人气象。《诗经》说：'周公心宽体胖，仪表庄严高贵。'"

【背景故事】

人无远虑必有近忧

人如果没有长远的谋划，就会有即将到来的忧患。逻辑上是，人之所以有今日之忧，是因为以前没有考虑得长远。也可理解为，人一直没有长远的考虑，那忧患一定近在眼前。出自《论语·卫灵公》，子曰："人无远虑，必有近忧。"人没有长远的考虑，一定会有眼前的忧患。

【原文】

采察求访，使臣之大务。

——《程氏经说·诗解》

【译】

采察风土人情，求访贤人君子，是使臣的重大责任。

【原文】

明道先生与吴师礼[①]谈介甫[②]之学错处，谓师礼曰：为我尽达[③]诸介甫，我亦未敢自以为是。如有说，愿往复[④]。此天下公理，无彼我。果能明辩，不有益于介甫，则必有益于我。

——《二程遗书》卷一

【注】

①吴师礼：字安仲，杭州人，太学上舍赐第。②介甫：王安石，字介甫。③尽达：完整的转达。④往复：往来论辩之意。

王安石

【译】

程颢和吴师礼在一起谈论王安石学问的差错之处。程颢对吴师礼说："你可以把我的看法全部告诉王安石，就说我不敢自以为我的观点绝对正确。如果王安石要辩论，我们可以继续辩论。天下公理独立于个人见解之上，如果通过辩论，能够讲明是非曲直，那么，最终不是有益于王安石，就必定会有益于我程颢。"

【原文】

天祺① 在司竹②，常爱用一卒长。及将代③，自见其人盗笋皮，遂治之，无少贷④。罪已正⑤，待之复如初，略不介意。其德量如此。

——《二程遗书》卷二上

【注】

①天祺：张戬，字天祺，张载的弟弟。②司竹：管理竹林的官吏。③代：去职。④贷：宽恕。⑤正：治罪。

【译】

张天祺在任司竹期间，喜欢一位卒长，也器重他。到张天祺要离任交代工作时，发现这位卒长偷笋皮，于是张天祺毫不留情地对他进行处罚。这位卒长被治罪以后，张天祺依然像从前一样对待他，毫无介意之感。张天祺德行之高，气量之大，由此可见一斑。

【原文】

因论"口将言而嗫嚅①"云：若合开口时，要他头也须开口，须是"听其言也厉"。

——《二程遗书》卷三

【注】

①嗫嚅：欲言又止貌。

【译】

程颢就有的人想说什么又吞吞吐吐不敢说的样子评论说："如果应该开口说话，即使破头也要说。必须让别人知道，说出来的话是严厉的。"

【原文】

须是就事上学。《蛊》"振民育德"，然有所知后，方能如此。"何必读书，然后为学？”

——《二程遗书》卷三

【译】

应该从实践中学习。《易经·蛊·象》说：君子振救万民，施行德教。然而必须先有真知，才能做得到。为什么一定要读书才叫学习呢？

【原文】

先生见一学者忙迫，问其故，曰：“欲了几处人事①。”曰：“某非不欲周旋人事者，曷尝②似贤③急迫？”

——《二程遗书》卷三

【注】

①人事：人际交往应酬之事。②曷尝：何曾。③贤：作指代词用，相当于你。

【译】

程颢看见一位读书人急促匆忙的样子，问他为何如此。这位书生说：“因为要处理几件事。”程颢说：“我并非没有事情要处理，何尝像你这样急促？”

【原文】

安定①之门人，往往知稽古爱民矣，则于为政也何有？

——《二程遗书》卷四

【注】

①安定：胡瑗，学者称安定先生，程颐之师。

【译】

胡瑗的学生大都通晓儒家经典，关爱百姓。这样的人为政做官，何难之有？

【原文】

门人有曰：“吾与人居①，视其有过而不告，则于心有所不安。告之而人不受，则奈何？”曰：“与之处而不告其过，非忠也。要使诚意之交通②，在于未言之前，则言出而人信矣。”又曰：“责善③之道，要使诚有余而言不足，则于人有益，而在我者无自辱矣。”

——《二程遗书》卷四

【注】

①居：相处。②交通：交流沟通。③责善：劝勉从善。

【译】

程颢的学生说："我与人相处，看见他有过失而不劝告他，于心不安；劝告他，他又不接受。应该怎么办？"程颢说："与人相处而不指出他的过错，是不忠。交友之道，关键在于使诚意相互沟通，话未出口彼此早已契合通融，话一出口别人就会信服。"程颢又说："劝善之道，要做到真诚之意多而劝诫之言少，这样，对接受者而言则有益，对自己而言则无自辱。"

【原文】

职事不可以巧免。

——《二程遗书》卷七

【译】

不可以机巧逃避应尽的职责。

【原文】

居是邦，不非其大夫，此理最好。

——《二程遗书》卷六

【译】

在一个地方居住，不要随便非议本地朝廷命官。这一准则完全在理。

【原文】

克勤小物[①]最难。

——《二程遗书》卷十一

【注】

①小物：小事。

【译】

人最难做到的是在日常小事上保持谨慎态度。

【原文】

欲当大任，须是笃实[①]。

——《二程遗书》卷十

【注】

①笃实：纯厚老实，忠诚老实。

【译】

只有志向笃实者，才能承担重任。

【原文】

凡为人言者，理胜则事明，气忿则招佛[①]。

——《二程遗书》卷十一

【注】

①佛：违逆，愤怒。

【译】

程颢说："大凡与人论辩，讲道理，事情就容易明白。如果气急败坏，非争个输赢不可，结果只会招致对方愤怒反抗。"

【原文】

居今之时，不安今之法令，非义也。若论为治，不为则已，如复为之，须于今之法度内处得其当，方为合义。若须更改而后为，则何义之有？

——《二程遗书》卷一

【译】

程颢说："生活在今天的时代，不守现行的法令，是不义。如若就为政做官而言，不当官则罢了，如果再出来做官，就应该在遵循现行法度的前提下，合理灵活地依法行事，才可以说符合义。如果一定要更改现行的法令制度，自行其是，那还有什么义可言呢？

【原文】

今之监司[①]，多不与州县一体，监司专欲伺察[②]，州县多欲掩蔽。不若推诚心与之共治，有所不逮，可教者教之，可督者督之。至于不听，择其甚者去一二，使足以警众可也。

——《二程遗书》卷一

【注】

①监司：监察州县的地方长官的总称，宋代有诸路转运使、提点刑狱公

事、提举常平等官，有监察各州县官吏之责。②伺察：窥视，侦察。

【译】

如今的监司往往不能与地方州县官员合作。监司只欲窥伺、暗察州县官吏，而州县官吏则一味掩饰、遮蔽。鉴于此，监司不如对州县官吏推心置腹，以期协作共同整肃吏治。对官吏中有尽职不足者，可以教育者进行教育，可以督责者严格监督，至于对那些不听指挥、无视监督的人，拿一两个情节恶劣、气焰嚣张者开刀，罢免其官职，就完全可以达到警戒其他官吏的目的。

【原文】

伊川先生曰：人恶多事，或人悯之。世事虽多，尽是人事，人事不教人做，更责谁做？

——《二程遗书》卷十五

【译】

人往往对各种事务缠身感到厌恶，这一点，不少人有同情之感。然而，世事虽然繁多杂乱，却都是与人相关的事，人自己的事不叫人去做，叫谁去做？

【原文】

感慨杀身者易，从容就义者难。

——《二程遗书》卷十一

【译】

慷慨捐躯易，从容就义难。

【原文】

人或劝伊川以加礼近贵，先生曰：“何不见责以尽礼而责之以加礼。礼尽则已，岂有加也？”

——《二程遗书》卷十七

【译】

有人劝程颐在权贵面前要加倍恪守礼。程颐说：“为什么不要求人们应该尽心守礼，反而要求人们应该加倍守礼？礼只要求尽心恪守，岂有加倍之说？”

【原文】

或问：簿，佐令也。簿所欲为，令或不从，奈何？曰：当以诚心动之。今令与簿不和，只是争私意。令是邑之长，若能以事父兄之道事之，过则归己，善则唯恐不归于令，积此诚意，岂有不动得人？

——《二程遗书》卷十八

【译】

有人问："主簿是协助县令工作的官，主簿想要做的事，县令不同意，怎么办？"程颐说："应当以真诚打动县令。县令与主簿不和，无非是个人意气之争造成的。县令是一县的行政长官，主簿如果能像敬重父兄那样敬重县令，有过错，自己承担，有政绩则唯恐不归功于县令。能够恪守诚意如此，岂有不打动人的道理？"

【原文】

问："人于议论，多欲直己，无含容之气[①]，是气不平否？"曰："固是气不平，亦是量狭。"人量随识长，亦有人识高而量不长者，是识实未至也。大凡别事，人都强得，惟识量不可强。今人有斗筲[②]之量，有釜斛[③]之量，有钟鼎[④]之量，有江河之量。江河之量亦大矣，然有涯，有涯亦有时而满，惟天地之量则无满。故圣人者，天地之量也。圣人之量，道也；常人之量，天资也。天资之量须有限，大抵六尺之躯，力量只如此，虽欲不满，不可得也。如邓艾[⑤]位三公[⑥]，年七十，处得甚好。及因下蜀有功，便动了。谢安[⑦]闻谢玄[⑧]破苻坚，对客围棋，报至不喜，及归，折屐齿[⑨]。强终不得也。更如人大醉后益恭谨者，只益恭便是动了，虽与放肆者不同，其为酒所动一也。又如贵公子，位益高，益卑谦，只卑谦便是动了。虽与骄傲者不同，其为位所动一也。然惟知道者，量自然宜宏大，不待勉强而成。今人有所见卑下，无他，亦是识量不足也。

——《二程遗书》卷十八

【注】

①含容之气：宽大胸襟包含容纳他人之气度。②斗筲：斗容十升。筲，竹器，容一斗二升，皆量小的容器。③釜斛：大一些的量器。斛，古为每斛十斗，南宋末年改为五斗。④钟鼎：大的容器。鼎是古代炊器，又为盛熟牲

之器。⑤邓艾：字士载，晋棘阳人，以平蜀功进太尉。⑥三公：晋以太尉、司徒、司空为三公。⑦谢安：字安石，晋人，官至太保、录尚书事。⑧谢玄：谢安的侄子。⑨屐齿：木鞋的齿。

【译】

有人问："常见一些人讨论问题时，往往固执己见，毫无宽容可言，这是否是心气不平呢？"程颐说："固然是心气不平，同时也是器量狭小。人的度量大小，往往决定于见识多寡。有的人见识似乎也很广，但器量依然不大，究其根本，只能归结于并没有获得真正的见识。但凡人间事务，人都可以勉强为之，唯独见识与器度，是不可强求的。人的器量有大小之别，有斗筲之量，有釜斛之量，有钟鼎之量，有江河之量。器量如江河，已经是大器量了，然而依然有限。有限就有溢满的时候，只有天地之量才会永不溢满。因此圣人的器量是天地的器量。圣人的器量，是'道'的体现。常人的器量大小不一，是天性使然。天生的器量，必然是有限的。大概一个人的才识与器量，都是有限的，只能如此。虽然不满足于有限的才识与器量，也只有无可奈何。邓文位极人臣，又得高寿，应该说左右逢源，一帆风顺。但却因灭蜀有功，便居功自傲，飘飘然起来。谢安听到谢玄大破苻坚的消息后，仍和客人下围棋，毫无喜形于色的样子。等他回屋时，屐齿已被折断。由此可见，一个人的器量如何，最终是不可强求的。又如，人大醉之后，却做出更加恭世的样子，只要有心这样做，便是着意矜持。虽然这种模样与酒后放肆截然不同，但都为喝酒而引起心动则毫无区别。又如贵家公子地位愈高，则做出愈加卑谦的样子，只要有心这样装扮，便是矫情虚伪。虽然谦卑与骄傲不可同日而语，但都为显赫地位而心动则完全一样。"因此，只有了解'道'，把握'道'的人，器量才能自然宏大，无须刻意强求就能成就宏大器量。今天之所以有一些人显得品格低下，其原因无非是他们见识浅短、器量狭小而已。"

【原文】

人才有意于为公，便是私心。昔有人典选[①]，其子弟系磨勘[②]，皆不为理，此乃是私心。人多言古时用直，不避嫌得，后世用此不得。自是无人，岂是无时？

——《二程遗书》卷十八

【注】

①典选：主持官吏考察选任之事。②磨勘：唐宋员考核升迁的制度。

【译】

程颐说："人只要有意克己奉公，便是私心作怪。过去有一位官吏负责选举，只要他的学生属于考核之列，他都以避嫌为由，一概推脱回避，这就是私心作怪。人们往往说古代的人直率，做事不避嫌也行得通，如今不避嫌就行不通。我认为，这只能归结为如今无人秉公做事，岂能说是没有秉公做事的时机？"

【原文】

君实[①]尝问先生云："欲除一人给事中[②]，谁可为者？"先生曰："初若泛论人才，却可。今既如此，顾虽有其人，何可言？"君实曰："出于公口，入于光耳，又何害？"先生终不言。

——《二程遗书》卷十九

【注】

①君实：司马光，字君实。宋哲宗初年，拜尚书仆射兼门下侍郎，主持朝政。②给事中：宋时为门下省官员，掌读中外出纳，及判后省之事，也有封驳权。

【译】

司马光曾问程颐说："眼下要找一个称职的人，授他为给事中，你看谁能胜任？"程颐说："当初如果只是一般性地讨论人才问题，我可以直抒己见。现在既然问题已经如此明确，我虽然有可以推荐的人选，怎么可以明说呢？"司马光说："话出于你的口，进入我的耳，他人无从

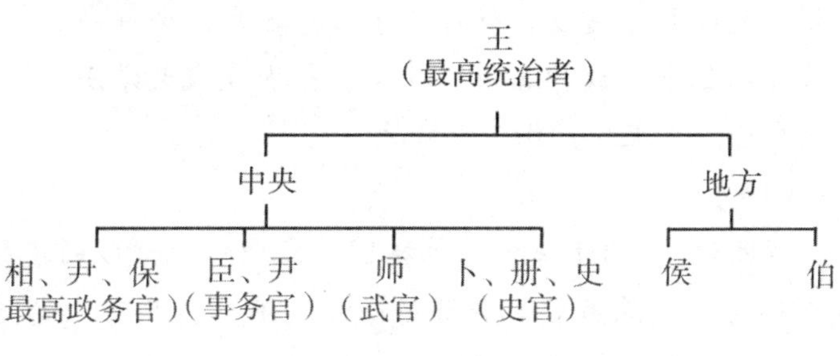

古代官阶图

知晓，说出来又有何害处呢？”程颐最终没有发表自己的看法。

【背景故事】

分封制

分封制也称分封制度或封建制，即狭义的"封建"，是古代皇帝或国王分封诸侯的制度。由共主或中央王朝给宗族姻亲、功臣子弟、前朝遗民分封领地和相当的治理权，属于政治制度范畴。被封诸侯有自己的领地，在诸侯领地内皇帝或国王并没有直接的权力。

【原文】

先生云：韩持国① 服义最不可得。一日，颐与持国、范夷叟② 泛舟于颍昌③ 西湖，须臾，客将④ 云：“有一官员上书谒见大资⑤。”颐将谓有甚急切公事，乃是求知己⑥。颐云：“大资居位，却不求人⑦，乃使人倒来求己，是甚道理？”夷叟云：“只为正叔太执，求荐章，常事也。”颐云：“不然。只为曾有不求者不与，来求者与之，遂致人如此。”持国便服。

——《二程遗书》卷十九

【注】

①韩持国：韩维，字持国，韩亿子，韩绛弟，元祐时拜门下侍郎。②范夷叟：范纯礼字夷叟，范仲淹子。③颍昌，今许昌。④客将：即牙将，因其主管客人往来，故称客将。⑤大资：资政殿大学士。⑥求知己：请求在上者了解自己。⑦求人：指下求贤才。

【译】

程颐说：“门下省侍郎韩持国对义理心悦诚服的境界，极为罕见。一天，我与韩持国、范夷叟泛舟颍昌西湖。不一会儿有人传话说：‘有一位官员上书，要拜见韩侍郎。’我起先以为是有紧急公务。后来才知道来人乞望通过上书，使韩侍郎对自己有所了解。我说：‘韩侍郎身居高位，非但不求访贤才，反而要人来自我荐举，这成何道理！’范夷叟说：‘程颐过于执着了。如今上书请他人荐举，是很平常的事。’我说：‘不对，就是因为不求者不推荐，来求者就推荐，才导致人们争相求官。’韩持国听后，心服口服。”

【原文】

先生因言：今日供职，只第一件便做他底不得。吏人押申转运司①状，颐不曾签。国子监②自系台省③，台省系朝廷官。外司④有事，合⑤行申状，岂有台省倒申外司之理？只为从前人只计较利害，不计较事体，直得恁地⑥。须看圣人欲正名处，见得道名不正时，便至礼乐不兴，是自然住不得⑦。

——《二程遗书》卷十九

【注】

①转运司：官名，转运使司转运使、盐运使司盐运使的省城。②国子监：古代国子监具有中央教育管理机关和国家最高学府双重职能。③台省：指政府的中央机构。④外司：中央机构以外的政府机构，包括地方政府机构和中央外派机构。⑤合：应该。⑥恁地：如此。⑦住不得：当为“做不得”。

【译】

程颐说：“我如今在国子监供职，仅第一件事就不能做。国子监有的官吏轻率地在层层向上申报的地方官署文书上签押，我没有签。国子监系京都台省衙门，台省官吏是朝廷内官。地方官署有事，应该向台省递交申报文书，岂有反倒要台省向地方官署申报之理？究其源，无非是因为官吏们只计较利害，不遵奉事体，才做出了如此不成体统的事情。大家应该认真体会一下圣人关于‘正名’的教诲。如果理解孔子关于名分不正最终将导致礼乐秩序混乱的道理，那么，对于违背名分的事，就知道自然做不得。”

【原文】

学者不可不通世务。天下事譬如一家，非我为则彼为，非甲为则乙为。

——《二程遗书》卷二十二下

【译】

学者不可以不通晓人间事务。天下的事情就如同一家人的事情一样，不是该我做就是该他做，不是该甲做就是该乙做。

【原文】

“人无远虑，必有近忧”，思虑当在事外。

——《二程外书》卷二

【译】

程颐说："孔子说：'人无远虑，必有近忧。'我的理解是：关于重大人生问题的思考，应该超越种种人事利弊得失的干扰。"

【原文】

圣人之责人也常缓[①]，便见只欲事正，无显人过恶[②]之意。

——《二程外书》卷七

【注】

①责人也常缓：要求别人常常宽缓。②显人过恶：暴露他人的过错。

【译】

圣人责备人，态度总是和缓宽容。从这里可以看到，圣人希望的是把事情做好，做得正当，决无显露他人过错的念头。

【原文】

伊川先生云：今之守令，唯制民之产[①]一事不得为，其他在法度中，甚有可为者，患人不为耳。

——《二程外书》卷十二

【注】

①制民之产：是孟子的基本经济思想，其实质是划田界，实行井田制，让人民拥有自己的耕地。

【译】

程颐说："如今的太守、县令等地方官，除了'制民之产'这件事由于时代条件限制不能做以外，其他在法律容许的范围内大有作为的事不可数计，令人担忧的是官员们不做。"

【原文】

明道先生作县，凡坐处皆书"视民如伤"四字，常曰："颢常愧此四字。"

——《二程外书》卷十二

【译】

程颢当县令时，凡住座之处都写有'视民如伤'四字。程颢曾说："我常常感到有愧于这四个字。"

【原文】

伊川每见人论前辈之短，则曰："汝辈且取他长处。"

——《二程外书》卷十二

【译】

程颐每当看见人们议论年辈尊长者的短处时，总这样批评说："你们应该取他的长处。"

【原文】

刘安礼[①]云：王荆公[②]执政，议法改令，言者攻之甚力。明道先生尝被旨赴中堂[③]议事，荆公方怒言者，厉色待之。先生徐曰："天下之事，非一家私议，愿公平气以听。"荆公为之愧屈。

——《二程遗书》附录《门人朋友叙述》

【注】

①刘安礼：刘立之，字宗礼，二程门人。②王荆公：王安石，封荆国公。③中堂：中书省堂。

【译】

刘安礼说："王安石执政时，主张推行新法，改革律令，并就此与同僚讨论，遭到许多人猛烈攻击。一次程颢奉命到宰相府参与讨论改革之事，正碰到王安石对持反对意见者大发雷霆，并不顾应有的礼节，用严厉的神色对待程颢。程颢从容地说：'讨论天下大事不同于讨论一家的私事，希望你能心平气和地倾听大家的意见。'王安石听到此话后，感到自己理亏，十分惭愧。"

【原文】

刘安礼问临民[①]。明道先生曰："使民各得输其情[②]。"问御吏[③]，曰："正己以格物[④]。"

——《二程遗书》附录《门人朋友叙述》

【注】

①临民：治民，治理民众。临，统管，治理。②输其情：表达真情。③御吏：驾驭和管理吏员。④正己以格物：端正自身以纠正他人。格物，格，正。物，此处具体指吏员。

【译】

刘安礼问当官应该怎样管理百姓。程颢说："应该要让百姓都能把自己的困苦冤屈等情况真实地表达出来。"问应该怎样统治官吏。程颢说："首先端正自己，以身作则，就能带领下属尽职尽责，从而达到政治清明。"

【背景故事】

井田制

井田制是古代的土地制度，以方九百亩为一里，划分九区，形如"井"字，故名。"井"字中心一块为公田，外八区为私田，八家均私田百亩，共同供养公田。田有定分，豪强不得兼并，各自得其平。从春秋起，井田制逐渐废除。

【原文】

横渠先生曰：凡人为上则易，为下则难①。然不能为下，亦未能使下②，不尽其情伪③也。大抵使人，常在其前己尝为之，则能使人。

——张载《横渠文集》

【注】

①为上、为下：在上位，在下位。②使下：使用和管理下属。③情伪：真伪。

私田	私田	私田
私田	公田	私田
私田	私田	私田

井田制

【译】

张载说："但凡地位高贵的人做事总觉得容易，地位低下的人做事总觉得困难。然而不能接受自己低下地位的人，也就不能指使地位低下的人，因为这样的人没有充分了解人情世故的种种真伪曲折之处。大抵指挥别人的人，往往过去都有这方面的经验，因此能有效地指挥他人。"

【原文】

《坎》[①]："维心亨[②]"，故"行有尚[③]"。外虽积险，苟处之心亨不疑，则虽难必济而"往有功也"。今水临万仞之山，要下即下，无复凝滞。险在前，惟知有义理而已，则复何回避？所以心通。

——张载《横渠易说》

【注】

①坎：险。②维心亨：维，同"惟"。心亨，内心通达。③尚：同"赏"。

【译】

张载说："《易经·坎·彖》说：'《坎》卦象困难重重，但只要心亨美，出行必得赏。'外在环境虽然充满险阻，如果能泰然处之，保持内在精神的通达开阔，再大的困难也能克服，从而无往而不胜。江河面对高山峻岭的阻挡，倾流直下，绝不会停滞不前。人的价值只在于知晓义理。有义理牵引，人在困难面前就不再有迟疑回避可说的了，因为人心通达义理，就可以无往而不通畅。"

【原文】

人所以不能行己[①]者，于其所难者则惰，其异俗者，虽易而羞缩。惟心弘，则不顾人之非笑，所趋义理耳，视天下莫能移其道。然为之，人亦未必怪，正以在己者义理不胜。惰与羞缩之病，消则有长，不消则病常在。意思龌龊[②]，无由作事，在古气节之士，冒死以有为，于义未必中，然非有志概[③]者莫能，况吾于义理已明，何为不为？

——张载《横渠易说》

【注】

①行己：立身行事。②龌龊：器量狭小。③志概：节操。

【译】

张载说："但凡不能自行其是的人，遇到难做的事则懒惰不前，对于与习俗相异的事，虽然容易做但会显出羞涩畏缩的样子。只有心胸宏大的人才能不顾世人的非议嘲笑，一切以义理为转移，纵然天下议论纷纷，也不能改变他们的行为选择。就前者而言，如果他们真的敢作敢为，人们未必就会非议

责怪。他们之所以懒惰、害羞、畏缩，根源在于他们不能依据义理行动。消除懒惰、羞涩、畏缩，内在的义理就会呈现出来；反之，上述种种弊害就会长久盘亘在胸。一个人精神龌龊，行为就不可能光明磊落。古代有气节的人，冒着生命危险也要有所作为，虽然他们的选择未必符合义理，但没有气概的人不可能做到如此豪迈慷慨。更何况对于明白义理的人来说，有什么畏惧的呢？又有什么不可以担当的呢？”

【原文】

《姤》初六：“羸豕①孚②踯躅③。”豕方羸时，力未能动，然至诚在于踯躅，得伸则伸矣。如李德裕④处置阉宦，徒知其帖息⑤威伏，而忽于志不忘逞，照察少不至，则失其几⑥也。

——张载《横渠易说·姤》

【注】

①羸豕：瘦弱的猪。②孚：通“浮”，显露。③踯躅：徘徊。④李德裕：字文饶，唐武宗宰相。⑤帖息：安静平息。⑥几：通“机”，机会。

【译】

程颐说：“《易经·姤》初六爻辞说：‘瘦弱的猪徘徊不定。’猪瘦弱之时，体力虚弱，不能过度奔走，但它一心想通过慢慢徘徊，待体力恢复可以奔走时，就会毫不犹豫地奔走。例如李德裕处置宦官，只知道要他们俯首帖耳，却忽略了他们骨子里时刻企图有朝一日专权逞狂。以致后来对他们的监察稍有疏忽之处，就丧失了制服他们的机会。”

【原文】

人教小童，亦可取益。绊己不出入，一益也；授人数数，己亦了此文义，二益也；对之必正衣冠，尊瞻视，三益也；常以因己而坏人之才为忧，则不敢惰，四益也。

——张载《经学理窟·义理》

【译】

张载说教育小孩子对自己有四种好处：一是约束了自己不到处跑；二是教孩子很多遍后自己也会理解更加透彻；三是在孩子面前常保持仪表神态的端庄有利于个人的修养；四是常怕误人子弟因而不敢怠惰。

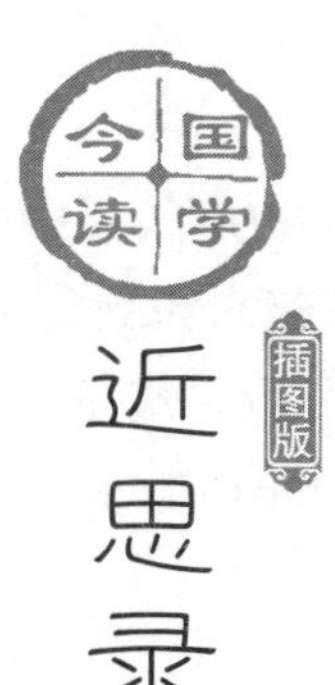

卷十一　教学之道

【原文】

濂溪先生曰：刚善，为义，为直，为断，为严毅[①]，为干固[②]；恶，为猛，为隘，为强梁[③]。柔善，为慈，为顺，为巽[④]。恶，为懦弱，为无断，为邪佞。惟中也者，和也，中节[⑤]也，天下之达道也，圣人之事也。故圣人立教，俾[⑥]人自易其恶，自至其中而止[⑦]矣。

——周敦颐《通书·师》

【注】

①严毅：严厉刚毅。②干固：干练的办事能力。③强梁：强横凶暴。④巽：谦让。⑤中节：适度，符合一定的法度。⑥俾：使。⑦至其中而止：达到并保持中和。

【译】

周敦颐说："刚具有善恶两方面的性质：其善表现为仗义、正直、果断、严峻而坚毅、干练而坚定；其恶表现为凶猛、褊狭、强暴。柔亦具有善恶两方面的性质：其善表现为仁慈、温和、谦逊；其恶表现为懦弱、寡断、邪佞。唯有兼取刚柔两者之善，得无过无不及之'中'，才是'和'，才符合常理，才是贯通天下的自然法则，才是圣人人格和境界的完满实现。因此圣人教化的终极目的，就是使人们不断克服、排除自身种种恶的因素，从而达到至善之'中'的最高境界。"

【原文】

伊川先生曰：古人生子，能食能言而教之。大学之法，以豫[①]为先，人之幼也，知思未有所主，便当以格言至论日陈于前，虽未有知，且当薰聒[②]使盈耳充腹，久自安习，若固有之，虽以他说惑之，不能入也。若为之不豫，及乎稍长，私意偏好生于内，众口辩言铄[③]于外，欲其纯完，不可得也。

——《二程文集》卷六《上太皇太后书》

【注】

①豫：预先。②薰聒：熏陶。聒，一遍一遍地说。③铄：消损。

【译】

程颐说："古人在孩子能吃东西能说话时就对他们进行教育。大学的教育原则，以预防为先。人幼小时，知识、思想差不多是一片空白，说不上什么主见与偏好。此时，应该每时每刻用圣贤的格言、宏论启发、教育他们。虽然他们一时未必懂得这些东西的含义，但只要不断地对他们进行熏陶，反复地对他们进行启发，使他们接受的是圣贤的思想，久而久之，他们就会心安于、熟习于圣贤的思想，如同天然固有的东西一样。到了这种程度，即使有种种异端邪说的诱惑，也不能影响他们的精神指向。如若在孩子小时预先不对他们进行道德启蒙，等到他们长大后，私欲、偏好聚汇在心中，外面又受到各种邪说淫词的侵扰，此时，若要他们依据纯正、完满的人格标准行事，是完全不可能的了。"

【背景故事】

中国古代科举考试制度

中国封建王朝通过设立各种科目公开考试选拔官吏的制度，由于采用分科取士的办法，所以叫科举。科举制创始于隋，形成于唐，完备于宋，强化于明，至清趋向衰落，光绪二十七年(1901)，武科考试正式废止，历经1300余年。科举是中国古代读书人所参加的人才选拔考试，对中国封建社会中、后期的政治、经济、教育、文化观念和社会风尚有重大影响。

科举考试

【原文】

《观》之上九曰："观其生，君子无咎。"《象》曰："观其生，志未平也。"传曰：君子虽不在位，然以人观其德，用为仪法①，故当自慎省，观其所生，常不失于君子，则人不失所望而化之矣。不可以不在于位故，安然放意无所事也。

——《程氏易传·观传》

【注】

①仪法：礼仪法度，仪表法式。

【译】

《易经·观》上九爻辞说："观察君子的生平事迹，君子没有过错。"《象》说："观察君子的生平事迹，君子无时无刻不警戒自己。"程颐《易传》说："君子虽然没有官位，然而人们通过观察君子的德行，就知道君子人格可以成为楷模。因此君子应当时刻慎省自己，使自己的言行举止，不失君子形象。这样，人们就不会丧失希望，自然向君子看齐，为君子所感化。君子绝对不可因为没有官位，就随意放肆自己，不求克己自律，无所作为。"

【原文】

圣人之道如天，然与众之识，其殊邈也。门人弟子既亲炙，而后益知其高远。既若不可以及，则趋望之心怠矣。故圣人之教，常俯而就之①。事上临丧②，不敢不勉，君子之常行。"不困于酒"，尤其近也。而以己处之者，不独使夫资之下者勉思企及，而才之高者亦不敢易乎近矣。

——《程氏经说》

【注】

①俯而就之：依据普通人能够接受的高度教之。②临丧：面对丧事。

【译】

圣人的智慧浑然天成，常人的一己之见与圣人天然的智慧相比，相去甚远。孔子的弟子亲身受到孔子的教诲后，更加体会到孔子思想的博大精深。如若圣人的智慧不可企及，那么，常人的进取心就会丧失，就会懈怠不前。事实上，圣人的教诲，俯仰之间就可以体悟。侍奉父母，办理丧事，不敢不尽心尽责，因为这是君子应然之常。不为酒所困扰，这种事很容易做到。但反躬自问，为什么自己就做不到呢？这样的反省意义在于：它不只是要求才资低下的人勤于思考，努力上进，同时也要才智高的人，不敢轻易忽视容易做到的事。

【原文】

明道先生曰：忧子弟之轻俊①者，只教以经学念书，不得令作文字。子弟凡百玩好②皆夺志③。至于书札④，于儒者事最近，然一向⑤好著，亦自丧志。如王、虞、颜、柳[⑥]辈，诚为好人则有之，曾见有善书者知道否？平生精力一用于此，非惟徒废时日，于道便有妨处，足知丧志也。

——《二程遗书》卷一

【注】

①轻俊：飘逸潇洒。②凡百玩好：所有的爱好。③夺志：改变其固有的志向使之丧失。④书札：书写，这指学习方法。⑤一向：一时，这里指一旦。⑥王、虞、颜、柳：王羲之、虞世南、颜真卿、柳公权，是中国书法史上具有代表性的书法家。

【译】

程颢说："性格轻狂、才智出众的弟子是令人担忧的。对于这样的人，只能教导他们读经书，习经典，不能让他们写文章。但凡玩乐嗜好，都可以夺人之志。至于书法笔札，与儒生日常生活最为贴近。然而如一味沉溺其中，也会导致志向的丧失。例如王羲之、虞世南、颜真卿、柳公权之流，确实可以算是好人，但谁见过擅长书法者了解'道'呢？一生精力，专用在诸如书法等嗜好技艺上，不但只会荒度时光，并且还会妨碍学'道'悟'道'，足以导致丧失志向。"

【原文】

胡安定[①]在湖州，置治道斋，学者有欲明治道者，讲之于中，如治民、治兵、水利、算数之类。尝言刘彝[②]善治水利，后累为政，皆兴水利有功。

——《二程遗书》卷一

【注】

①胡安定：胡瑗，曾为湖州教授。②刘彝：字执中，安定门人。

【译】

胡瑗在湖州做官时，设置治道斋，学者如想就'治道'阐明自己的观点，可以在治道者进行演讲，此外，演讲内容还包括治民、治兵、水利、算数等等。胡瑗曾说刘彝擅长管理水利，后来刘彝多次出仕做官，都以兴修水利有功于世。

【原文】

凡立言[①]欲涵蓄意思，不使知德者厌，无德者惑。

——《二程遗书》卷一

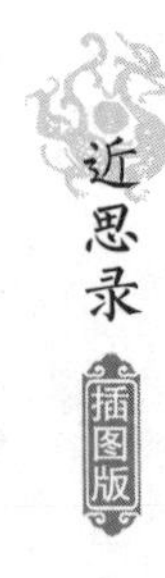

【注】

①立言：著书立说。

【译】

凡著书立说，应该涵义深厚，意味悠远，不至于使有思想的人感到厌倦，单纯的人感到困惑。

【原文】

教人未见意趣，必不乐学，欲且教之歌舞，如古《诗》三百篇，皆古人作之。如《关雎》之类，正家之始，故用之乡人，用之邦国，日使人闻之。此等诗，其言简奥，今人未易晓。别欲作诗，略言教童子洒扫应对事长之节，令朝夕歌之，似当有助。

——《二程遗书》卷二上

【译】

教育人，如果不能让受教育者对所学的东西有兴趣，他们当然不愿学。古人教育儿童诵诗学乐，并伴以舞蹈，就是为了培养他们的学习兴趣。例如《诗经》三百篇，都是古人的作品，其中如《关雎》这一类的诗篇，是正家的关键所在，当时小到村落，大到邦国，吟诵这一类的诗歌蔚然成风。但这些古诗言词简约而意思深奥，今天的人难以体会。因此，基于现实需要考虑，应该创作一些浅显通俗的诗歌，通过诗歌让儿童明白洒扫、应对、事长等日常生活的道理，让他们早晚吟诵，这样，也许对他们的成长有所帮助。

【原文】

子厚[①]以礼教学者最善，使学者先有所据守。

——《二程遗书》卷二上

【注】

①子厚：张载，字子厚。

【译】

张载以礼教育学生，最为正确，因为学习了礼，学生就有了守持之本。

【原文】

语学者以所见未到之理，不惟所闻不深彻，反将理看低了。

——《二程遗书》卷三

【译】

如果急促地向学生灌输一时难以明白的道理，不但学生无法深入体会，而且反而把道理看低了。

【背景故事】

不愤不启，不悱不发

孔子说："不到他努力想弄明白而不得的程度不要去开导他；不到他心里明白却不能完善表达出来的程度不要去启发他。如果他不能举一反三，就不要再反复地给他举例了。"愤：心里想求通而又未通。悱：想说又不知道怎么说。"举一隅"三句：举出一个角为例来告诉学习的人，而他不能推断其他三个角如何，就不用再教他了，因为他不用心思考。

【原文】

舞、射[①]便见人诚。古之教人，莫非使之成己[②]。自洒扫应对上，便可到圣人事。

——《二程遗书》卷五

【注】

①舞、射：上古的教育内容。②成己：养成自己的德行。

【译】

舞蹈、射箭等日常事情可以反映人是否做到了'诚'。古人教育的目的，就是为了使人做到'诚'，从而成就自己的人格。把'诚'的精神落实在日常洒扫应对等日常生活中，不断向上，就可以达到圣人境界。

【原文】

自"幼子常视毋诳"以上，便是教人以圣人事。

——《二程遗书》卷六

【译】

教育儿童，要他们守持'诚'，毫无任何妄念，即是圣人教育原则的要求。

【原文】

先传后倦[1]，君子教人有序。先传以小者近者，而后教以大者远者。非是先传以近小，而后不教以远大也。

——《二程遗书》卷八

【注】

①倦：困倦。

【译】

先传授什么，后讲述什么，对于君子教导他人来说，是有一定次序的。其次序是：先传授日常生活方面的知识，要求学生从小事做起，在此基础上，引导他们树立远大的人生理想；并非只先传授日常生活、事务方面的知识，而后对怎样做人，怎样提升理想人格等重大人生问题，却不再对学生进行教诲、引导。

【原文】

伊川先生曰：说书必非古意，转使人薄。学者须是潜心积虑，优游[1]涵养，使之自得。今一日说尽，只是教得薄。至如汉时说下帷[2]讲诵，犹未必说书。

——《二程遗书》卷十五

【注】

①优游：从容而不紧迫。②下帷：放下市内悬挂的帷幕。

【译】

今人讲授经典，必然曲解经典原意，反而使听者变得浅薄。因此，学者要了解经典，就必须潜心钻研，反复思考，并以自在悠然的心态，玩索涵养，深入体会，这样就能够使自己获得实在的心得、体会。如今一天就把经典的精微之处说尽，无非是肤浅地讲授经典而已。汉代董仲舒下帷讲诵经典，与今天的人讲授经典并不是一回事。

【原文】

古者八岁入小学，十五入大学。择其才可教者聚之，不肖者复之农亩。盖士农不易业，既入学则不治农，然后士农判。在学之养，若士大夫之子，则不虑无养；虽庶人[1]之子，既入学则亦必有养。古之士者，自十五入学，至四十方仕，中间自有二十五年学，又无利可趋，则所志可知，须去趋善，便自此成德[2]。后之人自童稚间已有汲汲趋利之意，何由得向善？故古人必使四十而仕，然后志定。只营衣食却无害，惟利禄之诱最害人。

——《二程遗书》卷十五

【注】

①庶人：平民，百姓。②成德：成就美德。

【译】

古时候儿童八岁进入小学读书，十五岁进入大学。大学依据择优录取的原则，把品学兼优、可以教育者挑选出来在大学继续深造；德行不肖者，则回家务农。士农分属两种不同的职业，彼此不能改换。进入大学读书，就不再务农，这样，士与农的界线就划分确定了。至于在大学读书的供养问题，士大夫的子弟，自然不必考虑，普通老百姓的孩子，既然已经进入大学，必然也会在供养上有所保障。古时候的读书人，十五岁进入大学，四十岁时才开始入仕做官，中间有二十五年读书时间，并且又无利禄可驱使，志向自然坚定，自然趋向于善，最终必定可以成就自己的人格。后世则不然，儿童从小就已经受到时尚的影响，汲汲于功名富贵，唯利是趋，怎么能够向善靠拢呢？因此古代制度规定，士子必须四十岁方能出仕做官，这样才能保证读书人心志坚定。读书若只是为今后衣食生计考虑，并无多大危害，如若一心为利禄所趋，那是最害人的。

【原文】

天下有多少才！只为道不明于天下，故不得有所成就。且古者“兴于《诗》、立于礼、成于乐”，如今人如何会得？古人于《诗》。如今人歌曲一般，虽闾巷童稚，皆习闻其说而晓其义，故能兴起于《诗》。后世老师宿儒[1]，尚不能晓其义，怎生责得学者？是不得“兴于《诗》”也。古礼既废，

韦编三绝

人伦不明，以至治家皆无法度，是不得“立于礼”也。古人有歌咏以养其性情，声音以养其耳目，舞蹈以养其血脉，今皆无之，是不得“成于乐”也。古之成材也易，今之成材也难。

——《二程遗书》卷十八

【注】

①老师宿儒：年老辈尊的经师，修养有素的儒士。

【译】

天下多少人才，就因为天道没有得到彰显，最终都无所成就。孔子说：“兴于诗，立于礼，成于乐”，这三句话，如今的人们怎么能够体会？《诗经》对于古人，就像歌曲对于今人一样，即令是闾巷的孩童，都熟习它，都了解它的含义。因此古人听到《诗经》会感到振奋。后世的老师宿儒尚且不能理解《诗经》的含义，况且普通学子，怎么能够要求他们理解呢？现在的人对《诗经》无动于衷，原因正在这里。古代的周礼已经废止，人伦秩序一片混乱，以至于治家无法度可依，今人不能依据礼在社会上立足，原因不言自明。古人以歌咏养育自己的性情，以声音养育自己的耳目，以舞蹈养育自己的血脉，如今这一切都消失了。今人不能通过音乐完成人格修养，原因自不待言。古时候成才容易，如今成才不容易，令人慨叹啊！

【原文】

孔子教人，“不愤不启，不悱不发”。盖不待愤、悱而发，则知之不固；待愤、能而后发，则沛然矣。学者须是深思之，思之不得，然后为他说便好。初学者须是且为他说，不然非独他不晓，亦止人好问之心。

——《二程遗书》卷十八

【译】

孔子教导学生的原则是：“不到他想要把问题搞通而还没有搞通的时候，不去开导他；不到他想要说出而又说不出来的时候，不去启发他。”如果缺少上述两个前提条件，一味开导、启发学生，那么，学生学到的东西不会牢固。只有在具备上述两个前提条件的情况下，开导、启发学生，学生的思想才会豁然开朗。学生应该首先深入思考问题，如果思考之后仍无法领会，此时老师再去开导他，有利于学生真正学到东西。但对初学者又另当别论。对于初学者，老师应该首先对他们进行启蒙教育，使他们具有一定的学问基础。如果把上述教育原则机械地强加于初学者，那么，他们在知识一片空白的情况下，不但不知道如何思考问题，表述见解，而且也阻止了他们向老师提问的可能。

【原文】

横渠先生曰："恭敬、撙节、退让以明礼。"仁之至也，爱道之极也。己不勉明，则人无从倡，道无从弘，教无从成也。

——张载《正蒙·至当》

【译】

张载说："恭敬而不怠慢，约束自己而不放肆，谦让而不怨争，都是礼的彰显，是仁道、爱心的完满体现。不努力学礼，不明礼守礼，那么，人就无所适从，就不能弘扬天道，就不能成就教化。

【背景故事】

背道而驰

战国魏臣季梁出使外国，他在路途中听到魏王要攻打赵国邯郸的消息，就赶紧回国劝魏王说："我在太行山下，看到一个驾着车子的人，他想要去北边，说他准备到楚国去。"魏王说："楚国应是向南走，为什么他要往北走呢？"季梁说："我也这么跟他说，但他认为他的马是匹好马，加上他也带了足够的钱；而且车夫经验丰富，所以没有什么好担心。因此，他继续往北走了。"魏王听了笑说："这个人是疯子。虽然他有很多好的条件，但他却往反方向走，怎么可能到得了目的地？"季梁说："大王说的话没错。但像大王现在这样一直攻打附近的国家，这种举动也会让大王离称霸的目标越来越远，这不也和那人一样吗？"

【原文】

《学记》曰："进而不顾其安①，使人不由其诚②，教人不尽其材。"人未安之，又进之；未喻之，又告之，徒使人生此节目。不尽材，不顾安，不由诚，不尽材，皆是施之妄也。教人至难，必尽人之材，乃不误人。观可及处，然后告之。圣人之明，直若庖丁解牛，皆知其隙，刃投余地，无全牛矣。人之才足以有为，但以其不由于诚，则不尽其才。若曰勉率而为之，则岂有由

诚哉！

——张载《礼记说》

【注】

①进而不顾其安：学习内容的推进。②使人不由其诚：使，教的意思。由，用。诚，忠诚。

【译】

《礼记·学记》说："如今教育存在三大弊端：一是不断向学生灌输种种知识，不考虑学生是否能承受；二是不考虑学生实际知识水平，只顾自己教，不管学生懂不懂，能否接受；三是不能因材施教，不能充分使学生发挥潜力。"学生在难以承受过多功课压力的情况下，还要增加新的负担；学生在一个问题未弄懂之前，又提出新的问题，只能让学生无所适从，狼狈不堪。教师传授知识，如若不能让学生充分发挥自己的才能，不考虑学生学习的承受力，不管学生的知识水平和接受能力，这样的所谓教育，只能在愚妄之列。教人极难，老师只有通过教育让学生充分发挥自己的才能，才不至于误人子弟。通过观察，依据学生的具体知识水平进行切实的教育，才有教育之功。圣人睿明无比，洞察秋毫，其对事物的了解与把握，如同《庄子·养生主》中善于解牛的庖丁。庖丁完全把握了牛的自然的生理结构，他解剖牛，顺着牛骨骼间的缝隙处下手，游刃有余。因此，牛在他眼中，不是完整的牛。人各有才者，完全可以有所作为。但是，一个人无论做什么事，如果没有诚实的态度，就不能使自己潜在的才能全部发挥出来，如果只图勉强草率，怎么说得上是诚实的态度呢？

【原文】

古之小儿，便能敬事[①]。长者与之提携，则两手奉长者之手。问之，掩口而对。盖稍不敬事，便不忠信。故教小儿，且先安祥恭敬。

——张载《礼记说》

【注】

①敬事：恭敬奉事。

【译】

古时候，孩童从小就知道孝敬长辈。《礼记·曲礼上》说：长辈领着小孩走路，小孩一定会双手捧着长辈的手；长辈问他话，他一定会用手捂口。孩童只要稍有一点不孝敬长辈的苗头，将来就很可能违背忠信之道。因此，教育儿童，首先就要要求他们做到安详恭敬。

【原文】

孟子说：“人不足与适[①]也，政不足与间也，唯大人为能格君心之非。”非惟君心，至于朋游学者之际，彼虽议论异同，未欲深校。惟整理其心，使归之正，岂小补哉！

——张载《孟子说》

【注】

①适：谪，指责。

【译】

孟子说：“人不值得去责备，政治事务也不值得去批评，只有堂堂正正的大人才能够矫正君主的错误思想。”我认为，孟子的说法不只限于君主。朋友之间相互交流学习，各人的立论观点各不相同，不必深究；唯一重要的是整顿、清理思想，使本心回归到正道上来。能达到这样的结果，难道可以说收益不大吗？

卷十二　改过及人心疵病

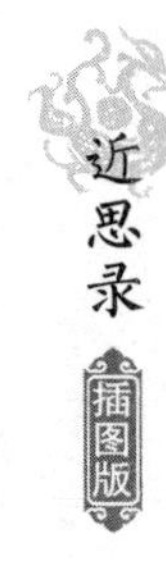

【原文】

濂溪先生曰：仲由喜闻过，令名无穷焉。今人有过，不喜人规，如护疾而忌医，宁灭其身而无悟也。噫！

——周敦颐《通书·过》

【译】

周敦颐说："子路听到自己过错心里很高兴，因此美名千古流传。现在的人则不是这样，有了过失，却不愿接受别人的规劝。这种人的心态正如讳忌医者一样，宁愿疾病缠身最终导致死亡也毫无悔悟之意。可悲啊。"

【原文】

伊川先生曰：德善日积，则福禄日臻。德逾于禄，则虽盛而非满。自古隆盛，未有不失道而丧败者也。

——《程氏易传·泰传》

【译】

程颐说："日日修德积善，则福禄逐日增多。德行超过福禄，生活优厚也不会奢侈。自古以来，隆盛富贵之家，没有不因为丧失'道'而衰败的。"

【原文】

人之于豫[①]乐，心悦之，故迟迟，遂至于耽恋不能已也。《豫》之六二，以中正自守，其介如石[②]，其去之速，不俟终日[③]。故贞正而吉也。处豫不可安且久也，久则溺矣。如二可谓见几而作[④]者也。盖中正故其守坚，而能辨之早，去之速也。

——《程氏易传·豫传》

【注】

①豫：安逸欢乐。②介如石：节操如石一样孤高。介，孤高。于，如。③不俟终日：不等过完一天。④见几而作：看到朕兆就立即行动。

【译】

人若置身于安乐之境，喜悦不已，往往迟迟不肯离去，乃至于沉溺其中不能自拔。《易经·豫》六二爻辞的意思是：此美居下卦中位，像人得中正之道，足以持立自守。他坚如磐石，但对于不可留恋的地方，迅速离去，决不拖延，因此卜问吉利。处安乐之境，不可心安理得，亦不可长久置身其中，长久置身其中就会执迷不悟。如六二爻辞所言，可谓看准时机就有所作为。中正当然可以坚定地守持自己，而能够尽早地看清安乐所蕴含的危机，就可以毅然立刻离开不可久留之地。

【背景故事】

庖丁解牛

战国时期道家代表庄周讲一个故事：有个厨师替梁惠王宰牛，他的宰牛技术十分娴熟，刀子在牛骨缝里灵活地移动，没有一点障碍，而且很有节奏。梁惠王看呆了，一个劲夸他技术高超。厨师说他解牛已经19年了，对牛的结构完全了解。庖丁解牛比喻经过反复实践掌握了事物的客观规律，做事得心应手，运用自如。

【原文】

人君致危亡之道非一，而以豫为多。

——《程氏易传·豫传》

【译】

导致君主危亡的原因不止一种，但大多是贪图逸乐造成的。

【原文】

圣人为戒，必于方盛之时。方其盛而不知戒，故狃①安富则骄侈生，乐舒肆则纲纪坏，忘祸乱则衅孳萌②，是以浸淫③不知乱之至也。

——《程氏易传·临传》

【注】

①狃：贪图。②孳萌：

仪封仰圣

萌生，发生。孳，滋生。③浸淫：渐渐。

【译】

必须在事业成功、兴旺发达之时居安思危，以警戒人心，这是圣人英明所在。事业兴旺之时不知警戒，于是，贪图安乐富贵，从而走向骄奢淫逸；乐于散漫放肆，从而导致纲纪败坏；忘却祸乱的历史教训，不加预防，从而导致叛乱四处滋生。因此，不知警戒，就必然不懂各种祸患因素的渐渐侵蚀，最终将导致天下大乱这一道理。

【原文】

《复》之六三，以阴躁处动之极，复之频数而不能固者也。复贵安固，频复频失，不安于复也。复善而屡失，危之道也。圣人开迁善之道，与其复而危其屡失，故去“厉[1]无咎”。不可以频失而戒其复也，频失则为危，屡复何咎？过在失而不在复也。

——《程氏易传·复传》

【注】

①厉：危险。

【译】

《易经·复》六三爻以阴爻居阳位，且居于《震》之上位，处于动的被端状态，频频不断往返，无法固守自己的位置。回返的价值在于找到一个要稳固定的位置。屡次返回又屡次丧失，原因在于不安于自己的归宿。屡次向善回归，又屡次抛弃善，就危险了。圣人开创了一条指引人们走向善的光明大道，告诫人们要持久不断地努力向善回归，即令危难重重，屡屡失败，也不气馁。因此《易经·复》六三爻辞说：“纵然前进路上充满危难，却没什么可以责怪的。”决不能因为屡屡失守，就放弃对善的不断追求回归。屡屡失守，固然危险，但不断追求，又有什么可自责的呢？过错在于失守而不在于追求回归。

【原文】

睽[1]极则咈[2]戾而难合，刚极则躁暴而不祥，明极则过察而多疑。《睽》之上九，有六三之正应，实不孤。而其才性[3]如此，自睽孤[4]也。如人虽有亲党，而多自疑猜，妄生乖离，虽处骨肉亲党之间，而常孤独也。

——《程氏易传·睽传》

【注】

①睽：乖离。②咈：违背，抵触。③才性：指上九爻睽极、刚极、明极三种特性。④睽孤：孤独，孤立。

【译】

过于独特就会变得乖戾而难以与人相处，过于刚烈则会变得暴躁而不公正，过于精明只会变得苛察而多疑。《睽》之上九一爻，有六三一爻正相呼应，应该说并不孤独，然而此爻处于乖戾、暴躁、精明的极限，自然摆脱不了孤独的命运。例如，对于亲人、同事、朋友，常常怀疑猜忌，无端滋生种种疏离之感，置身其间，岂能不孤独？

【原文】

《解》之六三曰："负且乘，致寇至，贞[①]吝。"《传》曰：小人而窃盛位，虽勉为正事，而气质卑下，本非在上之物，终可吝也。若能大正则如何？曰：大正非阴柔所能也。若能之，则是化为君子矣。

——《程氏易传·解传》

【注】

①贞：正。

【译】

《易经·解》六三爻辞说："背着许多财富乘车而行，将招致盗贼劫夺，卜问有灾祸之象。"程颐《易传》说："小人窃据高位，虽然欲尽力做一些正当的事，但由于气质卑下，本来就没有资格做大官，因此，最终不免于羞。但如果小人能光明正大做事，又怎样呢？回答说：光明正大不是阴柔的小人能做得到的。若小人能做到这一点，那么，小人就已变化成了君子。"

【原文】

《益》之上九曰："莫[①]益之，或[②]击之。"《传》曰：理者，天下之至公；利者，众人所同欲。苟公其心，不失其正理，则与众同利，无侵于人，人亦欲与之。若切于好利，蔽于自私，求自益以损于人，则人亦与之力争，故莫肯益之，而有击夺之者矣。

——《程氏易传·益传》

【注】

①莫：没有人。②或：或者，有的人。

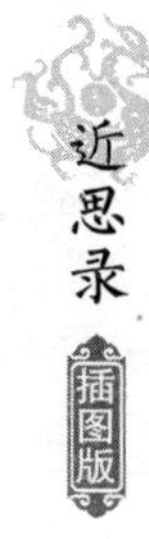

【译】

《易经·益》上九爻辞说："无人助益他，有人攻击他。"程颐《易传》说："天下至公者是理，众人同欲者是利。如果做事出于公心，不失理，则所作所为与大众利益一致，就不会侵害他人，他人也就必然会为共同的利益效力。如果急切地谋取个人利益，受私欲蒙蔽，只贪求自己的利益并损害他人，那么，他人也就必然会与他争夺。《易经·益》上九爻辞说"没有人帮助他，有人攻击他"的原因也就不言而喻。

【原文】

《艮》之九三曰："艮其限[①]，列其夤[②]，厉[③]薰心。"《传》曰：夫止道贵乎得宜，行止不能以时，而定于一，其坚强如此，则处世乖戾，与物睽绝，其危甚矣。人之固止一隅，而举世莫与宜者，则艰蹇[④]忿畏，焚挠[⑤]其中，岂有安裕之理？"厉熏心"，谓不安之势，熏烁其中也。

——《程氏易传·艮传》

【注】

①限：界限，分隔。②列其夤：列同裂，夤是腰部脊背的肉。③厉，不安。④艰蹇：行走困难不便。⑤挠：搅扰使得烦恼。

【译】

《易经·艮》九三爻辞说："只顾腰，不顾背，因而背肉裂开，其危害显而易见，乃是由于心中迷乱所致。"程颐《易传》说："过失难免，关键在于应在适当的时机阻止它。什么时候应该行动，什么时候应该停止，都要依时机而定。如果不以时机作根据，相反，而以一种固定的方式作出选择，是固执己见。固执己见者处世必然乖戾，必然绝弃人情物理，其处境当然就十分危险了。人若固执地把自己封闭起来，不与外部世界合作、协调，那么，艰难之感、乖蹇之念、忿怒之情、畏惧之心汇集一处，如欲火在心中燃烧。试问，在这样的心境下，他还能保持心理平静、精神开阔吗？九三爻辞所谓'厉，熏心'，无非是说，种种忧惧、忿恨等紊乱因素如燎原之势，弥漫在胸，熏烤、煎熬着人心。

【原文】

大率以说而动，安有不失正者？

——《程氏易传·归妹传》

【译】

大凡受快感牵引而感情冲动者，其行动没有不丧失正当理由的。

【背景故事】

闻过则喜

出自《孟子·公孙丑上》："子路人告之以有过则喜。"当别人告诉子路他有过失的时候，他就会很开心。听到别人批评自己的缺点或错误，表示欢迎和高兴。指虚心接受意见。

【原文】

男女有尊卑之序，夫妇有唱随之理，此常理也。若徇情肆欲，唯说[①]是动，男牵欲而失其刚，妇狃说而忘其顺，则凶而无所利矣。

——《程氏易传·归妹传》

【注】

①说：悦。

【译】

男尊女卑，夫唱妇随，是常理。如若徇情肆欲，一切以感性满足为转移，男人受情欲牵引而丧失刚强，女人贪图快乐而丧失柔顺，那结果只会有害，绝不会有利。

【原文】

虽舜之圣，且畏巧言令色[①]，说之惑人，易入而可惧也如此。

——《程氏易传·兑传》

四子侍坐

【注】

①巧言令色：花言巧语和伪善的面貌。

【译】

即使像舜这样的圣人，也畏惧巧言令色，可见花言巧语之容易迷惑人，确实可怕。

【原文】

治水，天下之大任也，非具至公之心，能舍己从人，尽天下之议，则不能成其功。岂方命圮族[①]者所能乎？鲧[②]虽九年而功弗成，然其所治，固非他人所及也。惟其功有叙[③]，故其自任益强，咈戾[④]圮类益甚，公议隔而人心离矣，是其恶益显，而功卒不可成也。

——《程氏经说·书解》

【注】

①方命圮族：违背天理行事，毁败善类。方，违抗。命，正理。圮，毁灭。②鲧：禹的父亲，曾奉尧命治水，因筑堤堵水，九年没有治好。被舜杀死在羽山。③其功有叙：按等级定论其功绩为叙功。④咈戾：违背，乖违。

【译】

治水是天下最重要的事情。没有大公无私的精神，没有舍己从人的胸怀，不让天下有识之士发表关于治水的见解，集思广益，择善而从，就不能取得治水的成功。治水这一崇高使命，岂是鲧违抗圣命、败坏族类的人所能担当的呢？鲧治水虽然历经九年也没有成功，但他治水的本领，却非他人所能企及。正因为鲧有能力，有一定治水功绩，因此他更加自行其是，乖戾无惮，侵害族类，致使公议隔离，人心离散，其恶果日益显露出来，最终导致治水彻底失败。

【原文】

君子敬以直内。微生高所枉虽小，而害直则大。

——《程氏经说·论语解》

【译】

君子保持恭敬，以恪守人格正直。微生高的欺骗行为，事情虽小，但对正直的伤害，却十分严重。

【原文】

人有欲则无刚，刚则不屈于欲。

——《程氏经说·论语解》

【译】

人有私欲则无刚直可言，人若刚直，就不会屈从私欲。

【原文】

人之过也，各于其类。君子常失于厚，小人常失于薄；君子过于爱，小人伤于忍[①]。

——《程氏经说·论语解》

【注】

①忍：残忍。

【译】

人的过失，依其类别而各有不同。君子往往过于宽厚，小人往往过于刻薄；君子往往过于慈爱，小人往往过于残忍放肆。

【原文】

明道先生曰：富贵骄人，固不善；学问骄人，害亦不细。

——《二程遗书》卷一

【译】

程颢说："炫耀富贵，固然属于浅薄之列；但炫耀学问，其危害亦不容忽视。"

【原文】

人以料事为明，便浸浸入逆诈亿不信去也[①]。

——《二程遗书》卷一

【注】

①浸浸：急迫。诈：无法确定的事。亿：预料。

【译】

人若认为能够预料事物的发展变化，就有所谓的先见之明，那么，他便会急不可耐地把时间浪费在揣测、预料不可预测的荒唐可笑的事情上。

【原文】

人于外物奉身者，事事要好，只有自家一个身与心却不要好。苟得外面物好时，却不知道自家身与心却已先不好了也。

——《二程遗书》卷一

【译】

有的人只追求外在的声色利货，处处要求得到满足，而对自己的身心性命，却满不在乎。如果一旦他真的满足于这方面的欲求时，他却不知道，他的人格精神已经先堕落了。

【原文】

人于天理昏者，是只为嗜欲乱著他。庄子言："其嗜欲深者，其天机浅。"此言却最是。

——《二程遗书》卷二上

【译】

人之所以不明白天理，原因在于受嗜欲侵扰。庄子说："执迷于感性欲望的人，其天机必然肤浅"。这句话完全正确。

【原文】

伊川先生曰："阅机事[①]之久，机心[②]必生。盖方其阅时，心必喜。既喜，则如种下种子。"

——《二程遗书》卷三

【注】

①机事：机巧之事。②机心：机变之心。

【译】

程颐说："人机巧之事见多了，看惯了，必然就会有机心。看见种种机巧之事，喜悦油然而起，既然喜悦，就在心中种下了机心的种子。"

【原文】

疑病者，未有事至时，先有疑端[①]在心；周罗事者，先有周事之端在心，皆病也。

——《二程遗书》卷三

【注】

①端：念头。

【译】

怀疑自己有病的人，疾病还未出现，就先疑心四起；周罗事情的人，事情还没有出现，就先凭空周罗。这两种可笑的事，都是因为心病所造成的。

【原文】

较事大小，其弊为枉尺直寻[①]之病。

——《二程遗书》卷三

【注】

①枉尺直寻：人屈一尺而换得伸直一寻，指小有所屈而大有所获。八尺为寻。

【译】

凡事从利着眼，计较利的大小，其指向必然表现为所谓“屈缩一尺而伸展八尺”，弊病自然不用说了。

【原文】

小人[①]，小丈夫[②]，不合小了他，本不是恶。

——《二程遗书》卷六

【注】

①小人：小人物。②小丈夫：小气，气量狭窄。

【译】

境界狭小的人，是小丈夫。他之所以显得渺小，源于他不求进取，缺少廓然豪迈的精神，并非因为他本性邪恶。

【原文】

虽公天下事，若用私意为之，便是私。

——《二程遗书》卷五

【译】

为公共的利益做事，倘若私意掺杂其间，即是追求私利。

【背景故事】

微生高

出自《庄子·盗跖》:“尾生与女子期于梁下，女子不来，水至不去，抱梁柱而死。”尾生高和一位女子相约，在桥梁之下见面。时间过去很久之后，女子仍然没有出现，尾生高依旧没有离开，继续等着女子，即使水涨上来也没有走，最终被水淹死了。微与尾古音相近，字通，因此许多人认为微生高就是尾生高。后用以比喻坚守信约。

忠信济水

【原文】

做官夺人志。

——《二程遗书》卷十五

【译】

出仕做官，汲汲乎富贵功名者，无人格可言。

【原文】

骄是气盈，吝是气歉。人若吝时，于财上亦不足，于事上亦不足，凡百事皆不足，必有歉歉之色①也。

——《二程遗书》卷十八

【注】

①歉歉之色：脸上带着没吃饱饭的样子。歉歉，不足的样子。

【译】

骄傲者神气十足，吝啬者心气萎靡。小气的人，钱财上显得吝啬，做事总缩手缩脚，如此等等，不一而足，整个就是一副猥琐的模样。

【原文】

未知道者如醉人，方其醉时，无所不至[①]，及其醒也，莫不愧耻。人之未知学者，自视以为无缺，及既知学，反思前日所为，则骇且惧矣。

——《二程遗书》卷十八

【注】

①无所不至：什么事都干得出来。

【译】

不了解“道”的人，如同喝醉酒的人一样，当醉的时候，跌跌撞撞，四处乱走，等他酒醒时，羞愧之感就会油然而起。不学习的人，总是自以为是，一旦通过学习了解义理之后，再反思自己过去的所作所为，恐惧感就会涌上心头。

【原文】

邢七云：“一日三检点[①]。”明道先生曰：“可哀也哉！其余时理会[②]甚事？盖仿三省[③]之说错了，可见不曾用功。”又多逐人面上说一般话，明道责之。邢曰：“无可说。”明道曰：“无可说，便不得不说。”

——《二程遗书》卷十二

【注】

①检点：审查。②理会：思考、关注。③三省：时时反省。三，多。

【译】

程颢弟子邢恕说：“我一天多次检查自己。”程颢说：“你这样说就可悲了。其余的时间你做什么？思考什么呢？你模仿曾子‘三省’之说错了。可见你平常没有用功，只是喜欢在别人面前说套话。”程颢随即要刑恕解择一下“三省”的含义。邢恕说：“没有什么可说的。”程颢说：“正因为你说不出什么，所以不得不说清楚。”

【原文】

横渠先生曰：学者舍礼义，则饱食终日，无所猷为[①]，与下民[②]一致，所事不逾衣食之间、燕游[③]之乐尔。

——张载《正蒙·中正》

【注】

①猷为：作为。猷，谋划。②下民：下等人。③燕游：闲游、漫游、宴饮之游。

【译】

张载说："学者不讲礼义，必然饱食终日无所作为，与普通百姓没有什么区别，所关心的无非是衣食娱乐的满足而已。"

【原文】

郑、卫之音[①]悲哀，令人意思留连，又生怠惰之意，从而致骄淫之心。虽珍玩奇货，其始惑人也，亦不如是切，从而生无限嗜好，故孔子曰"必放[②]之"。亦是圣人经历过，但圣人能不为物所移耳。

——张载《礼乐说》

【注】

①郑、卫之音：春秋时期郑、卫两地的民间音乐。②放：抛弃。

【译】

郑国、卫国的乐曲弥漫着悲哀。人听后，足以令人留连不舍，随后让人滋生懈怠懒惰之情，最后导致人产生骄淫之心。这种乐曲对人的诱惑，远甚于珍玩奇货，可以让人产生种种非分的嗜欲。因此孔子说，必须抛弃它，禁绝它。显然，孔子也听过这类乐曲，但这种靡靡之音对孔子毫无影响。

【原文】

孟子言反经[①]，特于乡原[②]之后者，以乡原大者不先立，心中初无主，惟是左右看，顺人情，不欲违[③]，一生如此。

——张载《孟子说》

【注】

①反经：回归常道。②乡原：伪君子。③不欲违：一味取悦别人，不能特立独行。

【译】

孟子之所以在告诫人们要返回到常道上来之前，要先批判伪君子伪善欺世的行为，就是因为伪君子没有确立做人的终极根据，没有原则，一味只是察言观色，左顾右盼，以取悦于人，一生都不敢越出人情世故一步。

卷十三 异端之学

【原文】

明道先生曰："杨、墨之害，甚于申、韩；佛、老之害，甚于杨、墨。杨氏为我疑于义，墨氏兼爱疑于仁。申、韩则浅陋易见。故孟子只辟杨、墨，为其惑世之甚也。佛、老其言近理，又非杨、墨之比，此所以其惑尤甚。杨、墨之害，亦经孟子辟[①]之，所以廓[②]如也。

——《二程遗书》卷十三

【注】

①辟：驳斥。②廓：清除。

【译】

程颢说："杨朱、墨子的危害，超过申不害、韩非；佛陀、老子的危害，超过杨朱、墨子。杨朱主张'为我'，背弃了'仁'，墨子主张'兼爱'，背离了'义'。申不害、韩非的思想极为浅陋，入眼可见。孟子之所以只批驳杨朱、墨子，就是因为他们的思想严重地造成了社会价值观念的混乱。佛陀、老子的言论似乎有一定道理，比杨朱、墨子来得高明。正因为如此，佛陀、老子的危害更大。杨朱、墨子的谬论，遭到孟子的批驳之后，已经销声匿迹。"

【原文】

伊川先生曰：儒者潜心正道，不容有差。其始甚微，其终则不可救。如"师也过，商也不及"[①]，于圣人中道，师只是过于厚些，商只是不及些。然而厚则渐至于兼爱，不及则便至于为我。其过、不及，同出于儒者，其末遂至杨、墨。至如杨、墨，亦未至于无父无君，孟子推之便至于此，盖其差必至于是也。

——《二程遗书》卷十七

【注】

①师：子张。商：子夏。

【译】

程颐说："儒者潜心恪守正道，不容许有丝毫偏离。只要开始有一点点偏差，最终就会导致背离正道，不可救药。孔子评价子张、子夏时说：'师也过，商也不及。'对于圣人所体现的中正之道来说，子张过于加厚了一点，子夏则略有不及之处。然而过于宽厚就会渐渐流于'兼爱'，不及就会渐渐趋向'为我'。虽然孔子所说的'过'和'不及'都发生在儒者身上，但其危险在于：两者的末流都有走向异端，演变为杨朱‘为我’、墨子‘兼爱’的可能。就杨朱、墨子而论，他们未必就真的主张无君无父。但从逻辑上说——正如孟子的推理那样，‘为我’‘兼爱’，走向极端，必然导致无君无父。这是由于微小的差别必然导致的逻辑结果。”

【背景故事】

张绎以德为重

张绎，字思叔，从小天资聪颖。因家道贫寒，以致年壮无学，为生活计，常在市上当雇工。某日，见县令鸣锣清道，护人甚严，显赫于市。思叔问：“何如得以飞黄腾达？”众说：“读书科选，才能登上仕途。”从此思叔发愤读书，后适程颐自四川还河南，思叔投在程颐门下受业求学，读《孟子》“志士不忘在沟壑”句，豁然开朗，遂以功名为轻，道德为重，并作《座右铭》以自省。

【原文】

明道先生曰：道之外无物，物之外无道，是天地之间，无适而非道也。即父子而父子在所亲，即君臣而君臣在所严，以至为夫妇、为长幼，为朋友，无所为而非道，此道所以不可须臾离也。然则毁人伦、去四大[①]者，其外于道也远矣。故“君子之于天下也，无适[②]也，无莫也，义之与比”。若有适有莫，则于道为有间，非天地之全也。彼释氏之学，于“敬以直内”则有之矣，“义以方外”，则未之有也。故滞固者入于枯槁，疏通者归于恣肆，此佛教之所以为隘也。吾道则不然，率性而已，斯理也。圣人于《易》备言之。

——《二程遗书》卷四

子　路

【注】

①四大：佛教以地、水、火、风为四大。②无适：无往，到处。

【译】

程颐说："道之外无器，器之外无道。天地之间，无处不是道。道体现在父子上，就是亲，体现在君臣上，就是严，乃至于夫妇、长幼、朋友等等，无处不是道的体现。因此，道是不可须臾背离的。佛教毁弃人伦秩序，认为四大皆空，当然就离道很远了。孔子说：'君子对于天下的事情，设规定要怎样做，也设规定不要怎样做，而是怎样做合理恰当，就怎样做。'如果人为地规定一定要怎样做，一定不要怎样做，就背离了道的原则，就背离了天地普遍、自然的法则。佛教的观念，与儒家经典《易经·坤·文言》上说的'敬以直内'有相同之处，但与'义以方外'则格格不入。因此，佛教徒往往走向两种极端：拘滞固执者，形容枯槁，不近人情；疏旷圆通者，放纵恣肆，毁侮天理；可见佛教思想的狭隘性。儒家学说则不然，它主张遵循人的本性——即遵循道而行动，而这一博大精深的理论体系，圣人早已在《易经》一书中全面详尽地阐述过了。"

【背景故事】

子路孝敬父母

子路小的时候家里很穷，长年靠吃粗粮野菜等度日。有一次，年老的父母想吃米饭，可是家里一点米也没有，子路想到要是翻过几道山到亲戚家借点米，就可以满足父母的这点要求了。于是，小小的子路翻山越岭走了十几里路，从亲戚家背回了一小袋米，看到父母吃上了香喷喷的米饭，子路忘记了疲劳。邻居们都夸子路是一个勇敢孝顺的好孩子。

【原文】

释氏本怖死生，为利，岂是公道？惟务上达[①]而无下学[②]，然则其上达处，岂有是也？元不相连属，但有间断，非道也。孟子曰："尽其心者，知其性也。"彼所谓识心见性是也。若存心养性一段事，则无矣。彼固曰："出家独善"，便于道体自不足。或曰：释氏地狱之类，皆是为下根之人设此怖，令为善。先生曰：至诚贯天地，人尚有不化，岂有立伪教而人可化乎？

——《二程遗书》卷十三

【注】

①上达：透悟高深的道理，或上达天命。②下学：指就人事上学习普通的知识。

【译】

佛教的主张本质上贪生怕死，满足的是一己之利，岂有公道可言！佛教只讲上达超越境界，不讲下学功夫，然而这样的超越境界终究是落空的。不讲下学只讲上达，就否定了两者的统一性，人为地把两者割裂开来，道理上说不通。孟子说：‘尽其心者，知其性也’。佛教所说的‘明心见性’与孟子的说法大致相同，但儒家关于‘存心养性’的切实功夫的要求，在佛教那里都是欠缺的。佛教主张出家独善其身，是对天道本体缺乏认识的产物。”有人说：“佛教关于天堂地狱、轮回报应之类的说法，作为一种预设，就是为了让根器低下的人产生恐惧心理，由此产生向善动机。”程颐说：“绝对的‘诚’贯穿在天地宇宙间，纵然如此，也还有人不化于‘诚’，佛教作为一种伪宗教，岂能奢谈感化人！

【原文】

学者于释氏之说，直须如淫声美色以远之，不尔，则骎骎然入其中矣。颜渊问为邦，孔子既告之以二帝三王[①]之事，而复戒以“放郑声、远佞人”。曰：“郑声淫，佞人殆[②]。”彼佞人者，是他一边佞耳，然而于己则危，只是能使人移，故危也。至于禹之言曰：“何畏乎巧言令色？”巧言令色，直消言畏，只是须著如此戒惧，犹恐不免。释氏之学，更不消言常戒，到自家自信后，便不能乱得。

——《二程遗书》卷二上

【注】

①二帝三王：泛指尧、舜、禹、汤、周文王、周武王时代的礼乐文化、典章制度。②殆：危险。

禹

【译】

学者对于佛教的思想学说，应当像对待淫声美色一样，远离它。否则，这些异端邪说就会渐渐地腐蚀你。颜渊曾问孔子应该怎样治理国家。孔子说，应该遵循二帝三王所制定的礼乐文化、典章制度。随后孔子又说，必须禁绝郑国的乐曲，远离小人。因为郑国的乐曲淫秽，小人危险。表面上看，小人谗佞，那是他的事，与你无关，然而你不远离，就会给你带来危害。正是因为花言巧语能影响人的道德立场，所以才危险。禹说，巧言令色不足畏惧！因为只要有畏惧心理，就只能时时持戒备、谨慎态度，但即令如此，恐怕也难免受到损害。对于佛教邪说，更不消持警戒心理，只要通过修身，获得坚定的人生信念，任何错误的东西自然就不可能扰乱自己的精神方向。

【原文】

所以谓万物一体者，皆有此理。只为从那里来。“生生[①]之谓易”。生则一时生，皆完此理。人则能推，物则气昏推不得，不可道他物不与有也。人只为自私，将自家躯壳上头起意，故看得道理小了他底。放这身来，都在万物中一例看，大小大快活。释氏以不知此，去他身上起意思，奈何那身不得，故却厌恶，要得去尽根尘[②]，为心源不定，故要得如枯木死灰。然没此理，要有此理，除是死也。释氏其实是爱身，放不得，故说许多。譬如蛸蝂之虫，已载不起，犹自更取物在身。又如抱石投河，以其重愈沉，终不道放下石头，惟嫌重也。

——《二程遗书》卷二上

【注】

①生生：繁衍不已。②根尘：佛教以眼耳口鼻舌身意为六根，色声香味触法为六尘。

【译】

之所以说天地万物一体，乃是因为万物都有存在的合理根据。万物从何而来？来源于生生不已、变易无穷的自然之道。万物应时而生，都是‘理’的完满体现。人是万物之灵，故能把‘理’推及一切；物则由于‘气’的阻塞，故不能有此功能。但不能由此认为物不是以‘理’为存在根据的。人只是因为自私，在自己躯壳上妄起意念，才把博大的天理看小了。人若把自己的躯壳私念放下，把自身置于天地万物中的一个具体存在看待，就会发现一切都是天理流行的表现，那么，人就会达到超越一切大小、得失、荣辱的大喜悦境界。“佛教不懂万物一体的道理，一味要抛弃肉身。但肉身又无法抛弃，由此对肉身产生厌恶之感，要除尽根尘。但由于本心不定，无法除尽根尘，因此又要人心如枯木死灰。然而佛教说法是没有道理的。除非肉身死灭，人心不会寂灭。其实，佛教正因为执著肉身太爱肉身放不下肉身，才反复不断论证无法自圆其说的所谓舍身理论。这里，可以用例证说明佛教理论的矛盾。例如，小虫已无法负荷它身上背的东西，然而却还要把另外的东西加在身上，只能越背越重，岂能轻松？又如，抱石投河，石头愈重，沉得愈快。但奇怪的是，既不肯放下石头，却又嫌石头太重。如此矛盾的行为，岂能轻松自如？”

【原文】

人有语导气①者。问先生曰：君亦有术乎？曰：吾尝夏葛而冬裘，饥食而渴饮，节嗜欲，定心气，如斯而已。

——《二程遗书》卷四

【注】

①导气：即导引，一种养生术。是一种呼吸与动作配合的功法。

【译】

有一个信奉导引延年之术的人问程颢说：“先生有延年益寿之术吗？”程颢回答说：“我只是夏天穿单衣，冬天穿棉衣，饿了就吃饭，渴了就喝水，节制欲望，保持心气平静而已。

【原文】

佛氏不识阴阳、昼夜、死生、古今，安得谓形而上者与圣人同乎？

——《二程遗书》卷十四

【译】

佛陀不懂阴阳、昼夜、死生、古今都是自然规律的表现，怎么能够说佛教关于形而上的理论与儒家圣人的形而上体系是一致的呢？

【原文】

释氏之说，若欲穷其说而去取之，则其说未能穷，固已化而为佛矣。只且

于迹上考之。其设教如是，则其心果如何？固难为取其心不取其迹[①]，有是心则有是迹。王通言心迹之判，便是乱说。故不若且于迹上断定不与圣人合，其言有合处，则吾道固已有。有不合处，固所不取。如是立定，却甚省易。

——《二程遗书》卷十五

【注】

①迹：形迹，心的表现，现象性的东西。

【译】

如若要先穷究佛教思想然后再决定其取合，那么，恐怕在还未彻底了解它之前，就已经被它降服了。因此，应该把考查的基点放在佛教所产生的效果上。佛教的教义如果是正确的，那么，创立这种教义的动机究竟怎样呢？不从效果上看问题，是很难把握动机的。有什么样的动机，就有什么样的结果。王通关于动机与效果的判别，是一派胡言。因此，我们不妨从效果上进行考察，根据佛教所产生的效果，可以断定，佛教思想与孔子为代表的儒家思想格格不入。如果佛教思想有与儒家思想相一致的地方，儒家早已有精辟的阐述，而与儒家思想不一致的地方，毫不犹豫地给予否定。只有依据这一原则，才能简单明白地确定是非。

【原文】

问：神仙之说有诸？曰：若说白日飞升之类则无，若言居山林间保形炼气，以延年益寿，则有之。譬如一炉火，置之风中则易过，置之密室则难过[①]，有此理也。又问："扬子言圣人不师仙，厥术异也。"圣人能为此等事否？曰：此是天地间一贼，若非窃造化之机，安能延年？使圣人肯为，周、孔为之久矣。

——《二程遗书》卷十八

【注】

①过：宋元俗语，火熄灭。

【译】

有人问程颢说："有神仙之说吗？"程颢说："如果指所谓白日飞升之类的事，绝对是无稽之谈；如果指隐居山林，通过吐纳导引，保形炼气以达到延年益寿，则是可能的。例如一炉火，放在风中就容易燃尽，而放在房屋中就不容易燃尽，应该是这个道理。"又问："扬雄曾经说过，圣人不屑于学神仙，因为神仙术异于圣人之道。圣人会不会学仙求长生呢？”程颢说：“所谓仙人是天地间的一个贼，为了延年长寿，妄窃天地造化之机，狂妄荒唐之极。假如圣人愿意学仙的话，周公、孔子早就学了。”

【原文】

谢显道历举佛说与吾儒同处问伊川先生，先生曰：恁地同处虽多，只是本领[①]不是，一齐差却。

——《二程外书》卷十二

【注】

①本领：本源，根本，主旨，要领。

【译】

谢显道历举佛教思想与儒家思想相同的地方，请程颐评判。程颐说：“表面上两者相同之处虽然不少，但儒佛两家根本原则不同，由此导致佛教整体上的谬误。”

【原文】

横渠先生曰：释氏妄意[①]天性，而不知范围之用，反以六根之微[②]因缘天地，明不能尽，则诬天地日月为幻妄，蔽其用于一身之小，溺其志于虚空之大，此所以语大语小，流遁[③]失中。其过于大也，尘芥六合；其蔽于小也，梦幻人世。谓之穷理可乎？不知穷理而谓之尽性可乎？谓之无不知可乎？尘芥六合[④]，谓天地为有穷也；梦幻人世，明不能究其所从也。

——张载《正蒙·大心》

【注】

①意：猜测。②微：虚幻，不真实。③流遁：放逸而失于正道。④六合：天地四方。

【译】

张载说：“佛教妄断天性，不懂儒家圣人通过穷理尽性，制定礼乐文化制度，从而成就天地之道的作用，反而认为六根因缘天地，没有实相。佛教昧于独断妄见，不能从终极本体意义上把握绝对实在的本质，就欺骗性地断言：天地日月是虚幻的。佛教的危害在于：把人的作用蔽塞在自己有限肉身的范围内，被其褊狭地小看了人的能力；然而又让人的心志沉迷于无限的虚空之中，漫无边际地夸大了人的想象力。总之，佛教关于人的存在与价值的观念，

无论从大处着眼还是从小处着眼，都流于极端，与儒家中庸之道格格不入。佛教毫无限制地夸大人的想象力，认为天地四方在无限的虚空中不啻尘埃草芥；佛教狭隘地把人限制在个体肉身范围内，认为人生万物如梦幻泡影，转瞬即逝。佛教的这些说法，难道可以说在终极意义上穷尽了天理，把握了天理吗？佛教不能穷尽天理，又怎么说得上能够完满体认、把握人的本性呢？既然如此，难道佛教说得上包罗一切真理，无所不知吗？佛教把天地四方看成是尘埃草芥，认为天地是有限的；把人生万物看成梦幻泡影，就自然不懂万事万物生灭变化的终极来源了。”

景公尊让

【原文】

大《易》不言有无。言有无，诸子之陋也。

——张载《正蒙·大易》

【译】

《易经》只说阴阳，不说有无；谈有无，正是诸子的浅陋所在。

【背景故事】

识人不易

孔子在陈国和蔡国之间的地方受困，饭菜全无，七天没吃上米饭了。孔子的弟子颜回去讨米，回来后煮饭。一次，孔子看见颜回用手抓锅里的饭吃，但吃饭的时候孔子却假装没看见颜回抓饭吃的事情。而后孔子说：“刚刚梦见我的先人，我自己先吃干净的饭然后才给他们吃。”颜回回答道：“不是那样的，刚刚炭灰飘进了锅里，饭虽然不干净了但是扔了可惜，所以我抓来吃了。”孔子叹息道：“应该相信看见的，但是看见的也不一定可信；应该相信自己的心，自己的心也不可以相信。你们记住，要了解一个人不容易啊。”

【原文】

浮图[①]明鬼，谓有识之死，受生循环[②]，遂厌苦求免，可谓知鬼乎？以人生为妄见，可谓知人乎？天人一物，辄生取舍，可谓知天乎？孔孟所谓天，彼所谓道。惑者指“游魂为变”为轮回，未之思也。大学当先知天德，知天德，则知圣人、知鬼神。今浮图剧论[③]要归，必谓死生流转，非得道不免，谓之悟道可乎？自其说炽传中国，儒者未容窥圣学门墙，已为引取，沦胥[④]其间，指为大道。乃其俗达之天下，致善恶、智愚、男女、臧获，人人著信。使英才间气[⑤]，生则溺耳目恬习[⑥]之事，长则师世儒崇尚之言，遂冥然被驱，因谓圣人可不修而至，大道可不学而知。故未识圣人心，已谓不必求其迹；未见君子志，已谓不必事其文。此人伦所以不察，庶物[⑦]所以不明，治所以忽[⑧]，德所以乱。异言满耳，上无礼以防其伪，下无学以稽其弊。自古诐、淫、邪、遁之辞[⑨]，翕然[⑩]并兴，一出于佛氏之门者，千五百年。向非独立不惧，精一自信，有大过人之才，何以正立其间，与之较是非、计得失哉？

——张载《正蒙·乾称》

【注】

①浮图：浮屠，即佛陀，此指佛

教。②受生循环：佛教所谓的六道轮回。③剧论：激切论辩，极力要论证的。④沦胥：沦陷。⑤英才间气：英雄豪杰。⑥耳目恬习：听惯看惯，不以为然。⑦庶物：普通的事物。⑧忽：政治的混乱。⑨诐、淫、邪、遁之辞：种种秽言邪说。诐，不正。遁，躲闪。⑩翕然：兴盛的样子。

【译】

佛教自以为明白鬼是怎么回事：认为人死后，精神不散；可以通过寄寓其他形体再生，生生死死循环不已。于是，人们厌恨死生之苦，企求永远免除这一折磨。佛教的这种说法，难道可以说了解鬼的真相吗？佛教认为人生是虚幻的，难道可以说了解人的存在吗？天人一体，佛教却把两者割开来，主张舍弃人生，追求所谓超越的'道'，难道可以说了解天的本质吗？孔孟所说的天，即佛教所说的道。受佛教迷惑的人，把游魂的变动不定说成是佛教的生死轮回，其原因在于他们缺少思考。大学之道，首先应当了解天德，了解天德就可以了解圣人，从而了解鬼神。而佛教却强词夺理地认为，生死流转不已，不得'道'就不能避免轮回的命运。这种说法，难道可以说体悟了天道的真谛吗？自从佛教传入中国，就渐渐呈现炽盛兴旺之势，儒家还未来得及窥视圣学之门，就已经先被诱惑蒙蔽，不能自拔——竟认为佛教指引的是一条人生终极解脱的光明大道。结果造成崇尚佛教之风弥漫天下，致使无论是善良的人、凶恶的人，还是聪明的人、愚笨的人，也无论是男人、女人，还是奴仆、婢女，人人迷信佛教。即使有英才出世，但他们从小就处在佞佛氛围的重重包围之中，看惯听惯，习以为常；他们长大后，学到的无非是俗儒们挂在嘴边的不切实际、空洞浮华的佛教说教。于是，他们糊里糊涂地成了被时尚驱使的对象，认为圣人境界不通过修身就可以达到，终极真理不通过学习就可以把握。他们之所以不了解圣人的精神，是因为他们

认为不必探究圣人的事迹；他们之所以不了解君子的志向，是因为他们认为无须从事礼乐文化的研究。结果导致人伦秩序得不到彰显，事物次第界线不明，社会治理无人过问，道德操守紊乱不堪。怪异之言任意漫延，上层官吏却不能看出它们的欺骗性，因为他们不懂圣人之礼；而下层士人也不能审查它们的危害性，因为他们不学圣人之道。自古以来，种种异端邪说沆瀣一气，四处泛滥，影响长达一千五百年之久，而罪魁祸首则是佛教。如果一个人没有独立无畏的精神、坚定自信的品格、非凡超绝的才能，怎么能够在一片恶浊嚣张的氛围中正义凛然呢？又怎么能与佛教针锋相对，与佛教论辩是非得失呢？

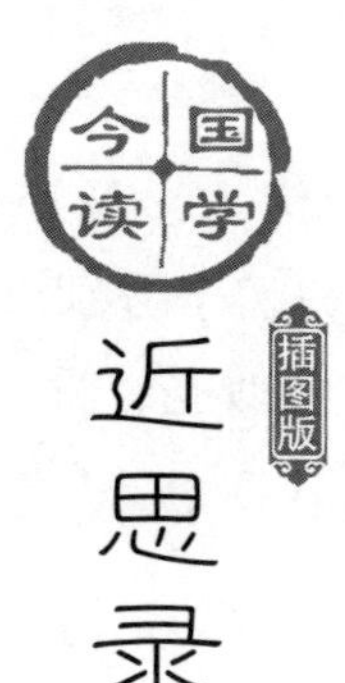

卷十四 圣贤气象

【原文】

明道先生曰：尧、舜更无优劣，及至汤、武便别。孟子言“性之”、“反[①]之”，自古无人如此说，只孟子分别出来，便知得尧、舜是生而知之，汤、武是学而能之。文王之德则似尧、舜，禹之德则似汤、武。要之皆是圣人。

——《二程遗书》卷二上

【注】

①反：通“返”，经过修身恢复本性。

【译】

程颢说：“尧与舜无优劣之分，至于汤与周武王，则与尧舜略有区别。孟子认为尧舜天赋有完满的本性，而汤与周武王则是经过修身才恢复完满的本性。自古以来，没有人这样说过，只是孟子第一次划分了两者之间的微妙差异。由此我们可以知道：尧舜是生而知之者，汤武是学而能者；周文王的德性与尧舜相似，禹的德性与汤武相似。概言之，他们都是圣人。”

【原文】

明道曰：“仲尼，元气[①]也；颜子，春生[②]也；孟子并秋杀[③]尽见。仲尼无所不包，颜子示‘不违，如愚’之学于后世，有自然之和气，不言而化者也。孟子则露其才，盖亦时焉而已。仲尼，天地也；颜子，和风庆云[④]也；孟子，泰山岩岩之气象[⑤]也。观其言皆可见之矣。仲尼无迹，颜子微有迹，孟子迹著。孔子尽是明快人，颜子尽岂弟，孟子尽雄辩”[④]。

尧 帝

——《二程遗书》卷五

【注】

①元气：古人所谓天地未分前的混沌之气。②春生：春天生物气象。③秋杀：指秋天萧飒之气。④庆云：五彩云。⑤气象：指人的气度。

【译】

程颢说：“孔子如一元之气，浑然天成；颜回如阳春和风，生意盎然；孟子则如凛冽秋风，刚毅而严峻。孔子博大无比，无所不包。颜回给后世学者留下的印象是：从不提出与孔子的见解相违背的看法，像个愚笨的人。然而颜回并不愚笨，他禀赋有一种自然和谐之气，可以贯通一切，因此，颜回不著一言，就可以默默地体悟、把握孔子的思想。孟子充分展示自己的才华，则是时势使然。孔子像天地一样宽广。颜回像和风彩云一样明亮。孟子气象高迈，像高山一样傲然矗立，这一点，只要读一读孟子的著作，就完全可以想见。孔子，人们无法窥视他的踪迹；颜回，人们略微可以窥见他的形迹；而孟子，则处处留下他的印迹。孔子无比明快，颜回和乐平易，孟子则是雄辩大师。"

【背景故事】

尧禅让于舜

尧把自己的两个女儿娥皇、女英嫁给舜，从两个女儿那里考察他的德行，看他是否能理好家政。二女都对舜十分倾心，恪守妇道。尧又派舜负责推行德教，舜便教导臣民以"五典"——即父义、母慈、兄友，弟恭、子孝这五种美德指导自己的行为，臣民都乐于听从他的教诲，普遍依照"五典"行事。尧又从多方面对舜进行了考察。经过三年，尧觉得舜这个人无论说话办事，都很成熟可靠，而且能够建树业绩，于是决定将帝位禅让于舜。

【原文】

明道曰："曾子传圣人学，其德后来不可测，安知其不至圣人？如言'吾得正而毙①'，且休理会文字，只看他气象极好，被他所见处大。后人虽有好言语，只被气象卑，终不类道。"

——《二程遗书》卷十五

【注】

①正而毙：规规矩矩合乎礼地死去。

【译】

程颢说："曾参承传圣人之学，功德日臻完善，不可估量，几乎达到了圣人的高度。曾参临死时说：'我死，要死得其所。'我们姑且不对他说的话进

行评论，只看他从容自得的气象，就可以感受到他境界的博大。后世话说得好听者不乏其人，但由于境界低下，最终与有德者格格不入。"

【原文】

传经为难，如圣人之后才百年，传之已差。圣人之学，若非子思[①]、孟子，则几乎息矣。道何尝息？只是人不由之。"道非亡也，幽、厉[②]不由也。"

——《二程遗书》卷十七

【注】

①子思：名孔伋，孔子之孙，相传为曾参的学生，而孟子又学于子思门人。②幽、厉：指周幽王、周厉王，周代无道之君。

【译】

传承儒家经典是一件困难的事。例如孔子才去世一百年，经书的承传已经出现误差。如果没有子思、孟子两人相继接传，儒家经典几乎已经失传了。然而，天道何尝停息过？只是人不遵循天道而已。天道不会消亡，纵然周幽王、周厉王背道而行。

【原文】

荀卿[①]才高，其过多；扬雄[②]才短，其过少。

——《二程遗书》卷十八

【注】

①荀卿：即荀子，名况，字卿，战国末赵人，思想家、教育家，著作《荀子》。②扬雄：西汉思想家、文学家。

【译】

荀子才华横溢，然而过错很多；扬雄才智平平，但过失却较少。

【原文】

荀子极偏驳，只一句"性恶"，大本已失；扬子虽少过，然已自不识性，更说甚道？

——《二程遗书》卷十九

【译】

荀子的思想极为偏执、驳杂，仅就他说的'人之性恶'这句话而言，在本原上就彻底错了。扬雄虽然较少过失，然而他在人性善恶问题上的含糊暧昧，决定他没有资格说“道”。

【原文】

董仲舒曰：“正其谊[①]，不谋其利；明其道，不计其功。”此董子所以度越[②]诸子[③]。

——《二程遗书》卷二十五

【注】

①谊：同“义”，合宜的道理和行为。②度越：超越。③诸子：指孟子之后汉唐诸儒。

【译】

董仲舒说：“以‘义’为行动指南，应该做就做，至于利害，不予考虑；指明‘道’，以‘道’为归依，至于功过，无须计较。”仅凭董仲舒这两句话，就表明他的境界高于先秦诸子。

【原文】

汉儒如毛苌[①]、董仲舒，最得圣人之意，然见道不甚分明。下此至于扬雄，规模又窄狭矣。

——《二程遗书》卷一

【注】

①毛苌：西汉赵郡人，相传古文诗学“毛诗学”的传授者。

【译】

汉儒如毛苌、董仲舒，最能体悟圣贤的思想，然而他们似乎不能清楚明白地把握“道”。至于后来的扬雄，其境界显得窄狭。

【原文】

林希[①]谓扬雄为禄隐。扬雄，后人只为见他著书，便须要做他是，怎生做得是?

——《二程遗书》卷十八

【注】

①林希：宋人，字子中，长乐人。

舜

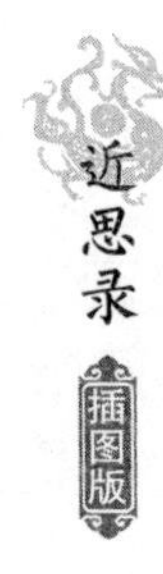

【译】

林希认为扬雄虽然身在王莽新朝做官，但心态上却是一个隐士。后人只看见扬雄有著作传世，就肯定他的才华。但对于扬雄这种失身败节的人来说，怎么能做出肯定的评价呢？

【原文】

孔明[①]有王佐之心，道则未尽。王者如天地之无私心焉，行一不义而得天下，不为。孔明必求有成而取刘璋[②]。圣人宁无成耳，此不可为也。若刘表[③]子琮，将为曹公所并，取而兴刘氏，可也。

——《二程遗书》卷二十四

【注】

①孔明：诸葛亮，字孔明，佐刘备创立蜀汉。②刘璋：字季，刘备入蜀，围成都，刘璋出降。③刘表：字景升，为荆州牧，刘表死，其子刘琮以荆州降曹操。

【译】

诸葛亮志在辅佐刘备，剪除奸凶，匡复汉室，但他对圣人之道不完全深知。王道是天道大公无私的体现，哪怕做一件不合道义的事就可以得到整个天下，也不会去做，诸葛亮急于在事业上取得成功，置信义于不顾，借协助刘璋攻击张鲁之机，夺取了成都，圣人宁愿事业无成，也不愿做于道义有亏的事。如果诸葛亮在刘表之子刘琮准备投降曹操、拱手奉出荆州之际，出兵占领荆州，以作为刘备复兴汉室的根据地，在道义上就完全站得住脚。

【背景故事】

尧为百姓祈福

尧作为上古五帝，传说为真龙所化，下界指引民生。他带领民众同甘共苦，妥善处理各类政务，受到百姓的拥戴。尧由龙所化，对灵气特别敏感。受滴水潭灵气所吸引，将大家带至此，并借此地灵气发展农业，使得百姓安居乐业。为感谢上苍，并祈福未来，尧会精选出最好的粮食，并用滴水潭水浸泡，用特殊手法去除所有杂质，淬取出精华合酿祈福之水，此水清澈纯净，以敬上苍，并分发于百姓，共庆安康。百姓为感恩于尧，将祈福之水取名为“华尧”。

【原文】

诸葛武侯有儒者气象。

——《二程遗书》卷十八

【译】

诸葛亮气象博大，体现了儒者风范。

【原文】

孔明庶几礼乐。

——《二程遗书》卷二十四

【译】

诸葛亮也许可以兴起礼乐之治。

【原文】

文中子[1]本是一隐君子[2]，世人往往得其议论，附会成书[3]，其间极有格言，荀、扬道不到处。

——《二程遗书》卷十九

【注】

①文中子：隋代哲学家王通，门人私谥文中子，隐居不仕，居河汾之间讲学，门人记其言行，为《中说》（又名《文中子》）十卷。②隐君子：隐士。③书：《中说》，亦称《文中子》。

【译】

文中子本来是一个隐士，他的学生们把他的思想言论收集起来，汇编成一本名叫《中说》的书。该书有的格言说得极好，不是荀子、扬雄说得出来的。

诸葛亮

【原文】

韩愈[1]亦近世豪杰之士，如《原道》中言语虽有病，然自孟子而后，能将许大见识[2]寻求者，才见此人。至如断曰：“孟子

醇乎醇。”又曰：“荀与扬，择焉而不精，语焉而不详。”若不是他见得，岂千余年后，便能断得如此分明？

——《二程遗书》卷一

【注】

①韩愈：字退之。《原道》是韩愈所著的哲学论文。②许大见识：指《原道》中所阐述的一些重要认识。

【译】

韩愈是近世的豪杰之士。他的《原道》等文虽然在理论阐释上有一些毛病，但自孟子以后，能够在哲学高度上探求儒家思想的核心本质者，只有韩愈一人。例如他裁断说，孟子纯正无比；又如他说，荀子和扬雄选择了儒家的一些观点，但选得不够精；阐述了儒家的一些道理，但说的不够细。如果不是他把握了儒家真精神，那么，一千多年以后，他岂能判断得如此分明？

【原文】

学者本是修德，有德然后有言。退之却倒学了，因学文日求所未至，遂有所得。如曰：“轲之死不得其传。”似此言语，非是蹈袭前人，又非凿空撰得出，必有所见，若无所见，不知言所传者何事。

——《二程遗书》卷十八

【译】

所谓‘学’，根本指向是修养自己的德性。德性决定外在表现，换言之，人有什么样的德性，就说什么样的话。但是，韩愈的学习路恰恰是相反的：他在读书学习的基础上，能不断地思考，以寻求他没有把握的东西，于是他能有所进步，有所心得。例如他说：“孟子死后，儒家道统就不能往下传了。”像这样的结论，既非沿袭前人之说，又非可以凭空杜撰，必须是有所洞见才说得出来的。如果韩愈没有真知灼见，他一定不可能知道儒家一代一代往下传的是什么东西。

【原文】

周茂叔胸中洒落，如光风霁月①。其为政精密严恕，务尽道理。

——《宋史·周敦颐》、潘兴嗣《濂溪先生墓志铭》

【注】

①光风霁月：雨过天晴时的明净景象，比喻人的胸怀光明磊落。

【译】

周敦颐心胸洒落自然，仿佛光风霁月，清亮高远无比。他处理政事，既精练又缜密，既严肃又宽厚，都完全符合道理。

【背景故事】

三顾茅庐

三顾茅庐或三顾草庐是指中国东汉末年刘备三次到隆中（今湖北襄阳附近）诸葛亮住处请他出山辅佐自己的事件。此事件最早见于诸葛亮的《出师表》，该文提到刘备“三顾臣于草庐之中，咨臣以当世之事，由是感激”。《三国志》中对此仅有“凡三往，乃见”的简略记述。《三国演义》对此事件进行了扩写。三顾茅庐后来成为形容求贤若渴的成语。也用来指诚心诚意一再邀请。

【原文】

伊川先生撰《明道先生行状》曰：先生资禀既异，而充养[①]有道。纯粹如精金，温润如良玉。宽而有制，和而不流，忠诚贯于金石，孝悌通于神明。视其色，其接物也如春阳之温；听其言，其入人也如时雨之润。胸怀洞然，彻视无间；测其蕴，则浩乎若苍溟之无际；极其德，美言盖不足以形容。先生行己，内主于敬，而行之以恕。见善若出诸己，不欲弗施于人。居广居而行大道，言有物而动有常。先生为学，自十五六时，闻汝南[②]周茂叔论道，遂厌科举之业，慨然有求道之志。未知其要，泛滥于诸家，出入于老释者几十年，返求诸六经而后得之。明于庶物[③]，察于人伦。知尽性至命，必本于孝弟。穷神知化，由通

三顾茅庐

于礼乐。辩异端似是之非，开百代未明之惑。秦汉而下，未有臻斯理也。谓孟子没而圣学不传，以兴起斯文为己任。其言曰："道之不明，异端害之也。昔之害近而易知，今之害深而难辩。昔之惑人也乘其迷暗，今之入人也因其高明。自谓之穷神知化，而不足以开物成务[④]。言为无不周遍，实则外于伦理。穷深极微，而不可以入尧舜之道。天下之学，非浅陋固滞，则必入于此。自道之不明也，邪诞妖异之说兢起。涂生民之耳目，溺天下于污浊。虽高才明智，胶于见闻，醉生梦死，不自觉也。是皆正路之蓁芜[⑤]，圣门之蔽塞，辟之而后可以入道。先生进将觉斯人，退将明之书。不幸早世，皆未及也。其辩析精微，稍见于世者，学者之所传耳。先生之门，学者多矣。先生之言，平易易知，贤愚皆获其益，如群饮于河，各充其量。先生教人，自致知至于知止，诚意至于平天下，洒扫应对至于穷理尽性，循循有序。病世之学者舍近而趋远，处下而窥高，所以轻自大而卒无得也。先生接物，辨而不间，感而能通，教人而人易从，怒人而人不怨。贤愚善恶，咸得其心。狡伪者献其诚，暴慢者致其恭。闻风者诚服，睹德者心醉。虽小人以趋向之异，顾于利害，时见排斥，退而省其私，未有不以先生为君子也。先生为政，治恶以宽，处烦而裕。当法令繁密之际，未尝从众为应文逃责之事。人皆病于拘碍，而先生处之绰然。众忧以为甚难，而先生为之沛然。虽当仓卒，不动声色。方监司[⑥]兢为严急之时，其待先生率皆宽厚。设施之际，有所赖焉。先生所为纲条法度，人可效而为也。至其导之而从，动之而和，不求物而物应，未施信而民信，则人不可及也。

——《二程文集》卷十一《明道先生行状》

【注】

①充养：意谓后天的学习与实践。②汝南：指汝南郡淮康军。军，宋代行政区划名。③庶物：万物。④开物成务：通晓万物之理，按理办事，得到成功。⑤蓁芜：杂草丛生。⑥监司：监察地方属吏之官。

【译】

程颐撰写的《明道先生行状》说："程颢不但禀赋超群，非同凡响，同时积极进取，在学习实践中时刻以圣人之道鞭策自己，成就斐然。他像真金一样纯粹，像宝玉一样温润。他宽厚而有节度，平和而不随波逐流。他无比忠诚，其精神可以贯穿金石；他恪守孝悌，其完美可以通达神明。他和颜悦色，他接人待物给人春光一般温暖；他循循善诱，育人讲学仿佛及时雨一样滋润人心。他胸怀通明，通晓事理，显微无间。他的精神世界无比丰富，如同浩瀚的大海一样无边无际；他的品德极为崇高，以致任何美好的语言都不足以形容。"

【原文】

明道先生曰：周茂叔窗前草不除去，问之，云："与自家意思一般。"[①]

——《二程遗书》卷三

【注】

①与自家意思一般：其表现出的生意与我的心意一样。

【译】

周敦颐不刈除窗前的青草，有人问他何故。周敦颐说，春意盎然，万物发育，合于天理，合于人心。

【原文】

张子厚闻皇子生，喜甚；见饿莩[①]者，食便不美。

——《二程遗书》卷三

【注】

①饿莩：即饿殍，饿死的人或饿得快要死的人。

【译】

张载听到皇子降临人间，喜悦不已；看见饿死的人，吃饭时难以下咽。

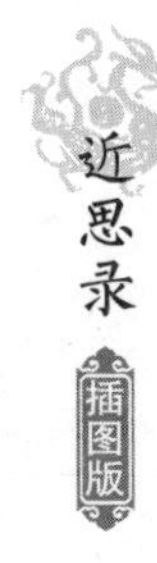

【原文】

伯淳[①]尝与子厚[②]在兴国寺[③]讲论终日，而曰：不知旧日曾有甚人于此处讲此事。

——《二程遗书》卷一

【注】

①伯淳：程颢。②子厚：张载。③兴国寺：即开封相国寺。

【译】

程颢曾与张载终日在兴国寺论学谈道，感慨不知过去何人像他们一样也曾在此孜孜探求。

【原文】

谢显道云：明道先生坐如泥塑人，接人则浑是一团和气。

——《二程外书》卷十二

【译】

谢显道说："程颢先生坐时如同一个泥塑人，而接人待物则一团和气。"

【原文】

侯师圣[①]云：朱公掞[②]见明道于汝，归，谓人曰："光庭在春风中坐了一个月。"游、杨[③]初见伊川，伊川瞑目而坐，二子侯立。既觉，顾谓曰："贤辈尚在此乎？日既晚，且休矣。"及出门，门外之雪深一尺[③]。

——《二程外书》卷十二

【注】

①侯师圣：侯仲良，字师圣，二程门人。②朱公掞：朱光庭，字公掞，二程门人。③游、杨：游酢和杨时，程门四弟子中二人。

【译】

侯师圣说："朱光庭在汝阳与程颢会见，回来后对人说：'我和老师在一起一个月，如同沐浴春风。'游酢和杨时第一次拜见程颐时，程颐正在闭目打坐，他们两人就一直侍立在旁。程颐醒觉时，转过头去对他们说：'你们还站在这里吗？今天已经晚了，就回去休息吧。'等他们出门时门外的雪已有一尺之深。"

【背景故事】

程门立雪

杨时，字中立，是剑南将乐人。小的时候非常聪颖，善于写文章。年纪稍大一点后，专心研究经史书籍。宋熙宁九年进士及第，当时，河南人程颢和弟弟程颐在熙宁、元丰年间讲授孔子和孟子的学术精要（即理学），河南洛阳这些地方的学者都去拜他们为师，杨时被调去做官他都没有去，在颍昌以拜师礼节拜程颢为师，师生相处得很好。杨时回家的时候，程颢目送他说："我的学说将向南方传播了。"又过了四年程颢去世了，杨时听说以后，在卧室设了程颢的灵位哭祭，又用书信讣告同学的人。程颢死了以后，杨时又到洛阳拜见程颐，这时杨时大概四十岁了。一天杨时拜见程颐，程颐正在打瞌睡，杨时与同学游酢恭敬地站在一旁没有离开，等到程颐睡醒来时，门外的雪已经一尺多深了。杨时的德行和威望一日比一日高，四方之人士不远千里与之相交游，其号为龟山先生。

程门立雪

【原文】

刘安礼云：明道先生德性充完，粹和之气，盎[①]于面背，乐易[②]多恕，终日怡悦。立之[③]从先生三十年，未尝见其忿厉之容。

——《二程遗书》附录《门人朋友叙述》

【注】

①盎：洋溢。②乐易：和乐平易。③立之：刘立之，字宗礼，二程门人。

【译】

刘安礼说："程颢先生德性完满，一派纯粹中和之气洋溢全身。他快乐，平易，心胸宽广，喜悦自如。我追随先生三十年，从未看见他有忿怒粗厉的时候。"

【原文】

吕与叔[①]撰《明道先生哀词》云：先生负特立[②]之才[③]，知大学之要[④]；博文强识，躬行力究；察伦明物，极其所止；涣然心释，洞见道体。其造于约[⑤]也，虽事变之感不一，知应以是心而不穷；虽天下之理至众，知反之吾身而自足。其致于一也，异端并立而不能移，圣人复起而不与易。其养之成也，和气充浃[⑥]，见于声容，然望之崇深[⑦]，不可慢[⑧]也；遇事优为[⑨]从容不迫，然诚心恳恻[⑩]，弗之措[⑪]也。其自任之重也，宁学圣人而未至，不欲以一善[⑫]成名；宁以一物不被泽为己病，不欲以一时之利为己功。其自信之笃也，吾志可行，不苟洁其去就；吾义所安，虽小官有所不屑。

——《二程遗书》附录

【注】

①吕与叔：吕大临，二程弟子。②特立：独出于众人之上，无人可及之意。③才：通"材"。④大学之要：理学家认为，洒扫应对是小学事，尽性至命，成就天德是大学事。⑤造于约：通过格物致知功夫，达到对总摄万物之理的把握。约，简明之理。⑥充浃：充盈浃洽。⑦崇深：高藏深隐，崇高而又渊深。⑧慢：轻慢，轻视。⑨优为：从容。⑩恳恻：诚恳痛切。⑪措：废置，搁置。⑫一善：一种善行；一种美德。

【译】

吕与叔撰写的《明道哀词》说："程颢禀赋特立高迈。他通晓《大学》纲要，博闻强记，身体力行，洞察人伦，明白事理。在他的人生实践和道德追求到达终级完满的时候，他已经处于一种涣然冰释，内心一片澄明，洞见天道的境界之中。""程颢达到了对天理本体的把握。因此，虽

杨　时

然事物变化带来的感受各不同，程颢都以本然之心观照它们，可以无穷尽地对应一切变化而不失中道。虽然天地万物各有其理，不可胜数，程颢通过反求自身，明白理一分殊，万物各有定分，自足其性的道理。程颢达到了对天理之‘一’的把握。因此，任何异端之说不能改变程颢对‘一’的认同。程颢坚信，即使圣人再生，也不会改变天理之‘一’的绝对性和永恒性。程颢自我修养已达到了完满状态。他和气充盈，溢于言表，然而他崇高、深邃，令人不可轻慢。他处理事情自如无比，从容不迫，然而他诚心恳切，从不须臾之间搁置废弃‘诚’。程颢自觉担当历史重任。他立志学圣人，即使终生达不到圣人境界，他也不愿意以一时的善行成就美名；他宁愿把一事一物不得其所看成是自己的过错，不愿把一时所做的好事看成是自己的功劳。程颢无比自信。他认为，如果儒家理想可以得到推行，就不必以退隐清高自许；如果道义要求退隐，就不屑于出仕做官。”

【原文】

吕与叔撰《横渠先生行状》云：康定[①]用兵时，先生年十八，慨然以功名自许，上书谒范文正公[②]。公知其远器，欲成就之，乃责之曰：“儒者自有名教[③]，何事于兵？”因劝读《中庸》。先生读其书，虽爱之，犹以为未足，

于是又访诸释老之书累年，尽究其说，知无所得，反而求之六经。嘉祐[④]初，见程伯淳、正叔于京师，共语道学之要。先生涣然[⑤]自信曰：“吾道自足，何

事旁求！”于是尽弃异学，淳如也。晚自崇文移疾[⑥]，西归横渠，终日危坐一室，左右简编[⑦]，俯而读，仰而思，有得则识之。或中夜起坐，取烛以书。其志道精思，未始须臾息，亦未尝须臾忘也。学者有问，多告以知礼成性[⑧]，变化气质[⑨]之道，学必如圣人而后已。闻者莫不动心有进。尝谓门人：“吾学既得于心，则修其辞；命辞无差，然后断事；断事无失，吾乃沛然。精义入神者，豫而已矣。”先生气质刚毅，德盛貌严。然与人居，久而日亲。其治家接物，大要正己以感人。人未之信，反躬自治，不以语人。虽有未喻，安行而无悔。故识与不识，闻风而畏，非其义也，不敢以一毫及之。

——《张子全书》卷十五

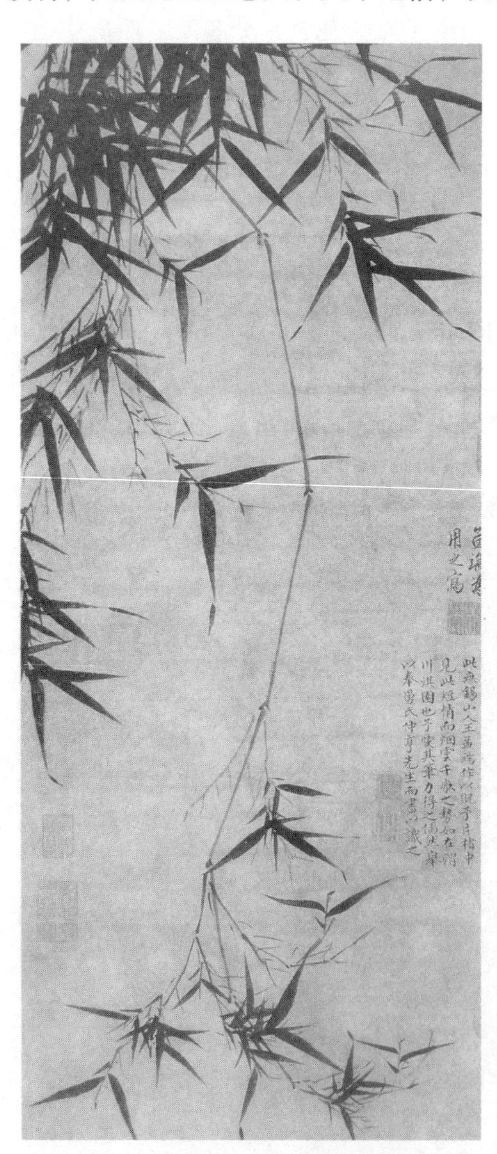

【注】

①康定：宋仁宗年号。②范文正公：范仲淹，北宋政治家、文学家。③名教：泛指儒家学说。④嘉祐：宋仁宗年号。⑤涣然：光亮貌。⑥移疾：作书称病，多为居官者求退的婉辞。⑦简编：指书籍。⑧知礼成性：懂得了礼并用以守持形成本性。⑨变化气质：改变其气质之性而恢复其天然本善之性。

【译】

吕与叔撰写的《横渠先生行状》说：“宋康定年间，国家急需军事战备人才。此时张载十八岁，慨然以雄豪自许，欲立功名于疆场，便上书拜谒范仲淹。范仲淹知道张载志向远大，希望成就他的理想，因此责备说：‘儒者自有用武之地，这就是匡护名教，何必在军事上有所作为呢？’于是范仲淹劝张载读《中庸》。张载通过读《中庸》，虽然十分喜爱这部书，但仍感到精神不能得到完全满足。于是他又广泛阅读佛教和道家的著作，多年潜心研究，然而却毫无收获。在这种情况下，他才返回到对六经的探求上来。”宋嘉祐初年，张载在京城会见程颢、程颐兄弟，他们一起讨论道学的核心与本质。张载精神振奋，无比自信地说：“吾道完满自足，无须向外寻求。”于是他彻底抛弃了佛教、道家等种种异端异说，成为一个纯正的儒者。张载晚年称病离开崇文院，回到故乡横渠镇。他终日正坐室中，四周放满书籍，时而俯首看书，时而仰头思考，一有所得便记下来。有时半夜起来，点燃蜡烛，把心得记录下来。张载志于求道，精心探索，勤于思考，一刻也未停止，一刻也未忘却。学者如来请教，他总是这样劝告他们——要他们知晓礼，成就天地之性，通过道德实践转换自己的气质，以追求圣人人格为最高目标，永不停息。凡受到张载教育启发的人，无不内心感动，无不在读书学习、道德修养上取得进步。张载曾对学生说：‘在学习圣人之学的道路上有所心得体会，就应该用文字把他们记录下来，务必使自己的心得与圣人的教诲统一起来，毫厘不差，然后以此为准绳应断事务。应断事务无失无误，就证明学者已把握了圣学的精髓，沛然进入出神入化的境界了。而这一切，都是在循序渐进学习的基础上，长期格物穷理积累起来的结果。’”张载气质刚毅，德性盛大，面容庄严。然而，只要人们长期和他在一起，就会日益感到他可亲可爱。张载无论治家还是接人待物，根本原则是正己，以自己的崇高人格影响、感动他人。如果有人对他的精神境界持怀疑态度，他只是反躬自省，从不表白。虽然最终还是有人不明白他的追求与动机，他依然默默地朝着自己目标走去，无悔无憾。正因为如此，无论认识还是不认识张载的人，听到他的名字都会产生敬畏之情，都不敢对他进行任何丝毫的非议。”

【背景故事】

穷经致用

二程认为读经典要达到致用，必须从三方面来衡量：一是要弄清楚自己和圣人之间的差距，找到达圣人之境界的途径。二是读书要知道历史上的治乱、安危和兴衰之理。三是通过读儒家经典能使自己的气质变好。

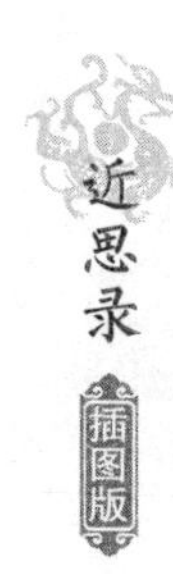

【原文】

横渠先生曰：二程从十四五时，便锐然欲学圣人。

——张载《横渠语录》

【译】

张载说："程颢、程颐兄弟十四五岁时，就坚定地立下了学圣人的志向。"

参考文献

[1] 朱熹，吕祖谦 . 近思录 [M]. 郑州：中州古籍出版社，2009.

[2] 朱熹，吕祖谦 . 近思录 [M]. 上海：上海古籍出版社，2010.

[3] 赵金昭 . 二程洛学与实学研究 [M]. 北京：学苑出版社，2005.

[4] 郭齐 . 朱熹传 [M]. 成都：四川大学出版社，2000.

[5] 卢连章 . 二程传 [M]. 南京：南京大学出版社，2001.